本书获得教育部人文社会科学青年基金项目资助，乡村旅游地品牌价值的形成机制及传递效果评估研究，项目批准号：20YJCZH008

乡村旅游地品牌价值的形成及传递效果研究

陈　航　王跃伟　著

中国财经出版传媒集团

经济科学出版社
Economic Science Press

图书在版编目（CIP）数据

乡村旅游地品牌价值的形成及传递效果研究/陈航，
王跃伟著 . ‐‐北京：经济科学出版社，2022.4
ISBN 978‐7‐5218‐3149‐8

Ⅰ . ①乡…　Ⅱ . ①陈…②王…　Ⅲ . ①乡村旅游‐品
牌‐价值‐研究‐中国　Ⅳ . ①F592.3

中国版本图书馆 CIP 数据核字（2021）第 249240 号

策划编辑：李　雪
责任编辑：高　波
责任校对：刘　昕
责任印制：王世伟

乡村旅游地品牌价值的形成及传递效果研究

陈　航　王跃伟　著

经济科学出版社出版、发行　新华书店经销
社址：北京市海淀区阜成路甲 28 号　邮编：100142
总编部电话：010‐88191217　发行部电话：010‐88191522
网址：www.esp.com.cn
电子邮箱：esp@esp.com.cn
天猫网店：经济科学出版社旗舰店
网址：http://jjkxcbs.tmall.com
北京季蜂印刷有限公司印装
710×1000　16 开　14.75 印张　240000 字
2022 年 5 月第 1 版　2022 年 5 月第 1 次印刷
ISBN 978‐7‐5218‐3149‐8　定价：68.00 元
（图书出现印装问题，本社负责调换。电话：010‐88191510）
（版权所有　侵权必究　打击盗版　举报热线：010‐88191661
QQ：2242791300　营销中心电话：010‐88191537
电子邮箱：dbts@esp.com.cn）

前言
PREFACE

近年来，乡村旅游发展迅猛，对发展农村地区经济、满足城市居民的旅游需求起到了积极作用。一些优秀的乡村旅游地（如西递镇、宏村镇等）在市场上树立了一个明确的、有别于竞争对手的、符合旅游者需要的品牌形象，并在潜在的旅游者心中占领了一个有利的位置。然而，随着乡村旅游地的大量涌现，其市场竞争也日趋激烈，供给结构单一、供需不匹配、有效供给难以满足市场需求等问题日益突出。主要表现为乡村旅游产品的单一化、同质化严重，服务质量良莠不齐，休闲度假产业发展缓慢等。乡村旅游地的供给刚性使大量旅游需求外流，游客的行为意愿短期内难以提高。品牌建设是乡村旅游地发展的创新之路，也是走出当前所处困境的必由之路。实现品牌价值是乡村旅游地品牌在运作过程中所追求的终极目标，是其营销主题与市场维护的核心，也是实现乡村旅游产品差异化最有效的手段之一。供给要素是乡村旅游地品牌价值形成的内在支撑和外在保障，通过利用具备当地特色的农业生产、生态环境和民俗文化等供给要素，可以强化游客与乡村旅游地品牌之间的情感联系，形成乡村旅游地品牌独特的功能价值和情感价值。同时，成功的乡村旅游地品牌能够在目的地供给与游客感知之间架起一座桥梁，让游客能够真实、深刻地体会到乡村旅游地所传递的品牌价值，并赢得游客的行为意愿。

学界对品牌价值来源的主流看法有企业和顾客两种视角：

①资产价值理论。出于评估和市场收购的目的，把无形的品牌给企业带来的好处量化为有形的企业资产，赋予品牌财务上的价值。其主要症结在于忽视了对企业品牌塑造有重要影响的消费者，没能反映品牌价值的真正来源。②顾客价值理论。即通过评估顾客对一个品牌的知晓度、态度、联想和忠诚等因素来评价品牌价值，强调品牌价值是在产品和消费者的互动过程中形成的。随着体验经济时代的来临，旅游消费向着精神享受和自我发展型转变，目的地品牌化发展需要更加关注旅游者的真实情感，所以本书倾向于第二种观点，认为旅游目的地品牌价值的来源在于旅游者对于旅游目的地品牌的感知过程。目的地品牌形成和发展的基础就是拥有源源不断的客源市场，游客是目的地品牌价值获得的主要载体，因而，满足游客的价值诉求是旅游目的地品牌发展的首要之举。从游客感知出发，构建基于游客感知的乡村旅游地品牌价值形成与传递的理论框架，进一步探讨游客视角下乡村旅游地品牌价值的构成维度包括哪些要素？如何对乡村旅游地品牌价值形成驱动力——如何对供给感知进行评价？乡村旅游地品牌价值的传递效果如何评估？如何提升乡村旅游地品牌价值？这些问题的解决为乡村旅游地创造品牌价值，并将其有效传递给游客提供可操作性强的支持性工具，同时也为解决乡村旅游地供给有效性问题提供新的视角。

陈　航

2022 年 2 月 20 日

目录
CONTENTS

| 1 |

文 献 综 述

1.1 目的地品牌价值的研究述评

1.1.1 品牌价值的来源

学界对品牌价值来源的主流看法有企业和顾客两种视角：①资产价值理论。出于评估和市场收购的目的，把无形的品牌给企业带来的好处量化为有形的企业资产，赋予品牌财务上的价值。其主要症结在于忽视了对企业品牌塑造有重要影响的消费者，没能反映品牌价值的真正来源。②顾客价值理论。即通过评估顾客对一个品牌的知晓度、态度、联想和忠诚等因素来评价品牌价值，强调品牌价值是在产品和消费者的互动过程中形成的。随着体验经济时代的来临，旅游消费向着精神享受和自我发展型转变，目的地品牌化发展需要更加关注旅游者的真实情感，所以本书倾向于第二种观点，认为旅游目的地品牌价值的来源在于旅游者对于旅游目的地品牌的感知过程。

1.1.2 目的地品牌价值

品牌价值作为目的地品牌管理要素中最为核心的部分，近年来受到了国内外学者们的广泛关注。国外学者比较侧重从顾客价值视角去评价旅游目的地的品牌价值，如摩根（Morgan，2001）认为，旅游目的地品牌与消费者之间体现着品牌价值；奥利弗（Oliver，2004）对基于消费者的品牌价值进行了评价；玛雅等（Maja et al.，2007）研究了目的地品牌权益评估的因子；布等（Boo et al.，2009）构建了基于旅游者的目的地品牌权益评估模型；拉乔（Raggio，2009）探讨了如何实现品牌价值最大化；劳伦斯（Laurens，2013）确定了品牌价值的具体维度及哪些维度最有可能影响品牌价值的感知；蔡（Tsai，2017）探讨了游客的行为意向与旅游目的地品牌价值之间的关系。国内学者大多从资产价值角度对目的地品牌价值进行研究（崔凤军等，2009；龙湘洋等，2010；何小芊，2012；王翔，2013；谢泽氡，2015）。从顾客价值角度针对目的地品牌价值进行研究的文献较少，如万雪芹等（2011）从主题公园品牌、服务、产品、环境价值传递的4个层面分析了企业价值提供与顾客价值感知之间可能形成的差距；朱瑞平（2011）确定了游客感知价值和游客重购意向为地质公园旅游品牌价值表现的2个因子；黄洁（2012）从顾客价值的角度就如何进行目的地品牌营销提出对策；连漪等（2013）基于消费者认知建立了旅游地价值模糊评估模型，定量计算了桂林旅游地的价值认知等级；朱瑞平（2015）基于旅游者心理角度定性剖析了旅游地品牌价值形成机制；皮平凡（2016）探讨了驱动顾客体验价值形成的重要影响因素。

综上所述，国内外学者虽然关注到了游客对于目的地品牌价值形成的重要性，但也仅是从定性角度宽泛地阐释了旅游目的地品牌价值形成、评估等问题，对于目的地品牌价值形成的主体、客体和媒体缺乏有效辨识，对于其相互作用的机制认识不清，更加缺乏将顾客价值相关理论与目的地特殊性进行有效结合的深入研究。

1.2 目的地供给感知研究综述

1.2.1 旅游感知

感知是感觉和知觉的综合体，其中，感觉（sensation）是感受器官受到外界客观刺激而诱发的认知，主要反映事物的个别属性（Goldstein，2015）；而知觉（perception）主要反映的是事物的整体特征（韩雪，2019），是人脑对客观事物和主观感觉进行一系列加工所形成的认知。因此，旅游感知作为游客心理活动的一部分，是指游客通过外部客观刺激的认知、接受、摄取和筛选，将旅游信息加工内化为个人内部思维世界的现象，并最终形成对旅游目的地的认知与评价的过程（白凯，2008）。

通过文献梳理，国内外针对旅游感知的研究方向较多，既包括感知理论发展（赵玉宗，2005；白凯，2008）、游客感知方法与模型的验证（马耀峰，2006；马秋芳，2008；吕宛青，2014）等感知理论研究；又涉及旅游服务感知（何琼峰，2014）、购物感知和满意度（Yuksel，2007）、旅游产品结构感知（Xu，2010）、安全与住宿设施感知（Rittichainuwat，2013）、资源感知与评价（Chen，2016）等旅游目的地基础供给要素；还涵盖目的地旅游形象感知（张宏梅，2010；白凯，2012）、品牌形象感知（Hwang，2015）、主客交往感知（Iglesias，2015）、风险感知（程德年，2015）、旅游规划与营销主题感知（Wu，2015）、旅游历时性与空间感知（乌铁红，2009；李君轶，2015）等宏观供给要素感知内容；另外，还有目的地感知与选择（Mussalam，2016）、游客行为感知与意图（白凯，2010）等影响旅游行为、旅游决策、旅游客源市场开发等内容。

根据以上分析可知，国内外关于旅游感知的研究方向较多，对本书供给要素的感知研究具有借鉴作用，但是已有文献主要偏重对旅游地单一供给要素进行研究，因变量主要是游客的满意度、忠诚度、游后决策等，而从旅游系统角度出发，研究旅游目的地供给感知所产生的心理反应及感知评价，对游客游后记忆的影响分析则比较少见。

1.2.2　目的地供给

旅游目的地供给是旅游目的地吸引游客的多种要素的综合（Lew，1987），并且这些不同于常驻地的特殊元素能够有效拉动游客前往目的地。目的地属性是各种外在与内在要素的交集，游客对目的地供给的感知是构成独特旅游体验的内核。

针对目的地供给要素的构成研究，美国学者甘恩（Gunn，2002）最先提出目的地旅游供需系统，认为目的地供需系统由目的地供给和客源地市场两个子系统构成。2002年，他的研究结论认为旅游地规划包括自然与人文吸引物、目的地交通水平、旅游服务设施与质量、旅游信息与促销能力5个供给面。其他国外学者的研究结论有：库伯（Cooper，1993）提出旅游地供给要素涵盖了当地的旅游资源、交通设施与服务、住宿餐饮设施与服务；史密斯（Smith，1994）认为旅游地供给要素包括实物生产、服务、好客性、自由选择和参与性五个部分；布哈利斯（Buhalis，2000）认为，吸引物、娱乐、可达性、组团便利性、活动和辅助服务是旅游地供给的六大要素；迈克尔孙（Middleton，2001）在目的地供给的研究中分析了旅游地景物与环境、设施与服务、可进入性、形象和旅游产品的价格共五大要素。由此可见，国外学者针对旅游目的地要素的划分主要涵盖两个方面，其一为旅游地功能性要素，包括旅游资源、服务/设施等，是游客能够直观看到并接触使用的元素；其二为旅游品牌性要素，包括信息、促销两个部分内容，是营销者向游客传递相关旅游信息，并吸引其购买旅游产品的措施。

国内学者认为，旅游目的地供给除了包括旅游资源、为旅游活动而建设的旅游设施、为游客提供的旅游服务（林南枝，2011）之外，还包括为游客提供的有形的商品、难忘的体验及服务质量等（袁国宏，2006），也有部分学者提出旅游信息供给（刘军胜，2017）。李永乐（2007）指出，游客对平遥古城的供给包括旅游商品、娱乐活动、旅游吸引要素、住宿地点和旅游服务等方面的感知与偏好。吴必虎（2010）认为，旅游吸引物、设施与服务是目的地系统的三大子系统。孙琨等（2014）认为，旅游地供给状况由目的地为游客提供旅游资源、设施和服务能力所影响，其中旅游资源是评判旅游供给水平的关键性要素。姚宏（2015）从艺术传承、旅游服务、环境卫生、遗产保护等12个方面测量莫高窟世界旅游目的地的供给情况。马耀峰（2016）、詹新惠（2016）、刘军胜（2017）等认为，目的地供给应当包括景区标识与宣传、旅游交通、城市人文环境、旅游安全与保障、旅游服务、旅游信息等10个维度。范容廷（2017）认为，旅游目的地的供给体系有市场供给、公共供给两个供给主体，目的地供给包括核心吸引物、旅游基本设施与服务、目的地综合环境三个方面。周永博（2018）从供需错配的角度进行案例研究，认为旅游地供给包括历史文化、发展环境、娱乐节庆、基础环境、生活便利、住宿便利共六大因子。王跃伟（2019）从乡村旅游地品牌价值入手，认为目的地的供给应当包括旅游产品和旅游促销两个维度。本书将国内外针对旅游目的地供给感知分类的维度按照年份整理成表，结果如表1-1所示。

表1-1 旅游目的地供给分类

代表作者	分类
库珀（Cooper，1993）	当地的旅游资源、交通设施与服务、住宿餐饮设施与服务
史密斯（Smith，1994）	实物生产、服务、好客性、自由选择、参与性
布哈利斯（Buhalis，2000）	吸引物、娱乐、可达性、组团便利性、活动、辅助服务
米德尔顿（Middleton，2001）	景物与环境、设施与服务、可进入性、形象、旅游产品的价格
甘恩（Gunn，2002）	吸引物、交通水平、服务设施与质量、信息、促销能力
李永乐（2007）	旅游商品、旅游活动、旅游吸引要素、住宿地点、旅游服务
林南枝（2011）	旅游资源、旅游设施、旅游服务
孙琨（2014）	旅游资源、旅游设施、旅游服务
姚宏（2015）	旅游服务、艺术传承、陈列展示、教育功能、遗产保护、游客参与、特色商品、环境卫生、基础设施、便捷程度、管理水平、营销效果
马耀峰（2016）、刘军胜（2017）	景区标识与宣传、旅游交通、城市人文环境、城市自然环境、旅游活动、景区景点、旅游安全与保障、旅游服务、旅游信息
范容廷（2017）	核心吸引物体系、旅游基本设施与服务体系、综合环境体系
周永博（2018）	历史文化、发展环境、娱乐节庆、基础环境、生活便利、住宿便利
王跃伟（2019）	旅游产品、旅游促销

资料来源：笔者根据文献整理而得。

综上可以发现，国内外研究学者针对旅游目的地供给要素的划分基本都包括旅游资源、服务/设施两个部分，主要是发生在旅游过程中的功能性要素（王跃伟，2019），其中，旅游资源包括旅游景观、节事活动、旅游商品、旅游活动等，旅游资源是目的地供给的基础，是游客获得良好旅游体验的必要条件；而服务/设施是提高旅游体验质量的软件和硬件条件，包括基础设施、接待设施、交通设施、购物设施，以及从业人员在游客旅游过程中的服务态度和服务质量（吴必虎，2010）。旅游目的地服务/设施供给直接影响游客的满意度、忠诚度，进而影响着目的地的形象和口碑，影响着当地旅游收入和旅游业的可持续性发展。

而国外以甘恩为首的研究学者，还强调信息、促销两个供给要素。王跃伟（2019）认为，信息供给和促销供给是创造旅游地品牌的关键，即旅游决策之前，目的地营销团队通过多种渠道，例如，网络、报刊、旅行社等，向游客传递目的地产品信息，根据目的地属性设计产品促销策略，吸引游客购买以达到扩大销量的目的。其中，信息包括信息渠道、信息服务、信息宣传等，是游客了解目的地的重要手段，信息感知会促使游客对目的地整体形成预期感知，在旅游过程中与一系列实际感知差距形成对比，产生不同的心理反应，例如，满意、不满意等评价；消极情绪、积极情绪等不同情绪。促销是目的地管理者根据旅游产品质量、属性、价格等基础上设计的促销活动、促销方案等，为游客创造极高的性价比体验，良好的促销感知可以吸引游客注意力，强化其对目的地的正面认知，促进其出游意愿。针对信息供给和促销供给的分类也得到国内诸多学者的研究验证（刘军胜，2017；王跃伟，2019），这两个因子是旅游目的地创建品牌知名度、维系主客关系的重要步骤。

因此，本书将旅游目的地供给划分为旅游资源、服务/设施、信息和促销四个方面，这一划分方法将目的地供给的功能性要素和品牌性要素纳入研究范围，并同时考虑旅游发生前的预期体验和旅游过程中的在场体验。

1.2.3 目的地供给感知

旅游目的地供给的属性与游客感知效用的高低具有不完全耦合的关系（乌铁红，2009），而游客是旅游目的地供给的消费者和体验者，游客对目的地供给的感知更能反映目的地供给水平，直接影响游客的满意度、忠诚度和游后决策。

李永乐（2007）认为，旅游目的地感知是游客通过感觉器官获得旅游对象、旅游环境等信息的心理过程。白凯（2008）指出，旅游目的地感知是游客对外部旅游信息的认知、接受、摄取与筛选，并内化为思维的现象，从而形成对旅游地的认识与评价。乌铁红（2009）认为，地方属性是游客对旅游地感知、体验和评判的对象，凸显了目的地各个供给要素的信息。吴必虎（2013）通过文献分析发现，旅游目的地的感知是旅游者对目的地的心理认知过程。

完整的旅游活动是具有多方面要素的，因此，游客对目的地供给的感知维度也是多方面的。李永乐（2007）、白凯（2008）、孙琨（2014）、姚宏（2015）等多位学者对目的地供给的划分维度并不完全相同，但均以多个目的地供给要素为基础，测量游客对各部分供给的感知与偏好。根据上文梳理，旅游目的地供给包括旅游资源、服务/设施、信息和促销四个方面，因此，游客目的地供给感知则是在消费过程中形成的对旅游资源、服务/设施两个功能性要素，信息和促销两个品牌性要素质量表现的综合评价。首先，游客对功能性要素的感知有助于旅游地管理者准确把握目的地旅游供给情况、促进目的地开发管理与改善、调整供给结构，以满足游客的多元化需求。其次，游客对品牌性要素的感知在发生旅游决策之前，游客通过信息渠道提前了解旅游目的地产品质量、属性、价格等基本要素，强化其对目的地的正面认知和情感，有效降低游客在游玩过程中的感知风险，而良好的促销不仅可以吸引游客的注意力，还会促进游客产生购买意愿和购买行为。

1.3 游客体验记忆研究综述

1.3.1 旅游体验

早在 1964 年，国外学者布尔斯廷（Boorstin，1964）便提出旅游体验的概念。克里斯（Chris，1997）认为，旅游体验是一种多功能的休闲活动，主要包括娱乐和学习两种功能。派因（Pine，1998）对旅游体验的定义是游客在旅游活动中感受到情感、身体、精神、印象。童等（Tung et al.，

2011）认为，旅游体验是游客在旅游活动中的主观评价和经历，包括游客产生的情感、认知和行为，并且发生于 3 个时间阶段：预期体验、现场体验、追忆体验（Wirtz，2003）。金（Kim J H，2012）认为，旅游体验是指旅游目的地为游客创造的包括学习、娱乐等多种休闲功能为一体的体验平台，而积极难忘的旅游体验是指"在事件发生后记住、能回忆起的令人印象深刻的旅游体验记忆"。

1999 年，国内旅游体验研究的先驱者谢彦君教授提出旅游体验定义，他认为旅游体验是游客离开居住地前往异地的旅行或短暂的停留所进行的参与性活动，以满足个体的缺失性需求和高层次需求，使游客从中获得心理和精神上的深层次满足，进而感受到生活的意义。2011 年，谢彦君通过研究对旅游体验的定义更加准确，即旅游体验是处于旅游世界中的游客在其当下情境深度融合时所获得的一种身心一体的畅爽感受，包括审美体验和世俗体验两种。旅游体验根据参与程度的差异，可分为表层体验、中度体验和深度体验 3 个阶段。其中，以旅游资源为核心的体验处于表层体验阶段；游客通过多种感官刺激获得身体上、精神上的交流体验处于中度体验阶段；而沉浸在旅游环境中实现自我价值的体验则是深度体验阶段。

旅游产品具有无形性，基于旅游产品的体验亦是无形的，体验的记忆会随着时间不断逝去，也会因某段记忆尤其深刻，而持续获得旅游体验（Ooi，2005）。旅游体验是消费者获得的独有感受，会创造比产品本身更高的消费价值。

1.3.2　游客体验记忆

记忆作为一种重要的心智活动，是人们对以前发生过的活动、行为的印象积累（Schacter，1993）。无论是预期体验，还是现场体验，都会被不断以记忆的形式储存在脑海中，形成游客体验记忆，可能随时间或干扰因素而逐渐消失，也可能因刺激因素而不断强化。当游客再次面临旅游决策时，储存的体验记忆会被有序提取，并回想旅游过程获得的独有感受，依赖体验记忆做目的地决策（Kozak，2001；Lehto，2004）。因此，将游客体验转化为目的地的积极效应，就需要保证旅游体验能被消费者深刻记住（Kim，2010），游客体验记忆是影响消费者重游、推荐、口碑传播的重要因素（Tung，2011）。

迈泽尔（Meiser，2002）通过顾客体验的研究认为，记忆主要包括叙述推理、情绪化、再现性和生动性四个方面，而不同情景下，记忆的组成又有所差异。布朗（Brown，1997）认为，游客在旅游过程中所经历的人和事不同于日常琐碎的生活，这一特点使旅游体验的回忆更容易，也更生动形象，因此被称为"闪光灯记忆"。旅游情境下，闪光灯记忆是人们对鲜明的、重要的旅游活动或事件的记忆，有鲜明性、准确性和持久性的特征。金（2010）认为，对于旅游体验所产生的闪光灯记忆中，记忆的再现性（recallation）和生动性（vividness）就显得尤其重要。这里的再现性是指对旅游体验能否完整的回忆，生动性是指对旅游体验中的具体事物、情节和情绪的回忆。

笔者根据已有文献发现，游客的人格（Costa，1995）和个性（Studer - Luethi，2012）等内部因素，视觉、听觉（Jeong，2012）、嗅觉（Wiemers，2013）等感官线索，纪念品（Zauberman，2009）等外部原因对体验记忆有一定的影响，但是均未能深入地挖掘游客的心理变化对体验记忆的影响。金（2014）认为，享乐（hedonism）、清新（refreshment）、社交和当地文化（social interaction and local culture）、知识（knowledge）、意义（meaningfulness）、参与（involvement）和新奇（novelty）等要素将导致强烈的游客体验记忆，且长期记忆依然较为深刻。因此，从心理变化角度探讨游客体验记忆的影响因素具有一定创新性。国内学者潘澜（2016）发现，中国旅游情境下的游客体验记忆也具有再现性和生动性的特征，游客的情感感受对体验记忆有一定影响。许春晓（2017）认为，游客体验记忆要素可以通过网络知识图谱的方法帮助目的地管理者做市场细分。相亲亲（2018）发现，难忘的旅游体验记忆对游客行为意愿有重要影响。

综上所述，旅游体验记忆的重要性驱动旅游学者们展开大量学术研究，同时均对旅游体验记忆的积极效应予以肯定，并对其做出了进一步的拓展。国外对游客体验记忆的研究相对成熟，不仅在不同旅游资源类型、不同服务类型间对比研究，还结合游客属性、旅游动机、满意度与行为意愿等内容进行多元化的实证分析。国内对游客体验记忆的研究成果较少，主要参考国外的研究成果，例如，对游客体验记忆的影响、记忆图谱市场等研究，但是很少有研究关注到具体有哪些供给要素会真正影响到游客对于旅游体验的记忆及如何影响，特别是感知、情绪等心理感受对游客体验记忆的影响路径，目前的研究少有涉及。

1.4　积极情绪研究综述

1.4.1　情绪

情绪是在特定的环境情境中产生的，渗透在游客的体验中，会影响着游客的态度、记忆和行为等反应。科恩（Cohen，1991）认为，情绪（emotion）是被特定事物所激发的具有强烈情绪的状态，并能激发特定的行为。情绪是一种特殊的情感现象，由实际/虚构的"事件焦点"触发，持续时间受个体及情景因素影响，且由主观感觉、认知评估、动作倾向、行动表达四个部分组成。

从 20 世纪 80 年代开始，情绪研究逐渐从哲学和心理学转为经济学、社会学和管理学等领域的研究热点（刘丹萍，2015）。在旅游领域，游客情绪体验是当下情绪研究的核心要点，并在体验记忆中起着核心作用（Tung，2011）。无论是游客的认知、个性、生活习惯、性别、年龄等内在主观因素，还是自然环境、人际互动、社区团体等外在客观因素，均对游客的情绪体验产生影响。另外，无论是旅游前、旅游时还是旅游后阶段，情绪也将影响着旅游体验（Prayag，2013），其中，旅游前阶段，情绪在旅游动机和目的地选择过程中起着重要作用；旅行期间，情绪的强度和效价会随着游客的经历而不断波动；在消费后阶段，情感更会影响游客的满意度、地方依恋、忠诚度和行为意愿等。

鉴于情绪的复杂性，旅游和营销中的情绪研究主要有两种方法：情绪维度法和基本情绪法（见表 1 - 2）。情绪维度法抽取具有共性特征的情绪维度，包括情绪的效价（valence）和唤醒（arousal），其中，效价是指一种体验从"愉悦"到"不愉悦"的连续体，而唤醒是指心理状态的激活从"平和"到"激动"的状态。情绪维度法是测量离散情绪的维度划分方法，应用最广泛的是梅拉宾和拉塞尔（Mehrabian & Russell，1974）的"愉悦—唤醒—支配"情绪量表（pleasure arousal dominance，PAD）和沃森（Watson，1988）的积极情绪—消极情绪量表（positive affect and negative affect scales，PANAS）。而基本情绪法是将情绪，如幸福、悲伤、愤怒等视作离散的个体，并假定这些情绪个体从出生起便存在，但是分类的数量和性质方面并没有达成共识。基本情绪法常用量表为伊泽德（Izard，1977）基于对不同的面部表情的研究提出的差异情绪量表（differential emotion scale，DES），以及普拉特契克（Plutchik，1982）的情绪的心理进化论量表（psychoevolutionary theory of emotions，PTE），由恐惧、愤怒、喜悦、悲伤、接受、厌恶、期望和惊喜八种基本情绪组成（见表1－2）。

表1－2   情绪测量模型

方法	模型名称	作者
情绪维度法	愉悦—唤醒—支配情绪量表（pleasure arousal dominance，PAD）	梅拉宾和拉塞尔（1974）
	积极影响—消极影响量表（positive affect and negative affect scales，PANAS）	沃森（1988）
基本情绪法	差异情绪量表（differential emotion scale，DES）	伊泽德（1977）
	情绪的心理进化论量表（psychoevolutionary theory of emotions，PTE）	普拉特契克（1980）

资料来源：笔者根据文献整理。

经过文献梳理发现，旅游学界对"积极情绪—消极情绪"测量量表的应用最广泛，由于积极情绪和消极情绪的影响路径是相对独立的，因此，可以根据研究需要单独聚焦于积极情绪或消极情绪的作用（Prayag，2013）。单级维度比两级维度更能有效测量游客的情感体验（Hosany，2015），而积极情绪维度更能体现旅游的价值，首先，旅游是一系列积极的体验过程，是游客出于享乐目的而寻求愉快和难忘的经历；"乐观看法"（rosy view）效应会减轻游客对回顾旅游经历中的负面现象，并放大积极体验（Lee，2015）；其次，负面记忆具有防御和躲避特征，游客倾向于通过忘记不愉快的负面事件以趋利避害，重构整体体验，以减少认知失调（Cooper，1984）。因此，本书重点关注游客体验中的积极因素，并重点探讨积极情绪的影响机制。

1.4.2 积极情绪

积极情绪是指游客感受到的愉悦、惊喜、高兴、自豪等一系列正向的心理状态。佘升翔（2019）认为，理解旅游体验必须从情绪的角度切入，情绪是个体对周围事物、所处环境进行认知评价后的心理解读，并且会影响到消费者满意度、忠诚度，以及旅游后决策。国内研究学者对情绪的研究，大多数采用了正向/负向两级效价的模式，正向效价模式例如，愉悦度（谢彦君，2006）、观前和观后情感（罗盛锋，2011），以及离散型的特定情绪；负向效价模式例如，后悔情绪（白凯，2009）、敬畏情绪（田野，2015；祁潇潇，2018；郭俊伶，2018）、怀旧情绪（高璟，2017）、愤怒情绪（涂红伟，2017）等。

和山（Hosany，2009）认为对情感的分类应当与所适用的情景高度相关，而现有的心理学情感量表并没有考虑到游客与目的地的特定特征，其有效性和适用性存在一定问题。鉴于此，和山（2009，2012，2015）从心理学角度出发，基于认知评价理论（cognitive appraisal theory，CAT），认为情感是个体对情境或事件等相关信息进行处理或评价所引发的结果。与此同时，人的情感也会受到认知与评价的影响（刘丹萍，2015），并开发了简约型的目的地情感量表（destination emotion scale，DES），主要包含：愉悦之情（joy）、互动之情（love）和惊喜之情（positive surprise）三个积极情感维度，通过回译的具体分类和测量项目如表1-3所示。国内学者佘升翔（2019）在文献梳理、深度访谈、问卷调查等方法的基础之上，验证了该目的地情绪量表在国内情境下的合理性。

表 1 – 3   目的地情绪量表（DES）

维度	测量项目
愉悦之情	欢乐、愉快、喜悦、热衷、高兴
互动之情	温柔、爱意、关怀、喜爱、热心
惊喜之情	惊叹、惊讶、着迷、鼓舞、惊喜

资料来源：笔者根据文献整理。

其中，愉悦之情是旅游情绪的首要维度，是指游客在旅游过程中接触人或物所感觉的欢乐、喜悦、身心放松等积极情感，谢彦君（2006）认为，游客追求旅游体验的本质是追求愉悦的经历。互动之情是指旅游活动中存在的人际互动，例如，游客间的互动、游客与旅游从业人员的互动、游客与当地居民之间的互动，这些互动会促进人与人之间的相互吸引和相互依赖。旅游体验包括人际互动的结果，游客通过与旅游伙伴及其他游客互动，可以体验结交好友的快乐；通过与服务人员互动，可以体验当地服务质量；通过与当地居民互动，可以体验当地风土人情。关于惊喜之情，周玲强（2015）认为，逃离和新奇是游客普遍存在的动机，旅游是居民逃离日常生活，到异地新环境中接触新事物、认识新朋友、寻求新奇的过程，在此过程中，惊喜之情则成为旅游中必然产生的情绪。

综上所述，关于情绪的研究，国内外主要使用情绪维度法和基本情绪法，同时，积极情绪—消极情绪量表、离散的特定情绪应用最为广泛。过去的情绪研究更多地建立在心理学的理论基础上，因此，本书选择旅游情境下开发的目的地情感量表（DES），研究积极情绪的作用，以期打开游客心理活动的"黑箱"，助力旅游目的地的管理、开发和营销。目前，大多数学者局限于将积极情绪作为满意度（张维亚，2012）、忠诚度（田野，2015）和行为意愿（涂红伟，2017b；吕丽辉，2017）的前因变量，少有学者将目的地供给感知纳入情绪研究的范畴体系，并关注到积极情绪对游客体验记忆的影响，因此，无法清晰地理解目的地游客情绪产生的来源和游客体验记忆发生的情绪动机。

1.5 乡村旅游研究综述

乡村旅游最早起源于 19 世纪的法国巴黎（王婉飞，2008），我国真正意义上的乡村旅游起源于 1988 年的深圳市。随着乡村旅游在我国快速兴起，围绕乡村旅游地展开的有关研究开始逐渐增多。目前，国内外对于乡村旅游地的有关研究主要是围绕乡村旅游地的发展模式、乡村旅游地发展的驱动因素和动力机制，以及乡村旅游地的乡村性三个方面进行的。

1.5.1 乡村旅游发展模式研究

国外学者早在 1998 年就把乡村旅游地的发展模式按照两类进行划分，即干预较大型与干预较小型两种，并指出了干预较大型的国家包括波兰和西班牙等国家，干预较小型的国家包括英国等国家（Marcjanna，1998）。此后，有学者将欧洲乡村旅游地的发展模式分为政府驱动型和民间自组织型两种类型，并提出了法国是政府驱动型发展模式，属于自上而下的发展模式；而德国和挪威等国家是民间自组织型，属于一种自下而上的发展模式（Fleischer，1999）。还有学者以斯洛文尼亚乡村旅游地的开发现状为出发点，提出了乡村旅游地的开发并不能孤立考虑，需要结合政治及政策等方面因素，同时需要照顾到各旅游利益相关者感知、需求和价值观等诸多因素，从而寻求可持续发展路径（Alenka，2000）。葡萄牙学者将研究对象确定为葡萄牙的国家公园，并在研究中提出了一种新的旅游地开发模式，该模式的特点是强调充分利用当地的旅游资源，通过自下至上的方法，促使当地居民能够参与到旅游地的开发和建设中来；对于社区参与管理这种模式，无论是自上至下还是自下至上，都受到了积极的关注与提倡（Carbs，2003）。还有学者围绕乡村旅游地可持续发展问题进行研究，并提出游客数量、游客数量占人口比例、旅游吸引力、受保护区域比例，以及游客满意度等 16 个维度的具体指标，用以判定区域乡村旅游地发展模式（Sweeney，2010）。

　　国内有学者将乡村旅游地的发展模式主要归纳为旅游资源主体性、共生型与附属型 3 种。在乡村旅游地的众多开发模式中，社区和居民共同参与的开发模式被业内人士认为是最佳选择，并据此正式提出了参与式的发展模式，包括"公司 + 农户""旅行社 + 旅游协会"、股份制、"农户 + 农户"、个体农庄等 5 种具体模式（郑群明、钟林生，2004）。有学者将研究对象聚焦在旅游活动的参与主体上，提出了由政府主导、由企业主导、股份制和自主发展 4 种乡村旅游地发展模式（郭剑英，2006）。部分学者也提出了一些新的观点，如认为新时期乡村旅游地发展的新模式主要包括农园与农庄、主题博物馆、民俗体验与文化村落、俱乐部、商务度假和企业农庄、产业化与庄园及景观整体与乡村意境体验等发展模式（王云才，2006）。同时，随着全国乡村旅游市场不断地发展与成熟，也有学者认为，对乡村旅游进一步转型升级，可以加快实现乡村旅游地的可持续发展，并以德清县乡村旅游地为研究对象，通过进行市场调研和对经营单位的访谈分析得出的结论是：要实现德清县乡村旅游地的可持续发展，重点需要关注三个方面，分别是乡村旅游产品、发展模式和营销方式。（王婉飞、单文君，2008）。还有学者以黄山市西递镇和宏村镇两处极为典型的乡村旅游地为例，通过分析两个乡村旅游地的经营模式和农民收益状况，找出影响当地居民利益的具体因素，并以保障农民利益最大化的角度对乡村旅游地的经营方式进行了重新设计（巩胜霞，2012）。在旅游产业未来发展大好的形势下，乡村旅游地具有很大的未来发展空间。但在乡村旅游地的发展过程中，也存在开发观念不正确、制度安排不合理、桥梁和纽带缺乏、特色不够明显等方面的问题。田敏、苗维亚（2012）通过分析这些问题，提出建立统一的开发标准规范这一举措；并提出加快推进体制创新，加强资源的进一步整合；经营实现特色化，并提出将自然资源、当地文化与现代科学技术相结合的乡村旅游地发展新思路，以促进乡村旅游地更加持续健康发展。还有学者从乡村旅游转型升级的角度探讨了乡村旅游地发展，并提出了一个新的发展思路，即将生态和经济和谐发展作为乡村旅游地的发展核心；将环境保护技术作为乡村旅游地发展的支撑；将特色城镇建设作为乡村旅游地发展的途径，这种将生态环境、经济和城镇化建设结合起来的新思路，一方面，实现了乡村旅游地经济发展的根本转变；另一方面，也促进了新型城镇化的实现（陈佳，2015）。最近几年，有学者从乡村旅游产业与文化产业相互融合的角度指出，必须立足于乡村旅游产业的文化价值对乡村旅游地进行升级，强调对乡村旅游地的产业属性进行深化研究，对乡村旅游地的文化价值进行深层次的挖掘，对乡村旅游产品的研发更加注关注游客精神层面的需求（程建明，2017）。此外，还有学者从近几年比较热门的全域旅游视角出发，提出乡村旅游地应该抛弃原有的发展模式，从宏观层面、中观层面和微观层面实现融合发展（刘栋子，2017）。

1.5.2　乡村旅游发展的驱动因素和动力机制研究

国外对乡村旅游地发展驱动因素和动力机制的研究，最早可追溯到在1977年。当时著名的"推拉理论"被应用到旅游学研究领域，戴恩（Dane，1977）认为旅游行为的最终产生是由于游客的"推力"与旅游地的"拉力"共同作用形成的结果。游客的"推力"，主要是指游客自身的因素，例如，游客的可自由支配收入、闲暇时间、家庭结构等；而"拉力"是指旅游地的自然风光、风土人情、文化生活等整体形象因素。乡村旅游地之所以实现快速发展，正是由于城镇居民的"推力"和乡村旅游地的"拉力"共同作用形成的结果。有学者认为，旅游动机是由人们想要降低当前紧张状态的需求引起的，驱使他们在事物、情境及事件中寻求自身存在的符号（Gnoth，1997）。游客追求差异化的反向性是乡村旅游地发展的根本驱动力，城市性和乡村性两者之间的级差是乡村旅游地发展不竭的动力源泉（Fleischer，2000）。还有学者提出享乐旅游动机模型，模型包括两个方面，一是游客的需求和动机，即形成"推"的因素，如逃离日常环境、缓解压力、放松身心等；二是游客面对的情境，即形成"拉"的因素，该模型的关键点在于非常强调"推"和"拉"的联系，把"推"和"拉"两方面看作是游客大脑中紧密融合在一起的动机硬币的两面（Goossens，2000）。

我国学者认为，乡村旅游地发展的核心动力系统包括：需求、供给、营销和扶持（杨军，2006）。在旅游扶贫领域国家政策的倾向性及其他国家乡村旅游地良好发展的示范性，是形成国内乡村旅游地发展的宏观动力；中观动力主要是由乡村旅游产业新领域的拓展和农村经济增长点的创新两方面构成；而巨大的市场需求和乡村旅游地资源的优势则是乡村旅游地发展的微观动力（王娜，2006）。潘顺安（2007）认为，乡村旅游地发展的动力系统是由需求、供给、媒介和支持等4个子系统共同组成的复杂系统，其中，需求子系统的主要作用是推动乡村旅游地产品的生产及维持整个系统的正常运转；供给子系统的作用是为旅游需求系统保驾护航，提供物质基础；媒介子系统的主要作用是将需求系统和供给系统进行有效的对接；支持子系统则为乡村旅游动力系统的运行提供保证。刘亚敏（2011）认为，乡村旅游地发展的动力机制主要包括三个方面内容：一是基于乡村旅游地供给层面的吸引因素；二是基于乡村旅游地动力产生的需求因素；三是确保乡村旅游地正常发展的外部保障因素。此外，孙琳（2017）认为，乡村旅游地的发展主要在于实现三大维度：第一维度是资源基础、第二维度是发展模式、第三维度是运行机制，其中，第三维度运行机制中包括政府扶持、产业链条和农民参与三大机制。陈志军（2019）选取长沙市3个乡村旅游地，基于吸引物、区位、支持因素、需求、目的地管理、供给、创新和发展8个潜变量，构建了乡村旅游地发展驱动机制关系模型，并采用结构方程模型探讨了乡村旅游地发展驱动因素的相互关系及机制。

1.5.3　乡村旅游的乡村性研究

伴随着乡村旅游的发展，乡村旅游地的乡村性问题也开始日益受到关注，乡村性作为乡村旅游地最大的特色，正不断地经受着来自经济发展的冲击，如何保持乡村旅游地原有的乡村性，越来越成为学者们关注的重点问题。国外学者对乡村旅游地乡村性问题展开的研究比国内较早，在1996年就有学者指出，要想实现乡村旅游地的可持续发展，最为关键的部分在于保持乡村旅游地的乡村特性（Brohman，1996）。以色列学者将以色列的乡村旅游地作为研究对象，对乡村旅游地的乡村性进行了定性描述（Reichel，2000）。还有学者对乡村旅游地乡村性的测量进行了研究，针对以往学者提出的包括人口、就业、当地居民满意度、交通设施的分布情况、城乡中心距离等指标与乡村性的相关性，以及指标的重要性分配等方面的问题进行探讨（Woods，2005）。此外，里卡多（Ricardo，2005）提出，乡村性指标由人口密度和社区尺度、经济与土地利用、传统农业等层面衡量，通常以RI表述乡村性指数。欧洲学者以欧盟和澳大利为案例，围绕如何构建和再现乡村性进行了讨论（Dibden，2009）。

国内学者根据现有的乡村性定义，提出了基于"乡村性"的乡村旅游概念，并在此基础上分析了乡村旅游地开发的社会意义（李开宇，2005）。冯淑华（2007）以江西省婺源县为例，对其乡村性进行了研究，通过理论分析选取了5因素和17因子构建了婺源县乡村性测评的指标体系，并运用结构方程建立了乡村性测评模型。龙花楼（2009）对中国东部沿海地区乡村旅游地的发展类型进行了划分，并对各类型旅游地的乡村性展开评价。还有学者测量了福建省永春县北溪村乡村性的非使用价值，然后通过实证分析得出结论，乡村性在乡村旅游地管理中占据非常重要的地位，有关乡村旅游地的乡村性问题需要旅游地管理者加以足够的重视（吴丽娟，2012）。吕祖宜（2017）从主体混杂与再次物质化、网络混杂与关系乡村、意义混杂与融入现代三个方面，对有关"后乡村"的混杂性视角进行了系统评述，重新解读了乡村性的认识。学者张孝存（2019）基于陕南各产业占国内生产总值（GDP）比重对乡村发展的类型进行了划分，并创建了乡村性评价体系，测算了28个县域的乡村性指标。

1.6 品牌联想测量研究

了解消费者对品牌的看法和联想，是品牌所有者明确消费者的品牌偏好和选择的第一步（Henderson，1998）。目前有许多方法可以用来描述顾客的品牌联想，包括自由联想法、属性评定量表和拼合法等。不过，可以用来有效描述顾客的品牌联想结构的方法并不多。原因在于：品牌联想的结构描述既需要包括一级联想，也要包括二级联想。一级联想，是指直接与该品牌相关的各种联想；二级联想，是指通过一级联想与品牌间接关联的各种联想。

在国内，无论是学者还是营销人员，对品牌联想的研究和使用都只是处于摸索阶段。目前，仅有一些学者在对品牌联想的作用和重要性有所探讨。如龙圣民（2005）探讨了二级品牌联想的作用及如何发挥次级品牌联想的方法；王织会（2002）在其毕业论文中用实证分析的方法对品牌联想影响消费者行为做了一定的研究；黄合水、彭聃龄（2002）利用实证分析的方法，对不同品牌的品牌联想进行了比较研究。但是，几乎没有一篇文献就如何描绘某一品牌的品牌联想有所研究。在品牌联想研究这方面，国外不论是学术界还是社会实践者都走在我们的前面，有大量的文献探讨品牌联想的各个方面，也有不少学者提出了一些行之有效的品牌联想测量的方法，主要有自由联想法、隐喻启发法、网络分析法等方法。其中，自由联想法是目前最简便、最有效的方法，它只要求消费者回答他们想到某一品牌时头脑中出现的形象即可。但是，自由联想法存在致命的缺点，即不能描述品牌联想之间的结构。因此，有学者运用了隐喻启发法和网络分析法描述消费者与品牌联想之间的结构（Zaltman，1995；Henderson，1998）。这两种方法通过抓住一级联想与其他二级甚至三级联想的区别，企业就能更为清楚地了解消费者是怎么看待品牌的。但是，这两种方法也存在着较多的不足，最致命的缺点就是它们都需要有受过专门训练的访问员，而访问员数量的不足就大大限制了它们的使用范围和频率。由于隐喻启发法和网络分析法的不足限制了它们的运用，这就需要有新的方法来代替它们。

品牌概念地图（brand concept map，BCM）就是其中之一。这种方法可以有效地克服现有方法的不足，可以用来描述一级和更高级的品牌联想。它不要求有受过专门训练的访问员，而且还可用于大样本，并可以用来对不同顾客群体进行比较（John Deborah，2006）。它还可以帮助管理者找出下列问题的答案，即哪个品牌联想更重要？哪个品牌联想是直接和品牌相关联，哪些是间接关联的？如何在各个品牌联想之间建立更强的联系？一个品牌联想的变化，又是怎么影响到其他品牌联想的？

| 2 |

概念界定与理论基础

2.1 概念界定

2.1.1 乡村旅游

乡村旅游不单单是以农业为基础而进行的旅游活动，乡村旅游更是一个包括自然、生态、探险和健康等旅游种类的多层面的旅游活动（Lane，1994）。莱恩（1994）对乡村旅游的概念做了非常细致深入的探讨，他提出了包括复杂性、多样性、融合性和区域差别性等新特点在内的乡村旅游，他认为乡村旅游的范围应该是一个比较广泛的范畴，乡村旅游应该包含将农业作为基础的假日旅游，还应该涵盖以运动休闲为主的康体养生旅游，同时，他认为传统的民俗文化和风土人情等相关活动也应该被包含在乡村旅游的范畴之内。国外的其他学者和组织也提出了相应的乡村旅游概念：乡村旅游就是当地农户为前来旅游的游客提供住宿、餐饮等条件，使其在农场和牧场等典型乡村环境中从事休闲活动的一种旅游（Gilbert，1990）。这种对乡村旅游的概念定义把乡村旅游的对象局限于农场和牧场，它的实质是一种农业旅游。世界经济合作与发展组织在 2000 年将乡村旅游定义为：发生在乡村地

区的旅游活动，其中，"乡村性（rurality）"是乡村旅游的核心和独特卖点
（Reichel，2000）。芬兰乡村发展委员会把乡村旅游定义为：乡村旅游是一
种途径和工具，它可以全面开发乡村的资源，并且能够创造出口产品（王
云才，2003）。以色列学者阿里埃雷切尔和来自美国的学者阿德米尔曼
（ArieReichel & Adymilman，1999）一致认为，乡村旅游就是位于农村区域
的，并且具有农村特性的旅游，它的特点包括企业规模较小和具有可持续性
（Reichel，2000）。国内外还有多位学者对乡村旅游的概念进行了诠释（见
表2－1）。

表2－1 国内外学者对乡村旅游定义列举

定义者	概念
帕特莫尔 （Patmore，1983）	认为城市和乡村之间并没有严格的区别，乡村本身并没有什么特性使乡村成为旅游资源。相反，由于生活在乡村的人们的文化特点使乡村变得富有魅力
莫蒙 （Momont，1990）	乡村是一个有各自不同的思维方式、社会制度和行为网络的重叠的社会空间。乡村最大的吸引力在于它可以提供城市所不能提供的东西
杨旭（1992）	所谓乡村旅游，就是以农业为基础，围绕生物资源、经济资源和社会资源构成的旅游活动
马波（1996）	乡村旅游是以乡村地区独有的生产形态、风土人情和田园风光作为客体，将乡村社区作为活动场所
杜江（1999）	乡村旅游是把乡村地区的风光和活动作为旅游吸引物，将客源目标市场定位在都市居民，将满足游客娱乐、求知和回归自然作为目的的一种旅游方式
王兵（1999）	乡村旅游是以农业为基础，将文化景观、生态环境、生产活动，以及民族习俗作为旅游资源，将观赏、学习、考察、娱乐、参与、度假融合为一体的一种旅游活动
肖佑兴（2001）	乡村旅游把乡村地区的空间环境作为依托，把乡村地区独有的生产形态、民俗风情、乡村风光、生活形式、居所和文化等视为对象，并通过城乡之间的差异来规划设计产品的一种旅游形式
吴必虎（2001）	将乡村旅游看作是发生在乡村地区和自然环境中的旅游活动的总和
何景明和李立华 （2002）	提出了一种狭义的乡村旅游概念，包含了两个方面：一方面，是发生在乡村地区；另一方面，是把乡村性作为旅游吸引物，二者相互结合
何微（2004）	将自然资源（农业）和社会资源（农业）作为旅游吸引物，将客源市场定位在都市居民，为了实现他们回归自然的旅游需求，满足其观光、休闲度假、购物等多种需求而开展的新兴旅游活动

资料来源：笔者根据文献资料整理。

结合以上学者们对乡村旅游的定义，概括出乡村旅游有以下特点：第一，发生在乡村地区；第二，有旅游活动产生。基于此，本书提出乡村旅游概念，乡村旅游是指发生在乡村地区的所有和旅游活动相关的总和。

2.1.2　乡村旅游地

目前，对乡村旅游地的定义学术界并没有给出一个明确具体的定义，学者们对旅游地的相关概念已经给出了较多的阐释。旅游地是将旅游产品和消费者所感受到的完整经历进行结合形成的综合体（Davidson，1997）。传统认为，旅游地是一个具有明确范围的地理区域，一个国家、一个城市或者是一个岛屿，都可以被看作是旅游地。莱佩尔（Leiper，1995）认为，旅游地是人们为了体验某些特色或特征，从而选择逗留一段时间的地方。温黑尔（Wanhill，1998）把旅游地定义为：用来满足游客需要的设施和服务的集中场所。布哈林（Buhalis，2000）认为，旅游地是一个具有明确范围的地理区域，这一区域包含游客理解的旅游营销和规划的政策和法律框架，是一个独一无二的实体。世界旅游组织（2002）把旅游地看作是一个物理空间，游客在这个物理空间内至少停留一个晚上，并且包含了旅游产品和服务，是具有明确地理区域和行政划分的。保继刚（1996）指出，旅游地是游客在此停留活动的地点，是指具有一定旅游资源基础的地理空间，并且把基础设施和相关设施联系起来。崔凤军（2002）认为，旅游地是一个开放系统，在这个系统中拥有整体形象统一的旅游吸引物，同时，崔凤军把空间尺度作为衡量标准对旅游地进行了划分，他认为一个国家、一个城市或一个具体的旅游景区都可以是旅游地。众多国内外学者对旅游地给出了定义阐释，本书在这些定义的基础上结合实际研究内容，将乡村旅游地定义为：能够吸引旅游者在此做短暂停留、参观游览的乡村地区。

2.1.3　旅游感知

感知这一概念来源于心理学，是人们心理过程的一部分，它与记忆、想象和思维等一起构成了完整的心里活动。对于旅游感知的定义，学者们采用最多的是国外学者艾伦（Alain，2000）给出的明确定义，他将旅游和心理学相结合，认为旅游感知是将外部世界的旅游信息转换成我们每一个人都会经历的内部思维世界的过程。国内外其他学者基于各自的研究内容也给出了不同的定义，路易斯（Lewis，1995）早在1995年就对旅游感知进行了定义，他认为旅游感知是旅游经营者和旅游投资者对旅游地总体旅游业的看法；部分学者认为旅游目的地形象和旅游目的地相关服务，这些都应该被定义为旅游感知（Roger，1997；Andrew，2000）；西蒙（Simon，2000）认为，旅游感知是旅游者对旅游目的地服务和购物体验的总体评价；黎洁、赵西萍（2000）在进行美国游客对西安市的感知研究中，将旅游感知定义为人们通过感觉器官获得对旅游对象、旅游环境条件等信息的心理过程；基尔（Gill，2006）针对登山探险游旅游感知进行了阐述，他将参与登山探险的游客所拥有的登山探险经历定义为旅游感知；白凯（2008）认为旅游感知是游客通过对外部客观世界旅游信息的认知、接受、摄取和筛选，进而将旅游信息内化为个人内部思维世界的现象，并最终形成对旅游目的地的认识和评价。李琛（2019）在黎洁等人的观点上得到的研究为，旅游感知是游客通过感觉器官获得对旅游对象、旅游环境条件等信息的心理过程，是外界作用于人脑所形成的意识流。通过对旅游感知定义的梳理发现，目前学术界对旅游感知的定义并没有形成统一，但可以明确的是，旅游感知这一概念是基于心理学而提出的，是一种人的内部思维过程。根据学者们的定义，并结合实际内容，本书提出旅游感知是旅游者在进行旅游活动时，通过感觉器官将旅游对象、环境、服务等信息转换成内部思维的过程。

2.2 理论基础

2.2.1 顾客价值理论

顾客感知价值理论最早由国外学者瑟摩尔（Zaithaml，1988）将顾客感知价值定义为：顾客所能感知到的利得与其在获取产品或服务中所付出的成本进行权衡后，对产品或服务效用的整体评价。顾客价值一方面是基于感知利得与感知利失的权衡，另一方面也是顾客对产品效用的综合性评价。顾客价值的产生来源实际上是顾客在购买和使用相关产品之后从产品当中获得的额外价值，通过这种额外的价值，使顾客和供应商之间建立了感情纽带。伍德拉夫（Woodruff，1997）通过研究顾客如何看待价值，认为顾客价值是顾客对特定情景下有益于（有碍于）实现自己目的的属性及这些属性的实际效果和使用后的结果所感知的偏好与评价。伍德拉夫（1997）基于手段—目的链理论建立了顾客感知价值层次的模型，从最低层次开始，首先，消费者考虑的是具体属性和属性效能；其次，在消费者购买和使用产品时，消费者就这些属性对预期结果/利益的实现能力形成期望和偏好，由此进入价值层次的第二层。最后，消费者还就这些结果/利益对自身目标的实现程度产生期望，这是价值的最高层次。这样就构建了属性—结果/利益—个人价值的顾客感知价值模型。本书采用以伍德拉夫的观点，将游客感知价值按照属性—结果/利益—个人价值进行层次划分。

2.2.2　手段—目的链理论

手段—目的链理论最早由国外学者乔纳森·古特曼提出（Jonathan Gutman，1982），手段—目的链理论的作用是为了准确了解消费者对某一种产品和服务的具体感受。当消费者在消费某一产品或服务时，会在心中给该产品或服务赋予其一定的意义，而消费者赋予的这些意义将作为消费者在决定是否继续购买该产品或服务时的决策依据，这些意义跟消费者个人的内在价值有着十分紧密的联系。

手段（means）是指人们所从事的事物或活动，目的（ends）是实现某种价值的状态，手段—目的链模型就是在解析消费者如何通过对商品或服务的选择，进而促成最终想要达到的理想状态。对于消费者而言，产品或服务的意义是由消费者从产品或服务的认知中获得的，同样的，结果是由消费者在产生个人价值的认知后才具有重要性。这种由属性、体验结果到价值的过程代表着消费者是通过"属性"的手段进而最终达到价值的"目的"所形成的联系，这种联系详细解释了消费者是如何给产品或服务赋予意义的，也就是消费者购买该产品或服务的理由。手段—目的链这一理论揭示了三个抽象层级（Klenosky，1993），第一层级代表的是产品或服务的属性，第二个层级代表的是体验某项产品或服务后产生的结果，第三个层级代表的是个人最终追求的价值。第一层级和第二层级都受个人价值观影响，第三个层级的价值是引导消费者选择和行为的动机。古特曼（Gutman，1982）又对上述三个层级的关联作了进一步的解释：当一个产品的刺激或事件等信息与消费者的认识和记忆产生联系，这样消费者与产品之间就建立了一种联系，即属性、体验结果和价值三个层次的联系，通过这三个层次的联系可以建立出消费者对产品或服务认识的网络要素，当这个网络被转换为层级形式时，就是"手段—目的链"（means-end chain）。此链结从属性层级开始，通过对产品所产生的结果或利益，建立自个人价值的链结。手段—目的链理论的核心观念说明消费者对某产品或服务的"属性—体验结果—价值"间的联结关系，而其相互的联结关系最终形成一个链条。

（1）属性。奥尔森（Olson，1983）将属性划分为具体属性与抽象属性两种类型。具体属性包括消费者可以直接感受并能够加以衡量的产品或服务的客观、具体的特性。而抽象属性则是消费者不能直观感受或衡量的产品或服务的主观、抽象的特性。理查德森（Richardson，1994）同样将属性分为两种类型，包括外在属性和内在属性。外在属性指的是消费者可以通过自身就轻易地分辨出不同产品或服务之间存在的差异属性；内在属性指的是能够满足消费者心理层面的属性。斯科尔等（Schoell et al.，1991）认为，消费者是可以感知到属性存在，并具有无形或有形的特点。由此看来，学术界对于属性目前并没有一个统一的界定。但可以肯定的是属性包括内在或者外在所有的功能和特征，是消费者对于物质属性或者主观功能的一种感知或偏好。

（2）体验结果。古特曼（1982）认为，体验结果是消费者在体验过有关产品或服务之后产生的经验感觉，体验的结果有正面和负面两种情况，消费者想得到的是正面结果，也被称为利益（benefits），消费者不想得到的是负面结果，也被称为风险。彼得等（Peter et al.，1996）认为，消费者所期盼的体验结果是产品的利益或效用；而消费者所规避的体验结果则是产品的风险。他们将体验结果分为两个方面，分别是功能性结果和社会心理性结果，功能性结果指消费者所获得的有形结果，社会心理性结果是指消费者个人情感与社会性，包括个人及个人与他人互动的感觉。瓦莱特和拉巴基（Valette & Rapacchi，1991）同样将体验结果划分为功能性及社会心理性两种结果，他们认为功能性结果是消费者可以直接感受到的利益或效用，而社会心理性结果是消费者通过他们周围的人或事物所获得的感受，当前学术界大多数学者对于体验结果的界定均归入到功能性及社会心理性两大范畴。

（3）价值。罗克奇最早将个人价值分为两大类（Rokeach，1973）：一类是手段价值（means value）；另一类是目的性价值（end value）。手段价值是促成目的实现的方法，而目的性价值则是个人想达到的终极状态。罗克奇将手段价值进一步分为两种，一种是道德价值（moral value），另一种是能力价值（competence value）。其中，道德价值是以人际和罪恶感为取向；而能力价值则是以个人及羞耻感为取向；同时，又将目的价值划分为个人价值和社会价值两种。个人价值强调的是以自我和个人内在为中心，而社会价值强调的是以社会及人际关系为中心，并总结出 36 个价值内容。国外其他学者也对价值分类进行过总结（见表 2 – 2）。

表 2 – 2   国外学者对价值的分类

提出者	价值分类
罗克奇（1973）	罗克奇将价值分为两类，一类是手段价值，包括：爱、诚实、勇气、宽恕、服从、独立、想象力、聪明、礼貌、逻辑、清洁、负责、自我控制、高兴、能力、心胸开阔、权力、帮助；另一类为目的价值，包括：成就感、世界和平、舒适生活、美丽世界、平等、自由、幸福、家庭安全、国家安全、救世、乐趣、友谊、自尊、智慧、刺激的生活、社会认可、内在和谐、成熟的爱
米切尔（Mitchell，1983）	提出包含侥幸者、隶属者、竞赛者、支持者、成功者、体验者、自我者、整合者、社会意识等 9 个项目在内的生活价值形态量表
卡勒（Kahle，1983）	包含归属感、趣味人生、温暖人际关系、成就感、刺激冒险、受尊重、安全感、自我满足和自尊 9 个项目
施瓦茨（Schwartz，1992）	社会公正、世界和平、心胸开阔、美好的世界、智慧、保护环境、公平、与自然和谐一体；帮助、原谅、忠诚、诚实、真诚的友谊；社会权力、财富、权威；成功的、有能力的、有抱负的、有影响力的；愉快、享受生活；接受生活的命运安排、谦卑、奉献、节制、尊重传统；服从、礼貌、自律、给父母和他人带来荣耀；家庭安全、社会秩序、国家安全、互惠互利、清洁；创造性、独立、自由、好奇、选择自己的目标；冒险、变化的和刺激的生活

提出者	价值分类
帕里 （Parry，2002）	包括归属感、爱、自尊心、成就感、乐趣与刺激感、可靠感、安全感、心灵上的平静、社会的肯定、社会利益与社会所给予的肯定等衡量价值的项目

资料来源：笔者根据资料整理。

　　通过梳理本书发现，手段—目的链理论的"属性—体验结果—价值"各层次划分复杂多样，学术界至今没有一个明确的统一划分标准，针对旅游学领域运用手段—目的链方法的研究，已有部分学者进行过讨论，国内学者们在参考上述学者研究结论的前提下，结合自己实际研究内容，提出了旅游领域游客感知价值的层次分类。姜超（2010）基于手段—目的链理论，对温泉旅游产品顾客感知价值进行了探究，在研究中将属性划分为：卫生状况、真实性、可达性、知名度、美誉度、销售价格、自然环境、温泉水质、文化特色、温泉类型、娱乐、住宿和餐饮设施、服务人员的效率和态度、信息获取途径、游客数量的控制；将体验结果划分为放心、节省时间、省钱、信赖、健康、放松心情、求新猎奇、情感联络、人际社交、他人分享；将游客感知价值分为对大自然的崇敬、物有所值、心灵的慰藉、幸福和愉悦、归属感、成就感、促进工作学习、生活品位、安全感、生活乐趣。王跃伟（2011）基于手段—目的链理论，对辽宁省赴台湾旅游者的满意度进行分析，将属性划分为旅游包价、熟悉程度、当地文化、居民友好、服务水平、设施条件、吸引物、线路行程、浏览主题、娱乐、住宿、饮食口味等；将体验结果划分为选择、省时、省钱、社交氛围、活动丰富程度、宽松环境、可参与程度；将感知价值划分为归属感、成就感、安全感、乐趣与兴奋。戴志伟（2012）运用手段—目的链理论对访沪游客选择文化旅游产品的影响因素进行了研究，将属性分为历史与文脉、建筑和街区、文化和科普教育、时尚氛围、小吃与特产、艺术和创意、娱乐和休闲、知名度、可参与性；将结果分为了解历史、感受不同、放松身心、亲友交流、寻求新体验；将价值分为：改善人际关系、自在和真诚、完善自我和丰富生活、卓越感和自豪感。本书在国外学者对各层次划分标准的基础上，结合国内学者在旅游领域已有研究成果，对乡村旅游地游客感知价值各层次进行归类探讨。

2.2.3　旅游系统理论

系统是由事物的要素、子系统所组成的复杂综合体，系统论要求从整体视角把握系统的结构复杂性、功能转换性，以及系统演进过程的稳定性与突变性，以便更好地认识事物的发展规律与本质。从系统论的内涵出发，对整体把握与理解旅游业发展特征与规律具有重要作用。

国外较有名的旅游系统模型包括甘恩的旅游功能系统模型、雷珀的旅游地理系统模型、莫里森的旅游市场系统模型、米切尔的旅游供需系统模型、科尔切的旅游复杂系统模型等。其中，旅游功能系统模型对本书具有重要借鉴意义，旅游功能系统模型认为旅游系统包括供给系统和需求系统两部分，目的地供给系统包括旅游吸引物、旅游促销、旅游交通、旅游信息和旅游服务五个部分，是目的地旅游规划与旅游业发展的核心要素，五个子系统的系统与配合对于旅游目的地的可持续发展具有重要意义。

国内较有名的旅游系统模型包括吴必虎的旅游系统概念模型、吴晋峰的旅游系统模型、王佳骏的旅游系统模型等。旅游学术界对吴必虎的旅游系统概念模型认可度极高，其模型分为目的地子系统、出行子系统、客源市场子系统和支撑子系统，其中，目的地子系统由旅游吸引物、旅游设施与旅游服务组成，出行子系统由交通、旅行服务、信息服务与目的地营销组成，而客源市场子系统和支撑子系统不在本书的讨论范围之内。

国内外旅游系统理论针对旅游目的地供给系统的内容为本书探讨目的地供给系统、游客目的地供给感知等内容提供了良好的理论基础。

2.2.4　认知记忆理论

记忆来源于认知心理学领域，是个体对外部信息进行解码、储存和提取的认知能力，是信息的储存仓库。20世纪60年代初，记忆过程成为心理学家研究的重点领域，可以简单分为"记"和"忆"两个过程，"记"包括识记、保持，"忆"包括回忆和再认。本书重点讨论"忆"的过程，即游客在旅游结束后对体验记忆的提取过程，可以从生动性和再现性两个维度进行分析。

记忆包括编码、储存、提取三个阶段。编码是指个体对已输入的信息进行加工、改造的过程，将外界刺激的物理特性转化为心理表征，是整个记忆过程的关键阶段；储存则是信息的保留，储存时间的长短随着记忆的类别而定；提取是记忆的检索过程，即回忆和再认过程。游客对目的地供给的感知即是个体认知的信息加工过程，信息的获得就是游客接受直接作用于感官的刺激信息，并进行识记和保持形成体验记忆。

面对旅游目的地供给，游客会将自己感兴趣的信息选择性地输入脑海里，进行选择性地加工和储存，并根据游客以往的经验、自身意愿进行意义解读形成认知记忆，回忆时进行信息提取，并影响游客的决策行为。游客对目的地供给的感知就是对外部刺激信息进行加工的认知评价过程，游客对目的地旅游资源、服务/设施、信息和促销供给属性进行编码并储存在脑海里，当游客认为信息对自身有积极意义则会产生积极情绪，认知结果、情绪感受，以及事件过程等都会转化为体验记忆，以便未来对这段经历进行回忆和再认。

根据认知记忆理论，无论是预期旅游体验还是在场旅游体验，都会以记忆的形式留存在消费者的脑海中，可能随时间或干扰因素而逐渐消失，也可能因刺激因素而不断强化。即目的地供给感知、游客积极情绪会形成游客体验记忆，该理论为本书探索目的地供给感知对游客体验记忆的作用机制、积极情绪对游客体验记忆的作用机制提供了良好的理论基础。

2.2.5　情绪评价理论

情绪评价理论源于心理学，是个体对外部客观环境的适应性反应（Moors，2013），是理解和解释情绪体验的主要理论，解释了外部客观环境激发个体情绪的影响机制。情绪评价理论的内在机制是认知评价机制，阿诺德（Arnold，1960）认为，情绪是个体对外部刺激事件进行认知评价而引发的一种感受，而感知是个体对外部刺激事件进行的认知评价，因此，情绪是个体的感知所引发的。拉扎勒斯（Lazarus，1991）指出，个体的感知情况受到当时情境和个体心理两个方面的影响。此外，人们对外部环境刺激的认知评价结果是主观的，信仰、态度、人格特征等各方面的不同，将直接导致情绪体验的差异，这对于解释不同个体在同样的外部刺激下产生不同情绪反应的原因提供了很好的理论分析基础。

通过情绪评价理论，研究者可以分析情绪的产生过程、情绪对行为的驱动作用和诱发作用，以解释情绪与动机的关系。近年来，情绪评价理论在旅游学术领域受到学者们的重视。如霍萨尼（Hosany，2012）研究了游客积极情绪反应的影响因素；田野（2015）通过实证分析，检验了游客敬畏情绪与忠诚度之间的关系；布雷托尔（Breitsohl，2016）以旅游目的地的非道德事件为例，探讨了游客产生愤怒、失望、鄙视的负面情绪的前因变量和后置变量。

情绪评价理论的认知评价机制可以很好地解释目的地供给感知对积极情绪的诱发作用，同时解释了目的地供给一致的情况下，不同游客产生不同情绪反应的原因，为本书探究游客积极情绪的作用提供了较好的理论分析基础。

2.2.6　自传体记忆理论

记忆作为一种重要的心智活动，是人们对以前发生过的活动、行为的印象积累（Schacter，1993）。记忆根据维持时间的长短可分为短期记忆和长期记忆，其中，短期记忆只能保持几秒到几小时，研究难度较高；而长期记忆是个体有意识地强化短期记忆，并进行巩固、加工、储存而成，更能影响个体的未来行为。长期记忆可分为内隐记忆和外显记忆两种（Passer，2009），其中，内隐记忆保存着个体潜在能力，而外显记忆又可以分为语义记忆和情节记忆。语义记忆主要储存固有知识和联系，具有抽象性；情节记忆是由时间、空间、事件之间联系所形成的生活经验的实况记忆，具有情节性，情节记忆中与自我关联度高、具有重大意义的事件记忆被称作自传体记忆（Tung，2011）。

游客体验记忆是典型的自传体记忆，可以反映消费者在旅游过程中遇见的人物、接触的事件、参加的活动等，而这种记忆会长期储存在脑海里，并被较好地保留和回忆（Kim，2009）。在旅游过程中，游客进行旅游观光、使用旅游设施、享受旅游服务、获得旅游信息、使用促销方案等，均是与旅游目的地进行交流和沟通的过程，其特别的时间、地点、人物、事件会产生深刻的自传体记忆。同时，金（Kim，2012）认为，旅游过程中具有强烈情绪变化的事件更容易形成旅游体验记忆，在记忆提取时速度更快，更加栩栩如生，并且发现很长时间后，游客即使忘记了事情的来龙去脉和细枝末节的内容，也仍旧能记住当时的情绪状态，甚至通过情绪线索回溯当时的情形，即情绪对游客体验记忆的再现性和生动性的影响程度较高。

自传体记忆理论为本书理解旅游体验记忆再现性和生动性程度较高的原因，以及目的地供给感知、积极情绪对游客体验记忆具有重要影响的原因提供了重要理论基础。

| 3 |

乡村旅游地品牌价值
形成及传递效果的
理论框架

唯物主义哲学认为，价值不是实体而是主客体之间的一种特定关系，即客体属性、功能满足主体需要，价值是价值客体对主体的有用性。从价值的作用机制来说，它是指通过一定的方法和途径，将客体的用途和作用传递到主体的一个过程，在此过程中实现客体的价值，这种由主体、客体和媒体共同作用所实现的价值传递便构成了价值体系。由此，马勇（2008）对目的地品牌价值的作用机制进行总结和概括：旅游目的地品牌是这个体系中的价值客体，游客是旅游目的地品牌价值形成的主体，而其最终价值诉求是通过对旅游吸引物、旅游相关设施/服务等旅游地供给要素的感知来实现的，因此，旅游目的地供给要素就是这个体系中价值实现的媒体。旅游目的地品牌价值的形成和传递是通过游客（主体）对目的地供给要素（媒体）的感知过程来实现的，供给要素的感知是目的地品牌价值形成和传递的动力，游客（主体）的购后行为意愿可用来考量目的地品牌价值传递的效果。本书立足于游客（主体）的价值取向和价值诉求，重点关注乡村旅游地的供给感知如何驱动其品牌价值的形成及乡村旅游地品牌价值传递效果的评估。

3.1 理 论 假 设

3.1.1 供给感知是乡村旅游地品牌价值形成的驱动力

3.1.1.1 旅游产品感知对乡村旅游地品牌价值有显著正向影响

游客对于旅游产品的感知主要体现在对旅游吸引物、设施与服务等方面的感知与认同。利克等（Leek et al.，2012）认为，旅游产品的体验与感知效果对于游客的价值判断存在正向影响。韩春鲜（2015）认为，旅游产品具有为游客提供感官刺激、智力拓展和身体运动等功能价值，游客需求即从核心产品体验中获得功能价值和情感价值。首先，乡村旅游地品牌价值表现为通过利用具备当地特色的农业生产、生态环境和民俗文化等资源要素，提高游客利益；其次，通过地方政府的科学引导、转变经营主体的经营观念、完善配套服务设施并提高服务水平，打造具有浓郁地方文化内涵的特色旅游产品，以达到提升游客对乡村旅游地品牌功能价值感知的目的。同时，游客对于旅游产品的感知和属性判断还有助于提高乡村旅游地旅游产品的差异化程度，从而作用于游客对乡村旅游地品牌功能价值的判断（张婧，2013）。另外，农户、协会、企业等各类经营主体也是乡村旅游地品牌的构成要素，他们的行为能够直接影响游客的体验与感知效果，进而对游客的情感价值感知造成影响（Lynch J，2007）。若各类经营主体的旅游接待能力较强、服务水平较高，将会使游客获取身体上的舒适与内心上的愉悦，游客对于乡村旅游地品牌的依赖也会因此被强化，可靠、信任等情感价值感知也将会成为乡村旅游地传递给游客的核心价值。黎洁（1998）研究证实，乡村旅游产品，如当地的自然/人文旅游资源、生态环境及基础设施等作为乡村旅游地品牌的基础要素，共同构成了乡村旅游地品牌形象的关键维度，这些要素不但能够强化游客与乡村旅游地品牌之间的情感联系，而且对于其品牌声誉和品牌情感均有重要影响。基于上述分析，本书提出如下假设：

H3 - 1：旅游产品感知对乡村旅游地品牌的功能价值存在显著的正向影响。

H3 - 2：旅游产品感知对乡村旅游地品牌的情感价值存在显著的正向影响。

3.1.1.2　促销感知对乡村旅游地品牌价值有显著正向影响

促销是指目的地通过人员推销、广告、公共关系和营业推广等各种促销方式，向消费者传递产品信息，为消费者创造价值的过程。促销感知则是指消费者对目的地促销策略的感知与认同。与消费者购买一般产品相比，游客购买旅游产品的决策过程更复杂。奥卡斯等（O'Cass et al.，2012）认为，顾客的购买过程是以利益为驱动，并有较大的预算限制。因此，当游客选择出游时，除了会考虑旅游产品所带来的功能利益，目的地品牌能否为其带来口碑、情感方面的溢价也成为关键（舒伯阳，2008），因而进行旅游产品的促销活动十分必要。吴飞美等（2013）在莆田市乡村旅游的实证研究中指出，要利用新闻活动，比如，举办周年庆典、节日庆典、乡村农家乐活动比赛等来吸引社会媒体和游客，不断提升乡村旅游地的品牌价值。龙玉祥（2009）认为，文化体验、怀旧、教育、娱乐、休闲构成乡村旅游地品牌的基本价值，应以文化观念的传达为营销手段，最大限度地满足目标消费者的个性需求，强化游客对于旅游产品的功能和情感认知。邹亮（2016）在三圣花乡乡村旅游营销的实证研究中指出，三圣花乡除了要利用政府举办的一些与生态、文化、乡村旅游为重点的推介活动进行宣传促销外，还要积极利用旅游搜索引擎和微信/微博公众平台进行推广，通过及时获得旅游者的直接反馈信息，把乡村旅游地和旅游者的情感互相连接起来。可见，差异化、多元化的促销信息是乡村旅游地向游客传递其需求的核心价值的惯用手段。游客所关注的诸如乡村旅游地的旅游产品属性、质量等内容都是通过促销手段予以实现的，促销能够强化游客对于乡村旅游地旅游产品的属性特征和独特性特征等功能价值的认识和感知。良好的促销感知不仅能够提升乡村旅游地品牌的竞争力，还能强化游客对于乡村旅游地的信任、可靠和安全等感知，唤醒游客的品牌联想，维持以品牌忠诚和积极态度为基础的交易关系，强化游客对乡村旅游地的情感价值认知（肖光明，2008）。基于此，本书提出如下假设：

H3-3：促销感知对乡村旅游地品牌的功能价值存在显著的正向影响。

H3-4：促销感知对乡村旅游地品牌的情感价值存在显著的正向影响。

3.1.1.3 "旅游产品—促销"感知交互作用对乡村旅游地品牌价值有显著正向影响

乌拉加（Ulaga）等的研究表明，顾客价值拥有三类驱动因素，即产品相关特性，如产品特征；服务相关特性，如供应的可靠性与敏捷性等；促销相关特性，如形象等[①]。蔡特哈姆尔（Zeithaml，1988）的研究证实，价值中收益成分包括显著的内部特性和外部特性等抽象概念。虽然产品质量（内部特性）通常被视为价值收益的主要组成部分，但诸如目的地/企业的信誉、便利、形象等更高层次的抽象利益也是衡量价值收益的重要部分。实际上，产品的内部特性往往都需要透过其外部特性才得以体现，其内部特性与顾客所感知到的价值可能并不直接相关。外部特性作为"价值信号"，能够帮助游客对于目的地品牌的选择做出快速判断。促销能够通过媒介将目的地的外部特性（品牌形象）和内部特性（旅游产品信息）传递给游客，使游客在认知能力有限的情况下得到暗示，并形成对价值的印象，从而进一步产生实际的购买行为。张文瑞（2017）指出，乡村旅游地应突出体验性旅游产品的打造，如通过亲身参与农事劳动，体验农耕文化，或者通过参与乡村文化节日，体验乡村节庆文化等，并通过举办旅游交易会与纸质媒体结合，创设旅游专题推介专栏等手段进行宣传促销，使游客对乡村旅游地浓郁的乡土味，浓厚的人情味产生难以忘却的情怀。陈莉等（2009）认为，要激活和提升乡村旅游地品牌的潜在价值，就必须通过将与旅游产品有关的信息，如富有情趣和格调的村庄环境、农家居所，以及各种民俗节日、婚丧嫁娶、乡村宗祀建筑、乡村饮食文化等推广传播给旅游者和公众，以此打响品牌的知名度和公共认知度，将品牌植入消费者心中。若乡村旅游地品牌获得

---

① Ulaga，W. and Chacour，S. Measuring customer-perceived value in business markets：a prequisite for marketing strategy develewment and inplemeutation［J］. Industrial Marketing Management. 2001，30（6）：25-40.

了游客的信任，则会产生重游意愿。基于此，本书认为，"旅游产品—促销"感知的交互作用，有利于乡村旅游地创造品牌价值及向游客传递品牌价值。为此，本书提出如下假设：

H3－5："旅游产品－促销"感知的交互作用对乡村旅游地品牌功能价值存在显著正向影响。

H3－6："旅游产品－促销"感知的交互作用对乡村旅游地品牌情感价值存在显著正向影响。

3.1.2 重游意愿可用来考量乡村旅游地品牌价值的传递效果

品牌象征了产品的品质，能够将高质量的信号传递给顾客。当游客再次购买旅游产品时，除了要考虑以往的旅游经历、目的地交通状况、物价水平、人文环境，以及口碑等因素外，同时，还要考虑选择该目的地品牌能为游客传递的价值（Vorhies，2005）。洪堡（Homburg，2010）等指出，为了降低购买风险，顾客更愿意再次选择传递高质量感知的品牌。罗佩尔等（Roper et al.，2010）认为，品牌情感也能有效影响顾客的再次购买决策。鲁娟（2012）通过实证研究发现，"农家乐"游客的重游意愿会受到其感知价值的直接影响；此外，阳信芬（2015）、蔡伟民（2015）等的研究也得出了类似的结论。由此可见，乡村旅游地良好的供给状况对于唤醒游客的品牌联想，提升游客购买过程的心理价值和无形价值具有积极作用，而这有利于游客在复杂决策过程中给予该乡村旅游地品牌较高的评价，并最终提升游客对于该乡村旅游地的出游和重游意愿。基于此，本书提出如下假设：

H3－7：乡村旅游地品牌的功能价值对重游意愿存在显著的正向影响。

H3－8：乡村旅游地品牌的情感价值对重游意愿存在显著的正向影响。

综上所述，随着游客对旅游产品定制化需求的日益提高，乡村旅游地面临的竞争环境越来越激烈，创造品牌价值进而提高游客的重游意愿成为中国乡村旅游目的地发展的必然战略选择。在相关研究评述和理论分析的基础上，本书聚焦乡村旅游地品牌价值的形成及其传递效果，重点关注乡村旅游地的供给感知如何驱动其品牌价值的形成及乡村旅游地品牌价值对游客重游意愿的影响。基于此，遵循"乡村旅游地供给感知—品牌价值—重游意愿"

的逻辑思路，提出了以上 8 个假设和概念模型（见图 3 - 1）。

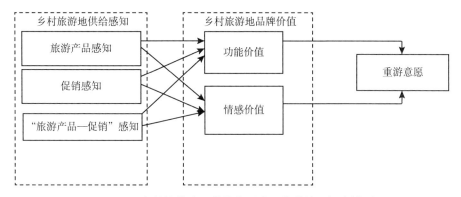

图 3 - 1　乡村旅游地品牌价值形成及传递效果概念模型

资料来源：笔者根据研究假设和概念模型绘制。

3.2　研究设计

3.2.1　样本选取和数据收集

本书涉及的研究变量包括乡村旅游地的供给感知、品牌价值，以及重游意愿，被调研的游客来自辽宁省沈阳市的农业博览园（A 地）、大连市的石河镇现代农业园区（B 地）及丹东市的凤城大梨树生态农业旅游区（C 地），这 3 个乡村旅游目的地分布在辽宁省的"金三角"旅游线路上，且均为全国首批农业旅游示范点，具备一定的品牌效应，有助于准确地反映出游客对于辽宁省乡村旅游地供给的感知与品牌价值和重游意愿的关系。

本书主要借助辽宁省旅游资源开发质量评定委员会对于乡村旅游景区进行旅游资源普查和景区等级评定的机会，统一组织学生对游客进行问卷填答。调研周期为两个半月，共发放问卷 890 份，回收 562 份，别除填答无效等不合格问卷后，保留有效问卷 508 份。游客样本人口统计学基本特征如表 3 - 1 所示。

表 3 - 1 游客样本人口统计学基本特征

基本情况	分类	所占百分比（%）			基本情况	分类	所占百分比（%）		
		A 地	B 地	C 地			A 地	B 地	C 地
年龄	14 岁以下	13.87	11.68	0.00	性别	男	32.58	28.65	34.7
	14~24 岁	18.62	4.69	39.5		女	67.42	71.35	65.3
	25~44 岁	45.18	66.69	47.3	个人收入	无	18.89	19.11	15.24
	45~64 岁	10.69	10.15	12		300 元以下	1.033	0.00	0.1
	65 岁以上	11.64	6.79	1.2		301~499 元	2.544	0.62	0.00
教育程度	初中及以下	15.86	18.3	16.32		500~999 元	7.612	3.69	8.87
	高中/中专	13.46	10.45	6.67		1000~1999 元	37.214	22.31	19.19
	大专	25.69	13.6	18.4		2000~2999 元	11.356	22.95	15.57
	本科	36.68	43.3	55.21		3000~4999 元	10.568	15.32	21.56
	研究生及以上	8.31	14.35	3.4		5000~9999 元	8.527	8.59	12.28
职业	工人	5.982	3.65	2.4		10000 元以上	2.256	7.41	7.19
	农民	11.25	2.64	3.64	职业	企事业单位人员	9.68	21.21	15.58
	专业技术人员	8.98	5.84	11.25		学生	13.58	9.41	23.35
	公务员	15.24	12.95	16.64		服务人员	3.54	1.33	2.29
	教育工作者	9.65	15.24	13.39		退休人员	4.98	5.99	2.65
	私营业主	6.38	18.62	2.65		军人	1.54	1.27	1.2
						其他	9.198	1.85	4.96

注：有效调查问卷数量为 A 地 176 份；B 地 163 份；C 地 169 份。
资料来源：笔者根据调查问卷数据整理。

3.2.2 变量测量

本书借鉴国内外已有研究的成熟量表设定测量问项，采用问卷调查法获取研究数据。为确保测量题项能够较好地反映出游客对乡村旅游地供给的感知和体验，经过专家研讨和小规模的预调研，对原有量表和问卷进行修订和完善，以保证最终量表的信度和效度。乡村旅游地供给感知分为两个潜变

乡村旅游地品牌价值的形成及传递效果研究

量，即旅游产品感知和促销感知进行考量。参考已有文献的研究测量旅游产品感知（Murphy，1998；姚娟，2008），包括 5 个题项；借鉴已有文献测量促销感知的量表（Vorhies，2005；O'Cass，2012）的研究包括 5 个题项。品牌价值分为功能价值和情感价值两方面进行考察，借鉴已有文献的量表（Ghosh，2009；Kim，2011），共 5 个题项测量功能价值；借鉴已有文献制定测量情感价值的量表（Jensen，2008；Roper，2010；Herbst，2011），包括 5 个题项。借鉴已有文献测量游客重游意愿的量表（Day，1969；Back-man，1991），包括 4 个题项。本书采用李克特 7 级量表对各题项进行测度，1 为完全不同意，7 为完全同意（见表 3 - 2）。

表 3 - 2   量表的信度和收敛效度检验结果

潜变量	观测变量	FL	CR	α	AVE
旅游产品感知（Tourism product perception）	TPP₁ 我喜欢这里的乡村田园景色和文化氛围	0.731	0.878	0.896	0.535
	TPP₂ 我对这里的乡村生活方式很感兴趣	0.774			
	TPP₃ 我感觉到这里旅游的交通很方便	0.658			
	TPP₄ 这里的路标牌、解说牌、厕所等设施很齐全	0.752			
	TPP₅ 这里的工作人员服务态度友善，能够做到诚实经营	0.849			
促销感知（Promotion perception）	PP₁ 该乡村旅游地广告投放密集（电视、网络、灯箱等）	0.769	0.881	0.898	0.544
	PP₂ 与竞争者相比，该乡村旅游地广告花费很高	0.791			
	PP₃ 该乡村旅游地广告活动频繁	0.763			
	PP₄ 该乡村旅游地经常进行价格促销	0.687			
	PP₅ 该乡村旅游地的促销方案符合旅游者的需求	0.761			
功能价值（Functional value）	FV₁ 该乡村旅游地品牌的旅游产品质量可以接受	0.735	0.832	0.889	0.579
	FV₂ 该乡村旅游地品牌的服务标准很高	0.769			
	FV₃ 该乡村旅游地品牌强调其在旅游产品开发上很努力	0.738			
	FV₄ 与竞争对手区别开来是该乡村旅游地品牌的重要目标	0.811			
	FV₅ 该乡村旅游地品牌致力于提高游客对旅游产品的评价	0.742			

潜变量	观测变量	FL	CR	α	AVE
情感价值 （Emotional value）	EV₁ 该乡村旅游地强调其品牌能使人们感觉愉悦	0.799	0.869	0.873	0.583
	EV₂ 该乡村旅游地努力使人们觉得其品牌是可靠的	0.746			
	EV₃ 该乡村旅游地强调其品牌是讨人喜欢的	0.722			
	EV₄ 该乡村旅游地强调其品牌是值得信赖的	0.747			
	EV₅ 该乡村旅游地品牌努力使游客产生自我满足的感觉	0.776			
重游意愿 （Revisit intention）	RI₁ 我愿意继续购买该乡村旅游地的旅游产品	0.853	0.839	0.845	0.597
	RI₂ 我愿意再去体验该乡村旅游地所提供的服务	0.849			
	RI₃ 我愿意下次花更多的钱去那体验更多的旅游产品	0.789			
	RI₄ 我愿意以后经常光顾该乡村旅游地	0.640			

资料来源：笔者根据调查问卷数据计算整理。

3.3 实 证 检 验

3.3.1 信度和效度检验

本书采用克朗巴哈系数（Cronbach's α）和组合信度（CR）对量表的信度进行检验，结果发现被测变量的 α 值和 CR 值均大于 0.700 的标准，其中 α 值徘徊在 0.845 ~ 0.898 之间，CR 值则介于 0.832 ~ 0.881 之间（见表 3 - 2）。在效度检验方面，本书使用的测量题项均来自较为成熟的测量量表，并充分依据专家建议和小规模访谈结果进行问卷设计，保证了测量题项具有较好的内容效度。对于结构效度，则采用探索性因子分析，从收敛效度和判别效度两个方面对其予以检验。检验发现：$\chi^2/df = 1.856$，小于 2；$GFI = 0.992$，$CFI = 0.961$，$TLI = 0.973$，均大于 0.900；$RMSEA = 0.069$，小于 0.080，表明测量模型具有理想的拟合度。此外，各变量的标准化因子载荷

（*FL*）、平均提炼方差（*AVE*）都大于 0.500 的标准（见表 3-2），表明量表具有较为理想的收敛效度。判别效度应用各变量 *AVE* 值的平方根与其所在行和列相关系数的绝对值相比较进行检验，结果显示，各变量 *AVE* 值的平方根均超出了临界值 0.700（见表 3-2），且大于其所在行和列相关系数的绝对值，说明量表具有的判别效度较为理想。

3.3.2 概念模型路径分析

应用 AMOS17.0 软件对结构方程模型中数据与概念的匹配程度进行检验，采用三类评价指标，包括绝对拟合效果指标、相对拟合效果指标和简约拟合效果指标。数据结果显示，各项拟合效果指标的数值均符合相关的评价标准，本书的理论模型合理（见表 3-3、表 3-4）。

表 3-3　　　　　　　　　　相关系数和判别效度

潜变量	旅游产品感知	促销感知	功能价值	情感价值	重游意愿
旅游产品感知	0.738	—	—	—	—
促销感知	0.259 **	0.786	—	—	—
功能价值	0.346 **	0.337 **	0.749	—	—
情感价值	-0.060	0.198 **	0.150 *	0.769	—
重游意愿	0.259 **	0.266 **	0.448 **	0.431 **	0.770

注：对角线上的数据为潜变量的 *AVE* 值平方根；* 为 $P<0.050$，** 为 $P<0.010$，双尾检验。
资料来源：笔者根据 AMOS17.0 软件计算而得。

表 3-4　　　　　　　　　　概念模型的拟合效果指标评价结果

项目	指标名称	数值	评价标准
绝对拟合效果指标	χ^2/df	0.611	<2.000
	RMSEA	0.049	<0.080
	SRMR	0.050	<0.080
	GFI	0.931	>0.900

项目	指标名称	数值	评价标准
相对拟合效果指标	*CFI*	0.953	> 0.900
	TLI	0.928	> 0.900
简约拟合效果指标	*PNFI*	0.784	> 0.500
	PGFI	0.719	> 0.500

资料来源：笔者根据 AMOS17.0 软件计算结果整理。

在乡村旅游地供给感知、品牌价值对游客重游意愿的影响机制模型整体拟合效果良好的基础上，本书对所提出的研究假设逐一进行检验。依据标准化路径系数（见图 3 - 2），利用 AMOS17.0 软件采用最大似然估计法对结构方程模型中的测量模型和结构模型进行计算。由图 3 - 2 可知，旅游产品感知对功能价值影响的标准路径系数为 0.334，$P < 0.010$，H3 - 1 得到验证。但旅游产品感知对情感价值影响的标准路径系数为 0.101，$P > 0.050$，表明旅游产品感知对情感价值无显著影响，H3 - 2 未能通过验证。促销感知对功能价值和情感价值影响的标准路径系数分别为 0.311（$P < 0.010$）和 0.232（$P < 0.010$），表明促销感知对功能价值和情感价值均存在显著的正向影响，H3 - 3 和 H3 - 4 得到验证。功能价值和情感价值对游客重游意愿影响的路径系数分别为 0.589（$P < 0.001$）和 0.426（$P < 0.001$）。表明功能价值和情感价值对游客重游意愿均存在显著的正向影响，H3 - 7 和 H3 - 8 通过验证。

通过检验结果可知，游客对于乡村旅游地旅游产品的感知对其情感价值并无显著影响，这一悖论值得深思和探索。为了追根溯源，深入剖析其深层次的原因与机理，本书进一步对上述 3 个乡村旅游地的部分游客及旅游经营者两类群体进行了电话回访。

通过与游客的访谈，不难发现，他们按照出游动机可以被大致划分为三类，即观光娱乐型游客、享乐型游客，以及真实体验型游客。其中，第一类观光娱乐型游客主要是为了观光娱乐和调节身心才来到乡村，他们认为乡村的优美环境、可口的农家美食，以及悠闲的田园小憩都构成吸引力。不过尽管如此，乡村旅游地所提供的过于老套的娱乐活动，如赏花采果、麻将棋

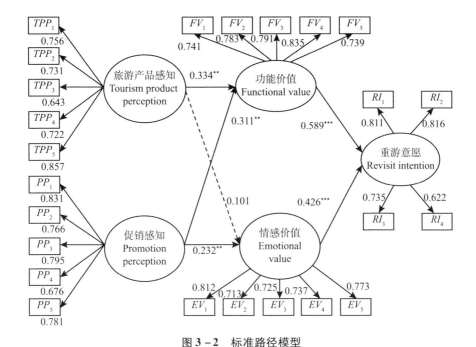

图 3 - 2 标准路径模型

注：虚线为未通过检验的路径；＊＊ 为 P＜0.010，＊＊＊ 为 P＜0.001，双尾检验。
资料来源：笔者根据 AMOS17.0 软件计算整理。

牌、卡拉 OK 等使他们感觉没有新意。受访者普遍表示："所去过的乡村景区基本上差不多，建筑大体上都是新建或仿古式样的，大部分景区没什么特色，可玩的项目也不多，就是吃点农家饭、采摘些蔬菜水果、看看风景而已。""很多自然景区或城郊的环境一样很好啊，不一定大老远地非要来这里玩。"第二类享乐型游客：他们到乡村并不满足于基本的观光娱乐，而更加愿意参与深层次的乡村体验。但"理想很丰满，现实很骨感"，当下的现代乡村完全改变了他们的想法，谋求寻找记忆中的乡村田园已成为遥不可及的奢望，他们只有被动接受和适应当下乡村能够为其提供的非原根性旅游产品。如受访者表示："我们小时候来乡下，感觉一年四季都很美，而且很有得玩，比如，夏天钓鱼、钓青蛙、捉蜻蜓等，完全不同于城市，可是现在不同了……不过也可以理解，现在城市现代化了，农村也现代化也很正常。"访谈中笔者了解到，他们对于目前乡村所提供的旅游产品基本满意，就是觉得这些乡村已经没有乡土味儿了。另外，在休闲娱乐和基础设施、卫生环境、餐饮种类等方面还需要加强，同时，对乡村的生态环境质量表示担忧。第三类真实体验型游客：进行乡村生活与劳作的深度体验、融入当地真实的文化与生活方式是他们所追求的目标。他们具有一定的原根性诉求，渴望在乡村参加历史、文化、社交、手工艺制作等旅游活动，期望在这些活动中开阔眼界、增长知识。目前，普通的以观光、垂钓、采摘等初级体验活动尚无法满足其需求。因此，他们或调整自己的预期以适应当下乡村旅游的实际情况，或退出乡村旅游选择其他类型的旅游产品。由此可见，乡村旅游地的"泛化"甚至"异化"及乡村旅游产品的同质化使乡村旅游地难以与游客形成强烈的情感联结，并不能为其创造足够的情感价值。另外，在对乡村旅游经营者的访谈中，也得到了类似的结论。如很多商户都表示："在刚开业的第一年，游客络绎不绝，当时的生意也很火，甚至连商铺都很难租到。现在可好，就连周末游客都很少，绝大部分商铺都无人问津，成了烫手山芋了。"有经营者分析，"现在的城市游客比较挑剔，喜新厌旧，简单地下车吃饭拍照已经满足不了他们的需求了""城市游客到乡村是为了寻找乡愁、品味乡土气息，不能认为只摆放些农耕器具就够了，要让他们参与进来""乡村旅游景区既要保持浓郁地方特色的建筑和环境风格，更要突出乡村特色文化，不仅要吸引游客的眼，更要留住游客的心"。

综上所述，当前游客选择乡村旅游地的标准已经由"走马观花"过渡到精神享受和深度体验层面上，即强调乡村旅游产品在具备基本功能、满足生理需求的前提下，注重情感需要、满足心理需求。因此，只有围绕游客的需求与消费欲望，挖掘出其核心的情感概念，把乡村旅游产品塑造成传达情感的角色，赋予乡村旅游产品生命力和丰富的情感内涵，才能够促成游客对该乡村旅游地品牌的情感认同。若未能站在游客的立场来考虑问题，忽视游客的需求，那么势必会造成乡村旅游产品感知对情感价值的影响不显著，这可能是造成 H3－2 未能通过验证的主要原因。

3.3.3　研究结论

本书对乡村旅游地供给感知、品牌价值与重游意愿的关系进行了研究，并基于来自辽宁省 3 个乡村旅游地的 508 份游客样本数据对研究假设进行了检验。研究结果表明：（1）游客通过对具备当地乡村特色的、具有持续吸引力和竞争优势的旅游吸引物、相关配套设施，以及服务等体验所获得的旅游产品感知，对乡村旅游地品牌的功能价值存在显著的正向影响。（2）由于当前游客旅游需求层次的提升和乡村旅游产品的同质化，致使乡村旅游地难以与游客形成强烈的情感联结，并为其创造足够的情感价值，所以出现了辽宁省 3 个乡村旅游地的旅游产品感知对其品牌情感价值的影响非常有限的研究悖论。（3）促销感知对于乡村旅游地品牌的功能价值和情感价值均存在正向影响。主要原因在于促销感知是以游客的需求为导向，体现了乡村旅游地以品牌为信号，积极降低游客感知风险、增加游客感知价值的目标，能够推动该乡村旅游地的旅游产品获得更大的竞争优势。（4）"旅游产品—促销"感知的交互作用对于乡村旅游地品牌的功能价值存在正向影响，但二者的交互作用对于乡村旅游地品牌情感价值的影响非常有限。这说明辽宁省 3 个乡村旅游地的经营者通过媒介向游客传递了一定的旅游产品信息，形成了一定的品牌功能价值，吸引了游客的实际购买行为。但是，当前乡村旅游产品宣传内容雷同，多为观光娱乐类旅游产品，没有侧重农耕文化、乡村节庆文化等体验性旅游产品的打造和宣传促销，致使乡村旅游地品牌没有植入游客的心中，没有形成能够真正打响品牌的情感价值。（5）乡村旅游地品牌的功能价值和情感价值对于游客的重游意愿均存在显著的正向影响，这说明品牌价值是乡村旅游地获取竞争力的重要手段，无论是乡村旅游地品牌的功能价值还是情感价值，都有助于提升游客的重游意愿。

3.4　理论启示与对策建议

3.4.1　理论启示

长期以来，围绕目的地属性特征、旅游者的主观意识特征，以及旅游者的客观人口统计特征等视角对重游意愿影响的研究，使人们在一定程度上忽视了对目的地品牌价值研究的重视。旅游目的地品牌是旅游目的地管理中的重要组成部分，但国内外学者鲜有对目的地品牌价值内在形成与传递效果的研究。本书针对辽宁省乡村旅游地品牌的发展实践，验证了乡村旅游地供给感知、品牌价值与重游意愿之间的关系。

3.4.1.1 游客供给感知是乡村旅游地品牌价值形成的驱动力

从游客对于乡村旅游地供给的感知出发，研究其对于乡村旅游地品牌价值的形成驱动力，有利于明晰乡村旅游地供给感知与品牌价值的关系，验证乡村旅游地品牌的基础要素在其品牌价值形成过程中的驱动作用。这也验证了克罗克特和伍德（Crockett & Wood, 1999）的观点，即成功的目的地品牌营销必须建立在仔细的市场研究及了解顾客的基础上，然后进行一系列活动，诸如开发基础设施、提升产品、阻止环境退化、变革组织文化、协调促销协作关系等。西澳大利亚州的品牌实证研究也表明，开发独特的旅游产品与采取富有创造性而又强有力的促销行动相结合，会为目的地品牌价值的形成搭建平台。

3.4.1.2 重游意愿可考量乡村旅游地品牌价值的传递效果

将品牌价值作为乡村旅游地品牌化效果的直接表现，体现了乡村旅游地通过游客感知优化自身供给结构，并创造品牌价值，以及向游客传递品牌价值，从而提升其重游意愿的发展目标。艾克（Aaker, 1996）曾指出，路易斯安那州成功塑造目的地品牌价值的关键，不仅在于通过旅游产品的感知构建了良好的品牌形象，强化了游客的品牌联想，而且还在于通过广泛地、战略性地促销，传播一致的目的地信息，使目的地品牌获得了忠诚度，拥有了回头客，而且政府做得非常到位，制造了噱头让游客有充分的理由重游，比如，路易斯安那交易庆典和萨奇莫夏日音乐节（Satchmo Summer Music Festival）。

3.4.1.3 设计乡村旅游地品牌价值形成及传递效果研究的理论框架

本书将旅游目的地品牌理论与营销管理理论的相关观点进行整合，并设计研究框架，运用实地调研数据对已构建的理论模型和假设进行验证，所得出的结论能够为旅游目的地品牌和旅游者行为相关理论的深化和发展提供有益借鉴和参考。通过文献回顾，辨识出两类对乡村旅游地品牌价值形成具有关键作用的驱动因素，即旅游产品感知和促销感知。一方面，有利于明晰乡村旅游地品牌价值形成的影响因素及其内在联系；另一方面，也有利于明确乡村旅游地品牌价值对于游客重游意愿影响的认识。通过实证调研数据分析，将乡村旅游地供给感知的重要构念对于品牌价值的作用与影响进行检验，推动乡村旅游地品牌化效果的研究更加深入、系统和完善。

3.4.2 对策建议

本书所得出的相关研究结论，可以帮助乡村旅游地通过供给感知明确其对于品牌价值的影响，指导乡村旅游地创造和传递品牌价值，最终提高游客的重游意愿，为相关经营者和管理者提供制定政策的依据。

第一，若乡村旅游地寄希望于为游客创造和传递品牌的情感价值，则应该尽可能地将游客对于旅游产品和促销的感知进行整合，以提高旅游产品的质量、特色和差异化程度。具体应从以下两方面入手：一是乡村旅游产品的创新。乡村旅游地旅游产品的同质化现象普遍，导致旅游产品感知对情感价值影响不显著。因此，在制定乡村旅游产品策略时，应侧重采用新思路、新方法，融合乡村民俗、怀旧节事、农事农活、家乡菜等乡土化素材，同时，注重体验、度假、休闲等生活元素的摄入，设计出主题鲜明的创新旅游产品，强化游客对乡村旅游地品牌的情感价值。二是乡村旅游产品促销手段的多元化。应聘请专业团队制作、管理、推介乡村旅游特色网站，利用微信、微博、论坛、QQ群等新媒体及时向外界传播乡村旅游产品的相关信息，发挥新媒体营销效应，不断提高相关旅游产品在业界和市场的知晓率，同时，要通过促销释放品牌的核心情感能量，辅以旅游产品的功能性及概念需求，打动旅游者，从而影响旅游者的潜在意识和对乡村旅游地品牌的情感。

第二，乡村旅游地在实施品牌化战略的过程中，向游客传递功能价值和情感价值是实现与竞争对手的差异化，提高游客重游意愿的必要手段。乡村旅游地功能价值的提升方面主要是通过积极利用特有的资源，设计出符合游客需求的特色旅游产品和服务，让游客深切感受到本地的与众不同。若要向游客传递乡村旅游地品牌的情感价值，则应该制定完善的促销组合策略，积极保持与游客的无障碍沟通，最终使游客对于乡村旅游地产生良好的品牌联想，以强化游客对该乡村旅游地品牌的情感价值认知，使游客与乡村旅游地品牌产生共鸣。这种情感上的共鸣，是以共同的价值观为基础的，是游客对乡村旅游产品或品牌从感性认同到理性认同的转变过程。如辽宁省丹东市的大梨树景区曾经做过以"返乡"为主题的促销活动，内容很简单，即向旅游者传递的亲情和乡情，让旅游者重新回忆与体验一次孩提时代在乡村生活或游览乡村时的难忘经历。此消息一出，促销活动火爆异常。这次活动不仅大大提升了大梨树景区品牌在旅游者心目中的地位，提升了品牌美誉度，而且旅游者在体验旅游产品的同时，不仅获得了功能上的需求，也满足了自我价值的实现，游客对大梨树品牌的忠诚度和重游意愿也随之得到提升和巩固。

| 4 |

游客视角下乡村旅游地
品牌价值的构成维度

4.1 游客视角下乡村旅游地品牌
价值的构成维度——宏村镇

本书结合顾客价值理论和手段—目的链理论，将游客视角下乡村旅游品牌价值按属性—结果/利益—个人价值三个层面展开，搜集网络文本和访谈作为数据来源，基于扎根理论、IPA 分析法和社会语义网络分析法三种主要研究方法，逐层递进对乡村旅游品牌价值要素进行探究。首先，通过扎根理论对宏村镇乡村旅游品牌价值要素按照属性、结果/利益和个人价值三个层次进行数据编码。其次，利用重要性—表现性（IPA）分析法对乡村旅游品牌价值要素的重要性和表现性进行评价。再次，通过社会语义网络分析构建游客视角下乡村旅游品牌价值要素的网络结构图，利用截断值萃取出属性—结果/利益—个人价值的主导链条。最后，根据以上数据的分析结果，针对旅游吸引物、环境氛围、熟悉程度和旅游服务等方面，为宏村镇提出改进性建议。

4.1.1 数据的来源与处理

4.1.1.1 案例选择

宏村镇作为我国为数不多的较早开始发展乡村旅游的地区之一，经过几十年的发展已经拥有了一套较为成熟的发展体系，在我国乡村旅游发展中一直处于前列，年接待游客接近 200 万人次，是我国乡村旅游中十分具有代表性的目的地。2000 年，宏村镇被联合国教科文组织列入世界文化遗产名录，是国家首批 12 个历史文化名村之一，国家级重点文物保护单位、安徽省爱国主义教育基地、国家 5A 级景区，并有着"中国画里乡村"的称号，在我国乡村旅游地中具有很高的知名度和美誉度，比较容易获取到网络游记和访谈文本，故本章选取宏村镇作为案例。

4.1.1.2 数据来源

本章通过阶梯式访谈和网络文本两种途径获取样本数据。阶梯式访谈可以深入地探索被访者的内心思想与看法，同时，阶梯式访谈是由访问者引导下进行的，目的性更加明确，且效率更高。但是由于阶梯式访谈的被访者受到访问者的引导，访问过程会受到访问者的主观影响，导致结果有一定的偏差存在。网络文本是游客在旅游归来后，根据自己的实际体验而描述的，是游客真切感受到的内容，不受其他因素的影响，样本内容相对比较客观、真实，但网络文本的不足在于游客仅仅是根据自己的实际体验客观描述，内容多且复杂，深度不够，需要深度挖掘和筛选。采用阶梯式访谈和网络文本结合的方式，使二者能够互为补充，增加数据的有效性。

马蜂窝旅游网是中国领先的在线旅游服务平台，拥有上亿用户的真实旅游体验分享，其游记和点评资料相当丰富，也是交互板块做得最好的网站，因而，本章选取蚂蜂窝的旅游者游记作为网络文本数据源。同时，通过对近一年内到访过宏村镇旅游的游客进行访谈，作为访谈数据源。

4.1.1.3　资料的收集与整理

（1）网络文本的收集与整理。截至 2019 年 11 月，马蜂窝旅游网上显示共有 2983 篇关于宏村镇的游记。考虑到游客旅游体验存在变化性和季节差异性，本章采集了宏村镇 2017 年 12 月 ～ 2019 年 11 月的游记，为保证研究数据的客观性与精准性，首先，剔除了重复、明显不相关及有明显广告嫌疑等有瑕疵的游记。其次，排除了只有图片而没有文字或只有个别描述图中地名的游记。最后，由于很多游客出去游玩的时候会选择一次性去多个旅游地，而不是只选择宏村镇一地旅游，如有游客在国庆期间同时去了黄山景区、西递村和宏村镇，对于这样的游记也是可以被采集到的，但这些游记中的内容却只有一部分是在描述宏村，因此关于这类游记，如果游记中有一半以上的内容不是描述宏村镇，而是描述其他旅游地的，也予以删除。经过三重筛选，共得到关于宏村镇的有效游记 750 篇。

（2）访谈数据的收集与整理。访谈采用阶梯访谈法进一步有针对性地收集相关资料，以深入分析和挖掘乡村旅游品牌价值要素。由于本章研究的目的在于探求不同游客如何从宏村镇旅游地的属性、结果/利益中实现最终的个人价值。所以，具体的访谈形式如下：

①请问您近一年内是否到过宏村镇旅游？

如回答是，则继续访谈；如回答否，访谈结束。

②那么，请问您在宏村镇旅游时，都会关注到哪些功能或属性（或者都会考虑到哪些因素）？

受访者回答属性或者因素 1、2、3……

③依据属性或因素 1 继续提问，为什么宏村镇的这项属性对于您来说是重要的（或者为什么您会看重宏村镇这项因素）？

④请问您从宏村镇的这个功能或属性中，体验到了哪些效用和好处？

⑤从宏村镇旅游体验到的这些效用或者好处，给您的工作和生活带来哪些价值感受（或者为什么您觉得这样的效用或好处，对您来说是重要的）？

直至受访者给不出答案，再同理对其他属性或者因素进行询问。

最后请受访者填写基本资料，结束本次访问。

访谈一共寻找到 50 位受访者，访谈均采用微信线上进行，每个人的访谈时间在 10～30 分钟，所有访谈均在 2019 年 12 月～2020 年 2 月期间进行。在所有受访者中，男性占比 48%，女性占比 52%；年龄在 26～35 岁区间的占比最多，达到 82%；教育背景大多数为本科及以上，月收入分布相对均匀（见表 4-1）。

表 4-1   受访者人口统计特征

统计变量名称	变量编码	分类	频次	百分比（%）
性别	0	男	24	48
	1	女	26	52
年龄	1	25 岁以下	5	10
	2	26～35 岁	41	82
	3	36～45 岁	3	6
	4	45 岁以上	1	2
学历	1	高中及以下	1	2
	2	大专	5	10
	3	本科	34	68
	4	硕士及以上	10	20
月收入	1	3000 元以下	7	14
	2	3000～5000 元	13	26
	3	5000～8000 元	18	36
	4	8000 元以上	12	24

资料来源：笔者根据访谈内容整理。

4.1.2 游客视角下乡村旅游地品牌价值的构成

4.1.2.1 开放式编码

开放式编码是扎根理论编码的初始步骤，是指根据已经形成的原始文本材料，一字一句地推敲琢磨，反复比较，不注入个人的假设或者偏见，逐渐归纳形成概念化和范畴化。简言之，就是把文字材料进行压缩，编写成详细的类别。开放式编码的过程是复杂而又严谨的，须经过不断对比得到相应的初始概念。在本章中尽量以原文中出现的内容进行概念化，逐句进行编码，将性质和内容相近的要素整合成范畴，直到后面的文本进行编码之后发现并没有新的概念出现，则视为扎根理论饱和。首先，通过逐篇阅读筛选游记文本，直到文本中不再出现新的概念后完成编码，最终通过对网络游记的编码共形成了 31 个初始范畴，分别为自然资源、人文资源、交通设施、基础设施、餐饮住宿设施、服务内容、服务态度、自然环境、地质地貌、建筑风格、生活状态、商业化氛围、景区美誉度、景区知名度、心情愉悦、幸福沉浸、增进感情、结交新友、品尝特色美食、体验新活动、发现新事物、了解新文化、人与自然和谐、游客和居民和谐、感到满足、满意程度、产生怀旧、勾起乡愁、尊敬和崇拜、赞叹和佩服、骄傲和自豪。其次，通过对访谈文本进行编码，同样得到了包括自然资源、人文资源、交通设施、基础设施、餐饮住宿设施、服务内容、服务态度、自然环境、地质地貌、建筑风格、生活状态、商业化氛围、景区美誉度、景区知名度、心情愉悦、幸福沉浸、增进感情、结交新友、品尝特色美食、体验新活动、发现新事物、了解新文化、人与自然和谐、游客和居民和谐、感到满足、满意程度、产生怀旧、勾起乡愁、尊敬和崇拜、赞叹和佩服、骄傲和自豪在内的 31 个初始范畴，其中，在进行到第 33 位受访者以后并没有新的概念出现，故视为理论上达到饱和状态。对照访谈文本的 31 个初始范畴发现，其结果与网络文本的数据结果保持一致，这样验证了网络文本数据的可靠性。

4.1.2.2　轴心式编码

轴心式编码是初始范畴的进一步发展，根据初始范畴之间的内在逻辑关系，依照特定背景下的文本把可能的同子类别联系起来，以此确定相应的类别，并将它们分别整合为有凝聚力的、有代表性的主范畴，是从概念集成更高抽象级别类型的分析过程。这种类别相互关联的过程，需要一定的归纳思维和演绎思维的结合运用。本章结合旅游学和心理学等相关概念定义，对开放性编码得到的 31 个初始范畴进一步进行轴心式编码，将 31 个初始范畴重新编码为 13 个主范畴（见表 4-2）。

表 4 - 2	轴心式编码		
初始范畴		主范畴	编号
自然资源　人文资源		旅游吸引物	1
交通设施　基础设施　餐饮住宿设施		旅游设施	2
服务内容　服务态度		旅游服务	3
自然环境　地质地貌　建筑风格　生活状态　商业化氛围		环境氛围	4
景区美誉度　景区知名度		熟悉程度	5
心情愉悦　幸福沉浸		情感体验	6
增进感情　结交新友		社会交往	7
品尝特色美食　体验新活动　发现新事物　了解新文化		丰富阅历	8
人与自然和谐　游客和居民和谐		社会和谐	9
感到满足　满意程度		满足感	10
产生怀旧　勾起乡愁		归属感	11
尊敬和崇拜　赞叹和佩服		敬佩感	12
骄傲和自豪		自豪感	13

资料来源：笔者根据轴心式编码结果整理。

4.1.2.3　选择性编码

选择性编码也称为核心编码，核心编码是研究者最终处理提炼数据的编码，建立在前两步对范畴形成较为明确的认识的基础，即选择性编码是在更高的抽象水平上进一步进行编码，从而找出核心范畴的过程。本书在基础理论部分已经讨论过层次的划分标准，奥尔森认为属性分为具体属性和抽象属性（Olson，1983），具体属性是消费者可以直接感受到并衡量的产品或服务的客观、具体特性，对于旅游目的地来说包括目的地旅游吸引物、旅游设施环境氛围等，这三方面主要描述的是游客体验过程中能够客观直接感受到的具体的属性内容；而抽象属性则是消费者不能直观感受并衡量的产品或服务的主观、抽象的特性，包括目的地的服务品质、游客的熟悉程度等，这两方面内容主要描述的是游客体验过程中感受到的主观、抽象的属性内容。本书参照奥尔森和雷诺兹（Olson & Reynolds，1983）的观点，将旅游服务、旅游设施、旅游吸引物、环境氛围和熟悉程度编码为属性核心范畴。

皮特和奥尔森则将消费者期望的结果归为产品的利益或效用（Peter & Olson，1996）；而将消费者规避的结果归为产品的风险。他将结果归纳为功能及社会心理两大结果，如放松身心、增进感情、增长知识等。本书结合两位学者观点将社会交往、情感体验、丰富阅历和社会和谐编码为结果/利益核心范畴，其中，社会交往和丰富阅历是游客在体验过后获得的功能性结果，情感体验和社会和谐是游客体验获得的社会心理结果。本书根据国外学者对价值的分类及国内学者姜超等（2010）对价值在旅游领域的应用，将满足感、归属感、敬佩感和自豪感编码为个人价值核心范畴，是游客在旅游体验过后所获得的终极价值。最终将通过数据分析得到的 13 个主范畴形成了属性、结果/利益、个人价值三个核心范畴（见表 4 - 3）。

表 4 - 3　　　　　　　　　　选择性编码

主范畴	核心范畴
旅游设施　熟悉程度　旅游吸引物 旅游服务　环境氛围	属性
社会交往　丰富阅历　情感体验　社会和谐	结果/利益
满足感　敬佩感　归属感　自豪感	个人价值

资料来源：笔者根据选择性编码结果整理。

4.1.3　游客视角下乡村旅游地品牌价值要素的 IPA 分析

4.1.3.1　重要性—表现性（IPA）分析法

20 世纪末，我国旅游界的学者将 IPA 分析法引入旅游业的研究之中，主要应用在旅游地竞争力分析、旅游地发展可持续性研究、旅游供给提升等方面，是目前公认的测量旅游者对旅游活动与服务的重要性感知程度及满意度情况的理想工具。

IPA 分析的要点是通过二维的方格图将重要性与表现性相结合进行分析，横轴表示研究对象的重要性，纵轴表示研究对象的表现性，以研究样本的重要性、表现性的平均值作为 X 轴、Y 轴的分割线，将空间分为四个象限，即高区（高重要性、高表现性）、低/高区（低重要性、高表现性）、低区（低重要性、低表现性）和高/低区（高重要性、低表现性），不仅提高了数据的解释力度，还可以直观地看出数据的分布状况，就此提出改进建议。

4.1.3.2 乡村旅游地品牌价值要素的编码评分

本书运用 IPA 分析法对宏村镇品牌价值要素进行分析，根据游客对宏村镇旅游地品牌价值反馈，把握其旅游地发展的优劣势所在，并据此进一步提出参考性建议。

在前面通过扎根理论完成编码之后，再对品牌价值要素进行评分，由 A~E 分别表示"非常好、较好、一般、较差、非常差"，按照旅游者评价等级分别赋值为 5 分、4 分、3 分、2 分、1 分。如表 4-4 中示例，3A 表示样本中描述的第 3 个指标"旅游服务"，游客给予的满意度评分是 5 分。接下来将游客对要素感知的重要性/关注度为横轴，表现性/满意度为纵轴，以各自均值为 X、Y 轴的切割点，将空间分为 4 个象限。其中，重要性/关注度指标 I 为品牌要素在样本中出现的频率，即 $In=$ 样本中要素 n 出现的频次/样本总量；表现性/满意度指标 P 为游客对要素的评价打分值，最后使用 Excel 软件生成宏村镇旅游地品牌价值 IPA 分析结果。

表 4-4　　　　　　乡村旅游地品牌价值要素编码评分示例

编码	评分依据	样本示例
3A	文本中有"非常/挺/很/最/特别"等程度副词 + 积极情绪的词语	房东是个大姐姐，30 来岁的样子，她很热情，帮我办理了入住，还下了一碗很好吃的面条给我
4B	文本中有"比较/还/相当"等程度副词 + 积极情绪的词语	一路上各种弯道，就像贪吃蛇一样。路上小心前进着，沿途空气比较清新，环境也比较美
9C	文本中没有明显的情感态度，只是对旅游体验的客观描述	宏村镇依山傍水而建，枕雷岗山而面南湖，湖光山色与砖瓦楼阁交相辉映，人与自然的和谐美景

编码	评分依据	样本示例
10D	文本中有"比较/有点/稍微/些许"等程度副词＋消极情绪的词语	行程的紧迫使宏村的美只能走马观花似的看了一遍，些许的失落，或许可以留着下次的再见
9E	文本中有"非常/很/最/特别"等程度副词＋消极情绪的词语	宏村现在商业气息很浓重，但是仍然可以看到当地居民在河道洗衣

资料来源：程德年，周永博，魏向东，等. 基于负面 IPA 的入境游客对华环境风险感知研究 [J]. 旅游学刊，2015，30（1）：54-62.

4.1.3.3　乡村旅游地品牌价值要素的 IPA 分析

由图 4-1 可知，品牌价值要素在 IPA 四象限均有分布，其中，进入第 I 象限有属性层面的环境氛围、旅游设施；结果/利益层面的情感体验和个人价值层面的满足感。即游客对这些要素关注程度很高，同时认为这些要素的表现性也很好。说明宏村镇的环境氛围、旅游设施两方面属性相对很优秀，有着良好的环境氛围且旅游设施齐全，能够得到游客较高的认可，让游客享受了优质的情感体验。满足感的出现表明宏村镇旅游地在整个旅游过程中带给游客个人的满足程度较高。许多游客在样本中提到了宏村镇山清水秀环境优美、设施齐全、种类多样，宏村镇之旅给游客带来了更丰富的情感体验，实现了游客更多的满足感。

进入第 II 象限的有属性层面的旅游服务和个人价值层面的敬佩感两个要素（见图 4-1），虽然游客对这个两要素的关注程度相对偏低一些，但是对其表现性评价却很高。说明游客虽然对宏村镇旅游服务和敬佩感这两个要素的感知程度偏弱，但在旅游过程中却享受到了良好的服务，并获得了更多的敬佩感。游客虽然在样本中提及有关宏村镇旅游服务的次数相对其他要素偏低，但是提到这些问题的游客，却给予了宏村镇旅游服务相当高的评价。游客在叙述中提到景区的接待人员、住宿和餐饮的服务人员态度友好，服务周到，让游客感到非常满意。同样，游客对在旅游过程中获得的敬佩感提及次数虽相对较少，但游客更惊叹于宏村镇的结构设计及其令人深感生态如此和谐的旅游氛围，进而产生发自内心的"敬佩感"；然而，对于宏村镇结构灵巧的设计及景区开发相关知识的了解，需要旅游者去深度了解，才能对宏村镇

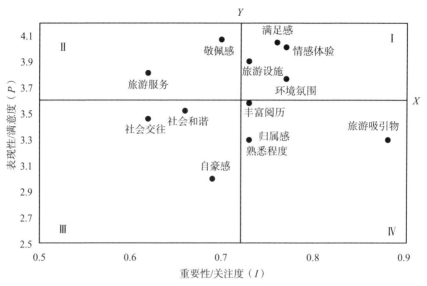

图 4 − 1   宏村镇乡村旅游品牌价值要素的 IPA 分析结果

资料来源：笔者利用 Excel 软件生成。

有更加细微的体会，很多游客走马观花式的游览并没有去注意这些细节，是导致其关注度偏低的主要原因。

进入第Ⅲ象限的有结果/利益层面的社会和谐和社会交往，以及个人价值层面的自豪感（见图 4 − 1）。整体上游客对这些因素不仅感知程度较低，而且对其表现性评价也相对较低，是宏村未来旅游发展有待改善的方面。游客对社会交往的感知程度和表现性评价都相对偏低，很大一部分原因在于游客社交需求的实现主要来源于同其他游客、当地居民和服务人员的沟通交流，宏村是自然景观和人文景观相结合的观光型旅游地，缺少丰富多样的旅游活动，游客参与性不强，使游客与游客之间、游客与当地居民及服务人员之间的沟通交流相对偏少，缺少足够多的交集，从而导致游客的社交需求没有得到进一步的满足。而游客和当地居民交集偏少也会减弱游客对社会和谐的体验，通过游客和当地居民的友好相处会营造出一种游客和当地居民的和谐氛围，从而加深游客对社会和谐的感知程度、增加游客对其表现性评价。自豪感的关注程度和表现性评价都非常低，结合样本发现，游客"自豪感"的来源更多的是来自游客在了解到宏村镇是世界文化遗产、国家 AAAAA 级旅游景区、全国文物保护单位，世界文化遗产在国际上是对一个旅游景区极

乡村旅游地品牌价值的形成及传递效果研究

高的评价，一份至高的荣誉，作为中国人的爱国情感被激发，"自豪感"油然而生。但是随着我国加入世界遗产的旅游景点越来越多，游客对这些荣誉渐渐地也开始习以为常，"自豪感"便没有那么强烈，这是导致其表现性评价偏低的主要原因。

进入第Ⅳ象限的是属性层面的旅游吸引物、熟悉程度；结果/利益层面的丰富阅历及个人价值层面的归属感（见图4-1）。游客对这些要素关注程度较高，表现性评价相对其他要素偏低一些。游客认为这些要素是乡村旅游品牌价值的重要因素，宏村镇需要采取相应措施对这些方面进行有效管理，以提升游客的表现性评价。其中，丰富阅历要素位于第Ⅳ象限，表明游客在游览过宏村镇之后没能收获到很多的拓宽视野，增加阅历的结果。熟悉程度和归属感也出现在第Ⅳ象限，说明游客对宏村镇熟悉程度和归属感虽极为关注，但归属感不强，对其熟悉程度也仅存在于表层，缺乏深入了解。旅游吸引物是游客旅游过程中最为关注的要素，但是宏村镇旅游吸引物的表现性评价相对环境氛围、旅游设施等要素偏低，因为宏村镇的核心旅游吸引物主要是古建筑、月沼、南湖等先天性资源形成较早，开发相对完善，提升空间相对较小，且偏向于观光类，类型多见；而像宏村镇的环境氛围、旅游设施和旅游服务等方面提升空间较大，随着景区不断进行改进，其表现性评价已经超过了旅游吸引物。

综合以上IPA的分析结果，在关注度方面，所有层次影响因素的关注度均在0.6以上，表明游客对这些要素均具有较高的关注度。在这些要素中属性层面的旅游吸引物、旅游设施、环境氛围、熟悉程度；结果/利益层面的丰富阅历、情感体验；个人价值层面的归属感、满足感较之于其他要素关注度更高。

在满意度方面，绝大多数影响因素的游客满意度分值在3.3以上，表明游客整体上对宏村镇呈现出比较满意的状态，如游客对属性层面的旅游服务、旅游设施、环境氛围，对结果/利益层面的情感体验；对个人价值层面的满足感、敬佩感等要素都有着很高的满意度评价，表明景区在这些方面做得相对较好，能够达到游客的预期，令游客感到满意，需要宏村镇景区在保持现有水平的基础上不断做到更完美。相反，游客对属性层面的旅游吸引物、熟悉程度和个人价值层面的归属感、自豪感等方面的表现性相对最差，需要进一步提高。

4.1.4 乡村旅游地品牌价值要素的层次关系分析

4.1.4.1 品牌价值要素的社会网络关系分析

通过 UCINET 软件中的 NetDraw 程序对乡村旅游地品牌价值要素构建社会语义网络图（见图 4-2）。社会语义网络图由节点和线条两部分组成，节点代表的是品牌价值三个层次的具体要素，线条代表各个节点之间的相互关系，通常节点的大小代表该节点和其他要素联系的多少，节点越大，表明该节点和更多的其他节点之间有联系；线条的粗细代表相互之间关系的强弱，两个节点之间的线条越粗，代表两个节点的联系越紧密，所在，链条在整个社会语义网络结构中更加具有主导作用。本书的重点在于萃取出品牌价值要素的主导链条，故采用以节点搭配线条粗细的方式显示各节点的相互联系，同时为了便于观察，将网络图按照属性、结果/利益和个人价值依次从下到上分为三个层次，图 4-2 中用正方形代表属性，菱形代表结果/利益，三角形代表个人价值。由图 4-2 可知，属性、结果/利益和个人价值层次之间存在密切的相互关系，各要素相互关系有强有弱。

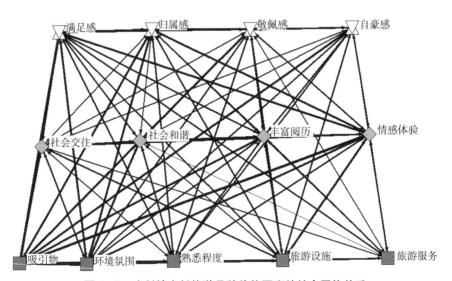

图 4-2　宏村镇乡村旅游品牌价值要素的社会网络关系

资料来源：笔者通过 NetDraw 程序构建。

4.1.4.2　乡村旅游品牌价值要素的层次关系解析

为了进一步分析乡村旅游品牌价值要素的层次关系，本书基于乡村旅游品牌价值要素的社会网络图，通过灵活更改社会语义网络关系的截断值得出最具主导性的影响因素链条。社会网络中线条粗细代表两者之间相互关系的强弱，线条越粗代表关系越强，为了萃取出网络中具有主导作用的链条，常通过设定截断值（K）的方式进行剔除，但截断值的选取对于社会网络的整体结构有重要影响，甚至常常导致运算结果出现差异。目前，学界关于截断值的选取尚未形成统一的标准，常见的取值方法包含差值法、观察法、实验法等。我国学者杨兴柱（2007）通过设置截断值的方法对南京市旅游流结构进行简化分析，李磊（2019）通过设置不同的截断值对合福高铁沿线旅游地合作网络图中具有主导作用的小群体进行分析。在总结已有研究成果的基础上，本书经过反复试验，针对个人价值层面的要素，选择 4 个不同的截断值，来获取乡村旅游品牌价值的主导链条。

通过反复试验，选取到的 4 个截断值分别为 $K = 527$、$K = 471$、$K = 447$ 和 $K = 431$（见图 4 – 3）。

当截断值设为 $K = 527$ 时，乡村旅游品牌价值网络图出现了第一条属性—结果/利益—个人价值链条。该链条包括属性层面的旅游吸引物，结果/利益层面的社会交往和个人价值层面的满足感，表明旅游吸引物、社会交往和满足感在乡村旅游品牌价值社会网络中有着很强的相互关系，即当游客提到属性层面的旅游吸引物时，也会提到结果/利益层面的"社会交往"和个人价值层面的"满足感"。许多游客在叙述中提到了当看到宏村镇优美的南湖、月沼等核心吸引物时，被眼前的美景所折服而发生感叹，迫切分享的心里促使游客同自己的朋友或同行游客分享、交流，不仅得到了视觉上的冲击，也通过和别人的交流实现了自身社交的需求，游客对此获得较大程度的满足感。

当截断值取 $K = 471$ 时，乡村旅游品牌价值网络图中出现了第二条属性—结果/利益—个人价值链条（见图 4 – 3）。该链条包括属性层面的旅游吸引物和环境氛围，结果/利益层面的情感体验，个人价值层面的归属感。表明旅游吸引物、环境氛围、情感体验和归属感在乡村旅游品牌价值社会网络中有

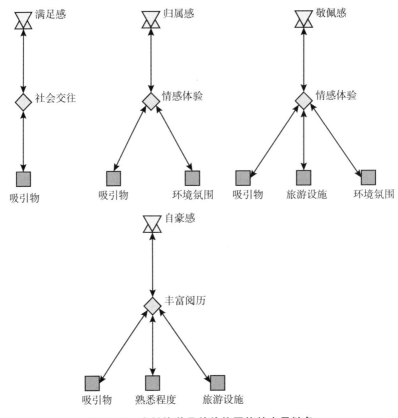

満足感　归属感　敬佩感

社会交往　情感体验　情感体验

吸引物　吸引物　环境氛围　吸引物　旅游设施　环境氛围

自豪感

丰富阅历

吸引物　熟悉程度　旅游设施

图4-3　乡村旅游品牌价值网络的主导链条

资料来源：笔者根据试验结果绘制。

着较强的相互关系，即当游客提到属性层面的旅游吸引物、环境氛围时，也会提到结果/利益层面的情感体验和个人价值层面的归属感。游客在叙述中提到了宏村镇山清水秀如水墨画一般的环境、富有特色并极具原真性的旅游吸引物、民风淳朴安定祥和的社会氛围时，顿时心情愉悦沉浸其中，仿佛回到自己小时候一样，不断地抒发着自己当下的心情，勾起了游客许多乡愁和回忆，内心的归属感油然而生。宏村镇是皖南古村落，作为乡村旅游地的代表，宏村镇乡村性很强，基本保持了原有的乡村风貌，没有破坏它的原真性，许多曾经在乡村生活过的游客来到这里，不禁回想起自己的家乡，仿佛又回到了当年，无形之中获得一种强烈的归属感。

当截断值 $K=447$ 时，乡村旅游品牌价值网络图中出现了第三条属性——

结果/利益—个人价值链条（见图 4-3）。该链条包括属性层面的旅游吸引物、环境氛围和旅游设施，结果/利益层面的情感体验，以及个人价值层面的敬佩感，表明旅游吸引物、环境氛围、旅游设施、情感体验和敬佩感在乡村旅游品牌价值社会网络中有着较强的相互关系，即当游客提到属性层面的旅游吸引物、环境氛围、旅游设施时，也会提到结果/利益层面的情感体验和个人价值层面的敬佩感。游客在叙述中提到了宏村镇的旅游吸引物和基础设施都有着很强的复古风格，基本上还保留着原本的样貌，原生态的环境没有遭到破坏。在如今旅游行业如此兴盛的局面下，景区管理者并没有一味追求利益最大化，能够在注重经济效益的同时合理地保护宏村镇的原真性，还能够感受到这十分珍贵的乡村原真性，让游客喜出望外。同时，沉浸在这种少有的幸福中，惊叹于宏村镇如此优秀的管理，对景区产生敬佩之感。

当截断值 $K = 431$ 时，乡村旅游品牌价值网络图中出现了第四条属性—结果/利益—个人价值链条（见图 4-3）。该链条包括属性层面的旅游吸引物、熟悉程度、旅游设施，结果/利益层面的丰富阅历和个人价值层面的自豪感，表明旅游吸引物、熟悉程度、旅游设施、丰富阅历、自豪感在乡村旅游品牌价值社会网络中有着较强的相互关系，即当游客提到属性层面的旅游吸引物、熟悉程度、旅游设施时，也会提到结果/利益层面的丰富阅历和个人价值层面的自豪感。游客在叙述中提到了在游览完宏村镇以后，对其有了更加深刻的认识，熟悉度有所增加，特别在宏村镇旅游的核心看点旅游吸引物、独具皖南地方特色和相对完善的基础设施等方面进一步了解了更多的知识，增长见闻，拓宽了视野；尤其当了解到宏村镇作为国家 AAAAA 级旅游景区、全国重点文物保护单位，还是世界文化遗产，吸引越来越多的国际友人来宏村镇参观，自己作为中国公民的爱国热情高涨，为祖国感到十分自豪。

4.1.5　结论与建议

4.1.5.1　研究结论

本书基于扎根理论、IPA 和社会语义网络研究方法，采用网络游记和访谈作为研究数据来源，对乡村旅游品牌价值要素进行研究，通过扎根理论获取游客对乡村旅游品牌价值要素，并对品牌价值要素进行 IPA 分析，获得其重要性和表现性，基于社会语义网络分析乡村旅游品牌价值要素之间的层次关系，并针对分析结果，对宏村镇提出可行性建议。主要研究结论如下：

（1）基于扎根理论分析游客视角下乡村旅游品牌价值的构成。通过扎根理论的开放性编码在理论达到饱和的状态下共获取到 31 个初始范畴，对初始范畴进一步进行轴心式编码后获取到 13 个主范畴，分别为：旅游吸引物、旅游设施、旅游服务、环境氛围、熟悉程度、社会交往、丰富阅历、情感体验、社会和谐、满足感、归属感、敬佩感、自豪感。选择性编码以后，将 13 个主范畴划分为 3 个核心范畴，分别为：属性、结果/利益和个人价值，其中，属性包括旅游吸引物、旅游设施、旅游服务、环境氛围、熟悉程度；结果/利益包含社会交往、丰富阅历、情感体验、社会和谐；个人价值包含满足感、归属感、敬佩感、自豪感。

（2）乡村旅游品牌价值要素的 IPA 分析。IPA 的分析结果显示，乡村旅游品牌价值要素的 13 个主范畴被划分为四个象限。第 I 象限有属性层面的环境氛围、旅游设施，结果/利益层面的情感体验和个人价值层面的满足感。即游客对这些要素关注程度很高，同时认为这些要素的表现性也很好。进入第 II 象限的有属性层面的旅游服务和个人价值层面的敬佩感，表明虽然游客对这两要素的关注程度相对偏低一些，但是对其表现性评价却较高。进入第 III 象限的有结果/利益层面的社会和谐、社会交往，个人价值层面的自豪感。整体上游客对这些因素不仅感知程度较低，而且对其表现性评价也相对其他要素较低，属于所有要素当中重要性和表现性最差的方面。进入第 IV 象限的是属性层面的旅游吸引物、熟悉程度，结果/利益层面的丰富阅历，个人价值层面的归属感。游客对这些要素关注程度较高，表现性评价相对其他要素偏低一些，即游客认为这些要素是影响其旅游体验的重要因素，宏村需要采取相应措施对这些方面进行有效管理以提升游客的表现性评价。

（3）乡村旅游品牌价值要素的层次关系分析。通过选取 4 个截断值得到了 4 条有关品牌价值的属性—结果/利益—个人价值主导链条。结果显示：当截断值设为 $K = 527$ 时，游客感知价值网络图出现了第一条属性—结果/利益—个人价值链条。该链条包括属性层面的旅游吸引物，结果/利益层面的社会交往和个人价值层面的满足感。表明旅游吸引物、社会交往和满足感在乡村旅游品牌价值社会网络中有着很强的相互关系，即当游客提到属性层面的旅游吸引物时，也会提到结果/利益层面社会交往和个人价值层面的满足感。当截断值取 $K=471$ 时，游客感知价值网络图中出现了第二条属性—结果/利益—个人价值链条。该链条包括属性层面的旅游吸引物和环境氛围，结果/利益层面的情感体验，个人价值层面的归属感。表明旅游吸引物、环境氛围、情感体验和归属感在乡村旅游品牌价值社会网络中有着较强的相互关系，即当游客提到属性层面的旅游吸引物、环境氛围时，也会提到结果/利益层面的情感体验和个人价值层面的归属感。当截断值 $K=447$ 时，游客感知价值图中出现了第三条属性—结果/利益—个人价值链条。该链条包括属性层面的旅游吸引物、环境氛围和旅游设施，结果/利益层面的情感体验及个人价值层面的敬佩感。表明旅游吸引物、环境氛围、旅游设施、情感体验和敬佩感在乡村旅游品牌价值社会网络中有着较强的相互关系，即当游客提到属性层面的旅游吸引物、环境氛围、旅游设施时，也会提到结果/利益层面的情感体验和个人价值层面的敬佩感。当截断值 $K=431$ 时，游客感知价值图中出现了第四条属性—结果/利益—个人价值链条。该链条包括属性层面的旅游吸引物、熟悉程度、旅游设施，结果/利益层面的丰富阅历和个人价值层面的自豪感。表明旅游吸引物、熟悉程度、旅游设施、丰富阅历和自豪感在乡村旅游品牌价值社会网络中有着较强的相互关系，即当游客提到属性层面的旅游吸引物、熟悉程度、旅游设施时，也会提到结果/利益层面的丰富阅历和个人价值层面的自豪感。

4.1.5.2 针对宏村镇的参考性建议

结合前面的分析结果，针对宏村镇提出了以下参考性建议：

针对 IPA 分析结果的改进建议。宏村镇旅游吸引物、熟悉程度、归属感和自豪感的表现性评价相对较低，需要进一步提升旅游吸引物和游客对宏村的熟悉程度，同时增强游客的归属感和自豪感。针对旅游吸引物，宏村镇需要继续加大财政和政策支持，在合理保护的基础上，有效地对旅游吸引物进行创新开发，增加游客的可观赏性；同时，可以增加一些极具皖南地方特色的民俗体验活动，包括农事体验、节庆活动体验、民风民俗鉴赏、美食体验等游客参与性较强的旅游活动，这些活动会激发游客的兴趣，能够吸引游客的注意力，还能补齐核心旅游吸引物吸引力下降的短板。针对游客的熟悉程度，可以从两方面入手加以改进：一方面，增加前期的宣传力度，借助互联网等多媒体平台，包括短视频 APP、网红代言等手段，增加游客对宏村镇的前期熟悉程度；另一方面，可以加大景区内自身的宣传力度，包括增加宣传手册，增加电视、电子屏宣传动画，增加免费讲解数量等。

针对社会语义网络层次关系分析的改进建议。根据宏村镇乡村旅游品牌价值第二条主导链条，宏村镇要想进一步提升游客的归属感，首先，不能破坏现有的旅游吸引物和景区环境的原真性，在节假日期间为了保证景区的原真性，建议实行限流的措施，在保证正常营业的基础上，适当减少游客进入的人数。同时，将商业化的设施和场所集中起来，设置单独的区域，尽量远离当地民居，一些商业活动尽量不打扰当地居民，鼓励当地居民进行民风民俗活动展示，传播当地文化，也可以通过售卖土特产的方式来整体提升宏村镇环境氛围的原真性。

结合宏村镇乡村旅游品牌价值第四条链条的分析结果，宏村镇要想进一步提高游客的自豪感，需要增加游客对景区的熟悉程度，尤其是增加游客对旅游吸引物和旅游特色设施的了解程度，包括南湖、月沼等核心吸引物，以及当地特色交通、餐饮等基础设施的内在文化，进一步丰富游客的阅历，拓宽游客的视野，让游客了解宏村镇的价值所在，增加游客的自豪感。除了前面提到的增加前期宣传和景区宣传力度之外，建议特别针对旅游吸引物和特色旅游设施设置电子设备自动讲解服务、二维码讲解等现代化手段，让不热衷于听从别人讲解的游客能够有更多了解宏村镇的选择。

4.2　游客视角下乡村旅游地品牌价值的构成维度——海岛型乡村

本节以舟山群岛为研究对象，以游客于在线旅游（OTA）平台上发表的游记为数据来源，运用内容分析法，结合参考文献进行乡村旅游品牌价值要素编码，并对每个要素进行逐条打分，构建出游客视角下海岛型乡村旅游品牌价值要素结构和各要素评价等级数据集。在此基础上，利用社会网络分析法（SNA）及"重要性—表现程度"分析法（IPA）对其要素结构进行深入分析。结果显示：①内容分析编码归纳发现，海岛型乡村旅游品牌价值要素共包含海岛自然风光、海岛光现象、海岛动植物景观、天气气候等33个要素指标，共划分为质量价值、情感价值、社会价值、经济成本价值、非货币成本5个维度；②SNA分析发现，海岛乡村旅游品牌价值要素网络结构内部协调性较高，且海岛自然风光、天气气候、餐饮美食、愉悦感、海岛光现象是最核心的要素；③IPA分析发现，旅游者整体旅游体验质量较高，且旅游者对海岛自然风光的评价最好。基于研究结论，本节为舟山群岛乡村旅游可持续发展提出了相应的对策与建议。

4.2.1　数据来源与分析方法

4.2.1.1　研究区概况

舟山群岛位于浙江省东北部，毗邻上海市、杭州市、宁波市等大中城市和长江三角洲，具有较强的地缘优势，拥有广阔的客源市场。该地区属于亚热带季风气候，冬暖夏凉，温和湿润，光照充足，空气质量良好。

舟山海岛文化源远流长，历来有"海中洲"美誉。碧海、蓝天、绿岛、金沙、白浪交相辉映，构成了舟山生态旅游环境的标志符号。近日，国家发改委公布122个国家乡村旅游发展典型案例，舟山嵊泗县花鸟岛乡村旅游发展典型案例位列其中。2013年以来，舟山群岛定位花鸟海岛旅游，成功塑造"百年灯塔，海上花鸟"旅游品牌，形成了一个海岛乡村旅游发展新模式。

舟山境内共拥有佛教文化景观、山海自然景观和海岛渔俗景观1000余处，主要分布在23个岛屿上。这里拥有普陀山、嵊泗列岛两个国家级风景名胜区，岱山、桃花岛两个省级风景名胜区，以及海岛历史文化名城定海。舟山别具一格的海岛乡村旅游资源均零星分布于该岛之外的各小岛上，这是与陆地任何地区乡村旅游资源相区别的独特优势，是舟山乡村旅游蓬勃发展的特有卖点。另外，舟山的乡村旅游活动，其内容大多基于渔村文化、海洋文化、宗教文化上。在海洋文化背景下，延伸出各种形态的海洋乡村旅游度假项目，例如，渔家乐、海钓、游艇、滑泥等多种娱乐方式，这些都不同于传统的乡村旅游内容，具有与众不同的特点，对游客具有极大的吸引力。可见，舟山的乡村旅游资源极其丰富，并且已经开发了许多的乡村旅游产品。

4.2.1.2 数据来源及预处理

基于网络文本的研究逐渐成为旅游领域定性研究的一种流行趋势，越来越多的旅游者通过写游记或点评信息在网上与其他人分享他们的旅游体验。因此，旅行网络文本为目的地管理组织提供了更多关于旅游者在目的地的旅游体验的信息，并且相比于调查问卷数据，旅行网络文本是一种自发的、真实的、对旅行者真实旅游经历的描述。

浙江省舟山群岛作为海岛型特色乡村旅游目的地，吸引了许多旅游者前去游览，因而，在在线旅行社（OTA）平台也拥有大量旅行攻略和点评信息。本节从国内三大 OTA 平台：携程、马蜂窝、去哪儿中获取文本数据。由于旅客体验在淡旺季差别可能较大，为了控制气温、人流量等外部因素，本节研究选取 2018 年 6 月 1 日~2018 年 9 月 1 日和 2019 年 6 月 1 日~2019 年 9 月 1 日的游记作为文本数据来源。因为 6~9 月为夏秋之际，是舟山群岛的旅游旺季。游记选择标准：原创、文字大于 2000 字、浏览量排名靠前、无广告植入、表达内容。根据选择标准，最终选取 72 篇游记。随后对文本资料进行预处理，主要是删除与研究对象无关的文本，删除重复的内容。最后将清洗过的数据作为原始数据。

4.2.1.3 分析方法

（1）内容分析法。内容分析法是一种对文献内容进行客观、系统和量化分析的研究方法，现已广泛应用于旅游研究领域（邱平均，2003）。文本运用内容分析法对所收集的文本资料进行分析，具体操作步骤为：①统计的不同情境下品牌价值测量维度，由两位受过专业训练的操作者逐条从每篇游记中提取所包含的海岛型乡村旅游品牌价值要素。在逐条提取的过程中，如果出现文献中未整理的品牌价值要素，则由 2 位操作者共同讨论、研究，从而确定新增编码。②在完成海岛型乡村旅游品牌价值要素编码后，参考黄颖华、黄福才（2007）的品牌价值维度划分方式，将舟山群岛海岛型乡村旅游品牌价值要素划分为 5 个维度，最终得到舟山群岛海岛型乡村旅游品牌价值结构表（见表 4 - 5）。③在完成舟山群岛海岛型乡村旅游品牌价值要素编码之后，再由 2 位操作者逐篇阅读游记，根据旅游者对各品牌价值要素的评价情况，确定不同的评价等级。编码过程如表 4 - 6 所示，其中，数字代表品牌价值要素类型，字母代表旅游者对该要素的评价等级，A 代表非常差，B 代表比较差，C 代表中立，D 代表比较好，E 代表非常好，并对 A ~ E 分别赋值 1 ~ 5 分。对于要素本身是负面词汇或者带有负面情绪的词汇，如遗憾感，则负向取值（王蓉等，2019）。如"20E"表示游记内容描述了感知要素"20 遗憾感感知"，旅游者对该要素的评价等级为 E，打分为 5（对应文本为"没时间去标志性象鼻峰以及东极第一缕曙光观测点，很遗憾"）。

表 4 - 5　　　　　　　　游客视角下海岛型乡村旅游品牌价值要素结构表

品牌价值维度	品牌价值要素	对应游记内容示例
质量价值	1 海岛自然风光感知	这是东极岛风景最好的一个岛
	2 海岛光现象感知	海岛的第一缕阳光、日出、日落
	3 海岛动植物景观感知	鸟叫声、知了声、一大片花田
	4 天气气候感知	吹吹海风，很凉爽；实在是太热了
	5 宗教文化感知	佛教圣地的氛围、佛教的严肃和庄重
	6 海岛生态环境感知	非常原生态、海水还是很干净的
	7 当地民风民俗感知	岛民心地善良，有乡下小城的味道
	8 住宿体验感知	房间略小、凯撒大酒店非常好
	9 餐饮美食感知	小商铺有很多当地特产，味道也不错
	10 服务质量感知	老板人特别好，还有免费接送、很热情
	11 旅游信息感知	可以添加"舟山海星轮船"公众号查询及购买船票
	12 旅游基础设施感知	厕所有点绕远、这条件太差了，医院什么的根本没有、路标都很不清楚

品牌价值维度	品牌价值要素	对应游记内容示例
质量价值	13 拍照摄影体验感知	到了摄影的最佳时间、拍照最好看的地方就是码头、拍照圣地
	14 宗教活动感知	每天来普济寺进香的善男信女和寻胜探幽的游客络绎不绝
	15 海岛节庆活动感知	当天正好碰上南沙的沙雕艺术节
	16 海岛特色娱乐活动感知	体验海钓，岛上闲逛、要出海了，渔家乐游玩起来
	17 愉悦感感知	东福山岛给我留下了美好的回忆
情感价值	18 新奇感感知	第一次完整地看到日出的整个过程，感觉很壮观，很震撼
	19 放松感感知	让今天的疲惫全都烟消云散
	20 遗憾感感知	已经错过了日落！有些惋惜
	21 疲惫感感知	赶路赶了一天，身体甚是疲惫
社会价值	22 加深感情	我们依然相爱真好啊
	23 扩大交往范围	认识了很多可爱的朋友们
	24 门票价格感知	不值票价、赢得回票价
	25 交通费用感知	叫车的费用感觉比上海贵多了
经济成本价值	26 住宿费用感知	旅馆便宜实惠、这里的住宿果然要比嵊泗岛贵得多
	27 餐饮价格感知	海鲜非常新鲜，价位绝对便宜
	28 商品价格感知	普陀的物价真是太贵了
	29 交通便利性感知	公交非常方便、地铁真的不便捷
非货币成本	30 排队时间感知	排队很久、排了很久的队买票
	31 拥挤程度感知	所有人挤在候船厅，堪比春运
	32 路程颠簸度感知	船颠簸得很厉害
	33 精力成本感知	真的不枉此行、路很崎岖，但值得

资料来源：笔者根据收集的网络文本资料整理。

表4－6　　游客视角下海岛型乡村旅游品牌价值要素评分示例

编码	评分依据	游记内容示例
1E	文本中有"非常/挺/很"等程度副词＋积极情绪的词语	蜿蜒的山路、沿途山峦海景非常漂亮

编码	评分依据	游记内容示例
12D	文本中有"比较/还"等程度副词 + 积极情绪的词语	它是东极岛里最大的岛屿了，所以各方面设施都比较完善
11C	文本中没有明显的情感态度，只是对旅游体验的客观描述	我是在微博上关注了东极岛的官微，他会实时更新一些航班线路和时间
27B	文本中有"比较/有点"等程度副词 + 消极情绪的词语	客栈提供的早餐，东西很丰富，我们根本吃不完，而且价格有点小贵
8A	文本中有"非常/很"等程度副词 + 消极情绪的词语	我们的房间在一楼，非常潮湿

资料来源：笔者根据收集的网络文本资料整理。

（2）社会网络分析法（SNA）。近年来，社会网络分析在旅游相关研究中表现出超强的适应性，并已成为国内外旅游研究的流行范式之一（张红霞等，2019）。在以往的研究中，很多研究者采用文本挖掘工具（ROST CM6.0）分析网络文本中的高频词（黄杰等，2017），并使用社会网络分析法加以分析，这种分析方法存在一定的局限性。因为高频词只能代表部分品牌价值要素，并不能代表出现的所有品牌价值要素，而社会网络分析的基础恰恰建立在系统的数据基础上。为了克服这一局限性，本节研究采用内容分析法，通过对网络文本的逐层编码，构建系统的品牌价值要素体系，进而利用社会网络分析方法对各要素之间关系进行结构研究。

本节研究选取社会网络分析（Ucinet 6.560）进行软件分析。具体步骤为：①建立原始数据矩阵。在一篇游记中，如果一种品牌要素被提及则记为1，未被提及则记为0。从而构建出由游记和要素构成的2—模网络。②将2—模网络向1—模矩阵转化。③利用转化后的1—模矩阵分析品牌价值要素的整体网络密度、中心性、子群密度等指标。

（3）重要性—满意度分析法（IPA）。重要性—表现性分析法（importance-performance analysis，IPA）是一种通过对"重要性"（对消费者的重要性）和"表现性"（消费者认为表现情形）进行测量，将待定服务产品的相关属性优先排序的技术。IPA 分析法最早由马迪拉和詹姆斯（Martilla & James，1977）在分析机车产业产品的属性研究中提出。IPA 分析法操作简单，结果直观，能够分析消费者满意度，进而找到提升满意度的途径，因而是公认的测量消费者对休闲活动与服务的重要性感知程度及满意度情况的理想工具。

本节运用 IPA 分析法对舟山群岛海岛型乡村旅游品牌价值要素进行分析，具体步骤为：第一步，明确重要性和表现性指标的计算公式。在本节中，重要性指标 I 为旅游品牌价值要素在游记出现的频率，即 In = 游记中旅游品牌价值要素 n 出现的频率/文本总量。表现性指标 P 为游客对品牌价值要素的评价打分值，即 Pn = 游记中品牌价值要素 n 的评价总得分/n 出现的总次数。并在此基础上将文中未提及的要素的等级设为"中立"，赋值为3（敬凤瑞等，2017）。第二步，计算各品牌价值要素的重要性（I）及其表现程度（P）的分值。第三步，分别求出观测指标的重要性及其表现各自总的平均数，并且找出以上两个平均数在 IPA 图中的确切交叉点。横轴代表的是重要性轴，纵轴代表的是满意度轴（表现程度用满意度衡量）。第四步，分别将各观测指标根据其重要性和满意度的实际得分，逐一定位在4个象限相应的位置（邵隽等，2016）。

4.2.2　海岛型乡村旅游品牌价值要素网络结构

4.2.2.1　海岛型乡村旅游品牌价值要素网络结构基本特征

网络密度是反映网络中各节点之间关联疏密程度的指标，网络中节点之间关联关系的数量越多，则网络密度越大。本节中，整体网是无向关系网，计算公式为"实际关系数"除以"理论上的最大关系数"。结果显示该结构的整体密度值为 0.803，接近1，表明结构密度很高。说明本节中构建的海岛型乡村旅游品牌价值要素结构网络中，各要素之间联系紧密，整体结构科学合理，内部协调性较高。利用 NetDraw 对其进行可视化处理，得到旅游者对品牌价值各要素感知强弱的图谱（见图 4-4）。其中，节点符号越大，表示该要素在此要素结构中的位置越重要；节点符号小，其重要性越低。可见，该网络中具有多个核心点，同时，也有多个边缘点，没有孤立点。其中，核心点为海岛光现象、天气气候、海岛自然风光、愉悦感、餐饮美食等。边缘点为旅游信息、精力成本、海岛节庆活动、住宿费用、旅游基础设施等。总体而言，该网络具有多核心、高密度的特征。

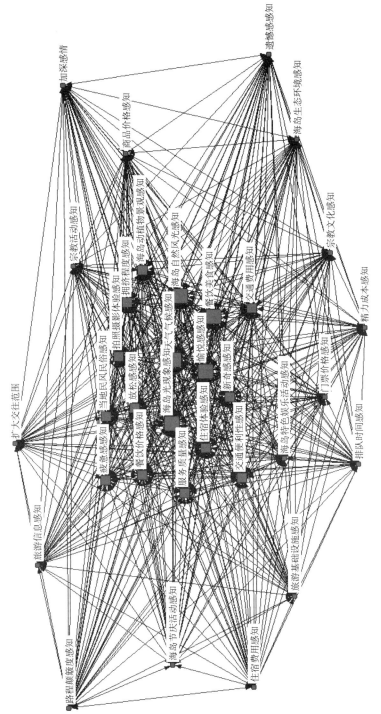

图4-4　浙江舟山群岛海岛型乡村旅游品牌价值要素结构网络

资料来源：笔者利用Netdraw进行可视化处理而得。

4.2.2.2 品牌价值要素中心性分析

中心性是分析个人或组织在其社会网络中具有怎样的权力，或者说居于怎样的中心地位。点度中心度是对个体权力的量化分析（刘军，2009）。点度中心度的度数越大，节点的重要性越高，对应品牌价值要素对旅游者整体的体验影响越大。利用 Ucinet 6.560 计算出各品牌价值要素的点度中心度，结果如表 4 - 7 所示。根据结果可知游客对海岛自然风光感知最为强烈，同时，对天气气候、餐饮美食、愉悦感、海岛光现象的感知也较为强烈，但对精力成本感知最低，旅游信息和海岛节庆活动感知也较弱。根据研究者的资料调查和对游记文本的分析可知，舟山群岛拥有大量品位较高的旅游资源，尤以海洋文化类资源最为突出。每年 6～9 月的气候适宜旅游，独特的海岛风光吸引大量游客前来游玩。另外，舟山拥有中国最大的渔场——舟山渔场，海鲜种类丰富，味道鲜美，游记中许多游客都有提到海鲜非常新鲜美味。舟山群岛位于北纬 30°，是中国第一缕阳光照射的地方，独特的地理位置吸引了许多游客慕名来此看日出。由于舟山群岛岛屿众多，虽然有游轮，但每天班次有限。岛内交通以观光车为主，出租车较少，且存在宰客行为。多篇游记中提及游客在岛内步行观光，花费精力较大，因而精力成本感知最低。

表 4 - 7　　　　　　　　舟山海岛乡村旅游品牌价值要素重要性排名

编号	要素	点度中心度	排名	编号	要素	点度中心度	排名
1	自然风光	35.531	1	10	服务质量	20.375	18
2	光现象	30.219	5	11	旅游信息	10.000	30
3	动植物景观	24.469	11	12	旅游基础设施	17.156	20
4	天气气候	33.594	2	13	拍照摄影体验	29.031	6
5	宗教文化	16.281	24	14	宗教活动	14.250	28
6	生态环境	19.594	19	15	节庆活动	7.406	32
7	当地民风民俗	21.219	14	16	特色娱乐活动	26.406	7
8	住宿体验	24.531	9	17	愉悦感	30.406	4
9	餐饮美食	32.281	3	18	新奇感	26.188	8

编号	要素	点度中心度	排名	编号	要素	点度中心度	排名
19	放松感	24.531	10	27	餐饮价格	22.531	12
20	遗憾感	16.688	22	28	商品价格	12.938	29
21	疲惫感	21.156	15	29	交通便利性	21.156	16
22	加深感情	7.813	31	30	排队时间	14.281	27
23	扩大交往范围	16.469	23	31	拥挤程度	20.875	17
24	门票价格	16.750	21	32	路程颠簸度	15.594	25
25	交通费用	22.188	13	33	精力成本	7.000	33
26	住宿费用	14.594	26				

资料来源：笔者使用 Ucinet 软件计算而得。

4.2.2.3　旅游供给感知要素子群分析

凝聚子群是满足如下条件的一个行动者子集合，即再次集合中的行动者具有相对较强、直接、紧密、经常的或者积极的关系（刘军，2009）。这些子群内部联系紧密，但子群之间具有明显差异。本节利用块模型分析方法，将品牌价值各要素进行分区，块模型每个群体内部各个要素具有结构对等性。块模型的构建包括两个步骤，第一步，利用迭代相关收敛法（CON-COR）对品牌价值各要素进行分区，即把每个品牌价值要素分到各个块中。第二步，根据 α - 密度指标确定各个块是 1 - 块还是 0 - 块，其中，α 为整个网络的平均密度值，即大于等于整个网络的平均密度值为 1 - 块，小于整个网络的平均密度值为 0 - 块，进而将一个复杂的网络简化为像矩阵（见表 4 - 8）。其中，0 - 块表示网络结构中的结构洞，指这个块与其他块没有直接显著的差异性，不能理解为网络的基本机构。1 - 块代表网络的基本结构。因此，有 2 个有意义和 2 个无意义的小团体结构出现（见表 4 - 9）。不同的子群利用 NetDraw 对其进行可视化分析，得到舟山群岛海岛型乡村旅游品牌价值要素子群结构图（见图 4 - 5）。为了能更清楚地表示子群间关系，利用 NetDraw 中的全点解析（Tranform）将图 4 - 5 转化为舟山群岛海岛型乡村旅游品牌价值要素关系简化图（见图 4 - 6）。

表4－8 舟山群岛海岛型乡村旅游品牌价值要素子群矩阵

子群	密度矩阵				像矩阵			
	1	2	3	4	1	2	3	4
1	1	1	1	1	1	1	1	1
2	1	0	0.1	0.09	1	0	0	0
3	1	0.111	1	0.958	1	0	1	1
4	1	0.09	0.958	0.564	1	0	1	0

资料来源：笔者利用 CONCOR 进行分区而得。

表4－9 舟山群岛海岛型乡村旅游品牌价值要素子群结构

	子群类别	品牌价值要素
有意义	1	海岛自然风光、天气气候、餐饮美食、拍照摄影体验
	3	海岛光现象、海岛动植物景观、住宿体验、服务质量、旅游基础设施、海岛特色娱乐活动、愉悦感、新奇感、放松感、疲惫感、门票价格、交通费用、餐饮价格、交通便利性、拥挤程度
无意义	2	海岛节庆活动、加深感情、精力成本
	4	宗教文化、海岛生态环境、当地民风民俗、旅游信息、宗教活动、遗憾感、扩大交往范围、住宿费用、商品价格、排队时间、路程颠簸程度

资料来源：笔者根据密度指标（α）分析而得。

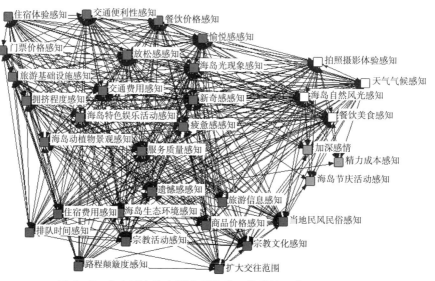

图4－5 舟山群岛海岛型乡村旅游品牌价值要素子群结构图

资料来源：笔者根据 NetDraw 软件进行可视化分析而得。

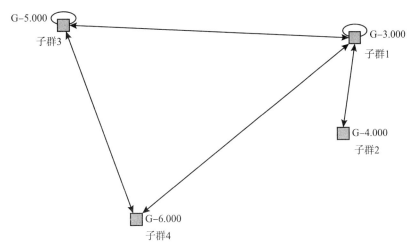

图 4 - 6 舟山群岛海岛型乡村旅游品牌价值要素关系简化图

资料来源：笔者利用 Tranform 转化而得。

不同子群代表不同品牌价值要素不同组合情况，即不同类型的旅游者所关注的品牌价值要素类型不同（敬风瑞等，2017）。子群 1 中要素均来自质量价值维度。在子群 1 中，游客在提及海岛自然风光、天气气候时，也会同时提到餐饮美食和拍照摄影体验，即这些品牌价值要素经常在同一篇游记中，且具有统计学意义上的差异。另外，子群 1 中的品牌价值要素是在点度中心度排名前 6 位的要素，关注质量价值维度的这类旅游者是舟山群岛客源市场的主体。子群 3 中包含的品牌价值要素的点度中心度排名仅次于子群 1，可见子群 3 所代表的这类旅游者是舟山群岛客源市场的小部分群体，这类旅游者注重质量价值、情感价值和经济成本价值。对于子群 2 和子群 4 的子群内部不存在统计学上的差异，但是存在结构对等性，即子群内部各要素具有共同特征，这两个子群代表那些关注海岛节庆活动、宗教文化等相关方面体验的游客群体。

4.2.3 海岛型乡村旅游品牌价值要素质量评价

对舟山群岛海岛乡村旅游品牌价值要素进行 IPA 分析，结果如图 4 - 7 所示。位于 I 象限的属于舟山群岛优势品牌价值要素，只需要继续保持即可。

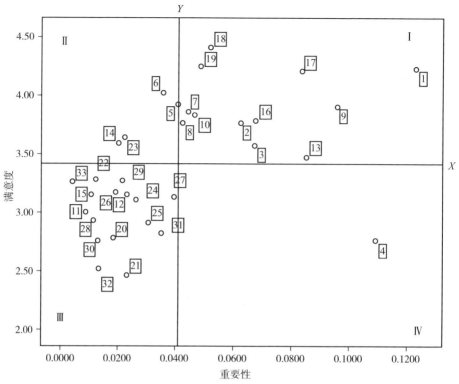

图4-7　舟山群岛海岛型乡村旅游品牌价值要素 IPA 结果

资料来源：笔者通过 IPA 分析而得。

　　进入第 I 象限的主要有海岛自然风光、海岛光现象、海岛动植物景观、当地民风民俗、住宿体验、餐饮美食、服务质量、拍照摄影体验、海岛特色娱乐活动、愉悦感、新奇感、放松感。这些因素表示游客对这些品牌价值要素的关注度很高，满意度也很高。反映了说明舟山群岛优美的海岛风光、壮观的海岛光现象，以及当地淳朴的民风、美味的海鲜给游客带来了良好的旅游体验和拍照摄影体验。同时，舟山群岛在餐饮、服务质量、特色游乐活动方面的管理让游客感受到良好的情感体验。

　　进入 II 象限的主要有宗教文化、海岛生态环境、宗教活动、扩大交往范围。以上因素属于高满意度、低重要性因素。这表明舟山群岛管理者在这些方面做了许多工作，并且得到了旅游者的认可。但由于这些因素的重要性感知程度较弱，并不属于当前发展舟山群岛旅游的主要方面，因此，可以适当减少在这方面的管理工作。

　　进入Ⅲ象限的要素最多，共 16 个，这些要素属于低重要性、低满意度象限。主要有质量价值维度中的旅游信息、旅游基础设施、海岛节庆活动；情感价值维度中的负面情绪包括遗憾感、疲惫感；社会价值中的加深感情；经济成本价值中的门票价格、交通费用、餐饮价格、住宿费用、商品价格、非货币成本中的交通便利性、排队时间、拥挤程度、路程颠簸程度、精力成本。这表明旅游者不仅对以上要素的重要性感知较低，评价也较低，是舟山群岛未来旅游业发展有待提高的方面。旅游基础设施和交通便利性感知不足主要体现在：由于舟山群岛的岛屿分散、面积不大，对外交通仍有局限性，造成岛上医院、银行、电力供应设施建设不足的现象。值得关注的是，经济成本价值中的 5 项要素均在列，反映了大多数游客感觉舟山群岛市场秩序维护方面仍存在很多问题，许多商家并不遵循市场秩序，时有宰客的现象发生。此外，非货币成本中的全部因素也都在列，这表明排队、拥挤、路程颠簸等现象都影响了游客满意度。

　　进入Ⅳ象限的最少，只有天气气候因素。在这一象限中的要素属于高重要性、低满意度因素。目的地气候是游客旅游体验的重要组成部分。因为本节的研究对象是在 6 ~ 9 月发表的游记，此时正值夏季，最高温度可达38℃，许多游客在游记中提及"太晒了"等语句。此外，由于地理位置原因，舟山群岛易受台风影响，这也会降低游客的满意度。

　　总的来说，舟山群岛游客满意度得分均值是 3.41 分，大部分的品牌价值要素评分水平大于 3 分，处于较满意和非常满意范围。说明舟山群岛作为"东方圣托里尼"，为游客提供了满意的旅游体验。

4.2.4　结果及建议

4.2.4.1　结果

　　一是本节通过在马蜂窝、去哪儿、携程上爬取的关于舟山群岛旺季旅游的游记进行分析，并结合文献梳理，构建出 5 个维度 33 个要素的舟山群岛海岛型乡村旅游品牌价值要素结构。相比于以往采取自下而上的方法研究品牌价值不同，本节将自下而上与自上而下的方法结合，而构建的舟山群岛海岛型乡村旅游品牌价值要素结构更精准、更全面，基本涵盖了旅游者对舟山群岛各方面的旅游体验。

二是通过 UCINET 6.560 软件对舟山群岛海岛型乡村旅游品牌价值要素结构进行整体网络密度分析，结果表明该要素网络结构科学合理，内部协调性较高，并且整体网络结构具有多核心、高密度的特点。中心性分析发现，其中的核心点多为质量维度中的要素，边缘点为海岛节庆活动、旅游信息、旅游基础设施等。子群分析发现该网络结构存在 2 个有意义群体，这 2 个有意义群体主要来自质量价值、情感价值、经济成本价值这 3 个维度，说明关注这 3 个维度的旅游者是舟山群岛客源市场的主力军。

三是运用 SPSS23 软件对舟山群岛海岛型乡村旅游品牌价值要素进行 IPA 分析，结果发现进入 I 象限、II 象限、III 象限、IV 象限的要素个数分别是 12、4、16、1 个。重要性得分差异较大，表明旅游者对舟山群岛海岛型乡村旅游品牌价值要素感知存在差异。满意性得分差异不大，且整个网络平均满意度得分为 3.41 分，说明旅游者对舟山群岛整体旅游体验较为满意，这表明舟山群岛管理机构在景区发展方面较为重视，对景区各方面实行了有效的管理措施，并取得了良好的成效。

4.2.4.2　建议

第一，以核心吸引物作为突出优势，继续挖掘海岛型乡村旅游发展潜力。无论是 SNA 分析还是 IPA 分析，海岛自然风光都位列第一。海岛动植物景观、海岛光现象、餐饮美食排名也都比较靠前，而海岛特色娱乐活动、宗教文化、宗教活动都较为靠后。发展海岛型乡村旅游，不仅要聚焦自然旅游资源，还要瞄准人文旅游资源。目前来看，舟山群岛对于宗教文化的开发还不够。

第二，维护规范有序的旅游市场秩序。在 IPA 分析中，经济成本价值中 5 个要素均低于平均满意度。在游记内容分析中，多篇游记都曾提到舟山群岛旅游市场存在恶意宰客、物价偏高的现象。一个地区乡村旅游业的可持续性发展的竞争力将由市场秩序的好坏决定，而市场秩序好坏的指标将以游客满意度为重要衡量标准。值得注意的是，乡村旅游竞争力依赖于是否具有规范有序的旅游市场秩序。因此，在未来的舟山群岛乡村旅游经营发展中，需要各级组织通过全域治理、全域提升来实现旅游市场规范有序这一目标。

　　第三，加强舟山群岛旅游基础设施和配套设施建设，提高旅客体验满意度。从网络体系结构（SNA）分析中得到旅游基础设施位于边缘点。在IPA分析中，对旅游基础设施以及交通便利性、旅游信息、拥挤程度、路程颠簸度满意度低于平均满意度。舟山群岛景点分布于各岛屿上，岛屿间交通仅有少量轮船，景区内交通还不够完善，这也限制了景点间联合发展。轮船作为主要交通方式，路程颠簸无法避免，这也降低了游客满意度。此外，旅游信息作为提高乡村旅游智慧化的重要环节，也应该引起重视。因此，舟山群岛管理机构应重视在基础设施和配套设施上的资金投入，构建完善的景区内交通网络，建设旅游信息网络服务体系。

| 5 |

乡村旅游地品牌价值形成的
驱动力——供给感知

　　乡村本就是一个生态环境、民俗文化、生活富集区，随着城市居民休闲与体验要求的升级，人们希望通过乡村旅游的农耕体验、采摘体验来感受农业生产的乐趣及农业文化的熏陶，放松心情、释放工作中的压力，这使乡村旅游逐渐成为满足大众旅游需求的一个重要领域。然而现实中，乡村旅游在旅游产品、交通、食宿等方面尚存在很多问题，其供给态势无法满足消费者的多样化、个性化要求，会使旅游需求者形成心理落差，游客的行为意愿短期内难以提高。乡村旅游供给与需求之间形成的不对称结构，会影响乡村旅游的持续发展。从这个意义上看，从游客需求角度推进乡村旅游的供给侧结构性改革，对改变当前乡村旅游产品结构单一、服务质量低下的局面有着重要的意义，进而推进乡村旅游转型升级，以更好地满足游客的多元化与个性化需求。随着 Web2.0 及移动互联网的日益普及，为旅游供给者与需求者提供了不受时间、地域限制的在线交流平台。一方面，旅游供给者可通过平台发布旅游信息以进行营销；另一方面，游客也可在平台发布点评、游记，对旅游供给感知进行反馈。可见，游客既是旅游信息的浏览者，又是旅游信息的发布者，海量信息基于游客的亲身体验，被公认为可信任度最高且最具影响力的信息源。在此背景下，从游客感知视角出发，利用大数据对乡村旅游地供给评价及优化问题进行研究，具有理论与现实意义。一方面，确立游客在乡村旅游地供给体系中的主体地位，为解决乡村旅游地供给有效性问题提供新的视角；另一方面，基于大数据进行乡村旅游地供给的评价研究，为乡村旅游地供给优化提供新的思路。本章选取辽宁省丹东市凤城市大梨树村为乡村旅游案例地，第一，基于扎根理论的三级编码法建立基于游客感知的乡村旅游地供给评价体系；第二，构建了大梨树乡村旅游地供给感知要素的网络结构，并对其网络密度、中心性等结构特征进行了分析；第三，利用中文字频统计分析软件（ROST）的情感分析工具对游客情绪的性质进行整合分析，系统地提取出各项要素的积极评价和消极评价次数，在游客感知与旅游供给之间形成量化数据；第四，进一步利用 IPA 分析方法对大梨树乡村旅游供给感知要素进行综合评价，划分为优势区、潜在优势区、劣势区和亟待改进区；第五，提出大梨树乡村旅游地在门票经济、旅游产品、旅游设施等供给方面的优化建议。

5.1　乡村旅游地供给感知的评价体系

5.1.1　案例选择与数据来源

　　考虑到所选案例要有代表性和一定的知名度，能够吸引足够数量的游客前去游玩、撰写相关游记，这有利于获取数量可观的研究数据。本章选取辽宁省丹东市凤城市凤山区大梨树村作为实证研究对象，通过搜集游记的方式来获取研究所需数据。大梨树村位于辽宁省丹东市凤城市凤山区西南 10 公里，先后被授予国家 AAAA 级旅游景区、中国人居环境范例奖、中国农业公园、全国生态文化村、中国绿色村庄、中国幸福村庄称号，实现全国文明村"三连冠"。景区由花果山、药王谷、影视城、连珠三湖、展览馆组成，是集赏花摘果、休闲娱乐、度假避暑、会议接待为一体的综合性旅游区。

　　本章数据来自游客发布在携程、同程、蚂蜂窝、驴妈妈、大众点评网、去哪儿网的游记及评价。通过在上述主要来源网站上以"大梨树村旅游"

为关键词进行聚焦搜索，采取人工识别的方法选取样本，优先选取游记中时间较近的热门帖、精华帖，并剔除运营商广告，文体为诗歌、歌词及全部为图片或视频的游记。最终共获取游记 503 篇，平均每篇游记字符 200 字，其中 123 篇游记来自携程，125 篇游记取自同程、92 篇游记来源于马蜂窝、84 篇游记获取于驴妈妈、79 篇游记筛选于去哪儿网，并使用 ROST、UCINET 等软件对网络游记进行分析。

5.1.2 构建乡村旅游地供给感知评价指标体系

首先，利用 ROST 文本处理功能删除与研究问题无关的阐述，仅保留与研究问题有关的内容。其次，通过扎根理论的三级编码法，对大梨树村乡村旅游供给感知有关的评价进行分类整理，如将游记及评论中提到的"干字文化广场、长寿阁、养生殿、福禄堂"划为"人文景观吸引力"范围内，归纳概括出 20 个初始代码。为了形成更具综合性、抽象性、概念性的编码，本章在初始编码的基础上把具体化的类属概念化，最终构建形成 8 个类目（见表 5-1）。参照吴必虎（2010）等学者的观点，本书认为旅游目的地供给系统的构成总体上包括吸引物、设施、服务三方面。并考虑到环境是乡村旅游活动得以生存和发展的外部条件的总和，也是乡村旅游供给的重要组成部分。最终把乡村旅游目的地供给系统归纳为吸引物、设施、服务、环境 4 大项基本要素。

表 5-1　　　　　　　　　乡村旅游地供给评价体系类目构建

基本要素	类目	初始代码	评价体系
旅游吸引物	人文景观吸引力	人文景观风貌	干字文化广场、长寿阁、养生殿、福禄堂、十二生肖保护神、五福堂、参王出生地、人参亭等
		文化展示场所	影视城一条街（影视城、影视基地）、大戏台、毛主席家史展览馆、知青点（青年点、知青城）、毛丰美事迹陈列室、大梨树村史馆等
		当地民风民俗	是艰苦创业"干"字精神的代表、浓浓的东北乡村味道、晾晒五味子、摄影艺术、剪纸等

续表

基本要素	类目	初始代码	评价体系
旅游吸引物	自然景观吸引物	乡村自然风光	花果山、药王谷、七彩田园、龟山东湖、龙潭、双龙湖、阴阳泉、生态园、瑶池等
		乡村动植物景观	花香鸟语、果树满山遍野、荷花开了、葡萄城、百年夫妻银杏树、草莓、葡萄等
		乡村建筑景观	大圆形的城门、整齐的砖瓦房、一排排小建筑、江南水乡、仿古建筑、石磨茅屋等
		旅游线路	景区面积很大、景点与景点之间距离很远、楼梯不太多等
旅游环境	人文环境	人文环境氛围	正宗的东北大炕、传统的箱子、柜子、满乡特色的火盆等
		旅途社会交往	司机和乘务员很热情、当地人很热情好客、售票处服务人员差、售票员爱答不理等
	生态环境	自然生态环境（卫生）	街道干净、空气不错、好多苍蝇、空气清新自然、垃圾太多等
		天气与气候	天气太热、太冷等
旅游设施	信息设施	旅游标识等信息设施、信息咨询服务	沿路根据指示牌进入景区、很负责任的门卫、导游、导航到景区入口售票处路线不明显等
	服务设施	安全设施	大广场里面有一处长沟没有围栏、下山的路太滑等
	交通设施	景区外部交通设施	距沈丹高速公路凤城出口仅5公里、凤城市区到大梨树乘车需20分钟、离凤城火车站十多公里等
		景区内交通设施	停车场、马车、家庭自行车、游览观光自行车、小客车、双人自行车等
旅游服务	服务质量	餐饮美食	青年点饭店、农家土特饭菜、满族食品、杀猪菜、农家大豆腐、吃饭的地方人气太旺等
		旅游住宿	青年点酒店、庄稼院酒店、隔音相当差等
		旅游娱乐	采摘、知青体验活动、小剧团的演出、篝火晚会、大梨树知青节、客串群众演员等
		特色旅游产品	土特产、凤城老窖等
		旅游消费	票价、性价比太低、方便取票等

资料来源：笔者通过类属概念化后整理。

5.2 乡村旅游地供给感知评价的实证分析

5.2.1 大梨树乡村旅游供给感知要素的结构评价

5.2.1.1 大梨树乡村旅游供给感知要素的网络结构

在对乡村旅游供给感知要素类目构建后，为了能获取本章所构建的"乡村旅游地供给感知要素评价体系"的网络结构，运用 ROST CM6.0 对本章所涉的 20 个指标进行分析。在导入数据之前以提炼指标的思路为依据，在保证语义不发生实质性变化的前提下，将大梨树村对应的旅游供给感知要素替换为本研究体系中的名词，如将"干字文化广场、长寿阁、养生殿、福禄堂、十二生肖保护神、五福堂、参王出生地"替换为"人文景观风貌"。以此类推，最终将文本中的供给感知要素全部替换为上述 20 个指标。在此基础上，利用 ROST CM6.0 软件按照"一般行处理—分词—词频统计—社会网络分析"的次序进行深入分析，最终得到 20 个供给感知要素的关系图。

据图 5-1 可知，本章所涉的 20 个要素并没有全部出现在网络结构图中，其中，"旅途社会交往""旅游线路""旅游住宿"及"特色旅游产品"4 项要素并未出现，一方面，是由于上述 4 项要素在文本中的出现频率不高；另一方面，是由于这 4 项要素与其他 16 项要素的联系不密切，是单独成点的要素，这间接说明了游客对这 4 项要素的关注较少。而其余 16 项要素的关系疏密程度依据图 5-1 可得出，点与点之间连线的粗细代表着要素之间联系的密切程度，其中，"自然生态环境""文化展示场所""乡村自然风光"3 项要素在网络结构中处于较为核心的位置，意味着其在游客感知中较为重要。

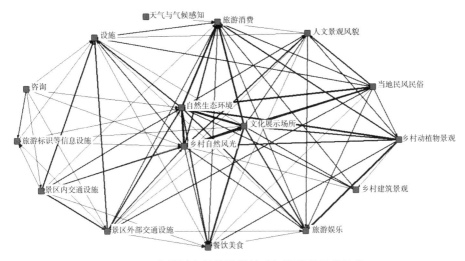

图 5 - 1　大梨树乡村旅游供给感知要素的网络结构

资料来源：笔者通过 ROST CM6. 0 软件分析而得。

5.2.1.2　大梨树乡村旅游供给感知要素网络密度及中心度分析

笔者在分词后对于文本中出现的高频词进行了统计，再利用 ROST CM6. 0 软件建立旅游流赋值矩阵，以其为原始矩阵，利用 UCINET 建立二分矩阵。通过得到的二分矩阵获取旅游供给感知要素网络的密度，并计算各个要素的点度中心度，以确定各供给感知要素对大梨树乡村游客感知影响程度的大小。

网络密度是用来衡量各供给感知要素在网络中产生联系的紧密程度。网络密度是介于 0 ~ 1 之间的数值，网络密度数值越大，则每个供给感知要素之间的联系关系数量越多，且旅游供给感知要素间的联系越紧密。其表达式为：$D = m/[n(n-1)]$（D 为网络密度，m 为所有网络中包含的实际关系数目，n 为网络中供给感知要素的个数）（刘月，2017）。大梨树乡村旅游地 20 个供给感知要素之间的网络密度为 0. 4937，说明网络结构中各要素的联系不太紧密，总体上呈现出"多核心"的空间分布模式。

中心度用来衡量网络中各供给感知要素与其他供给感知要素之间联系的密切程度。中心性指标主要包括点度中心度、中介中心度和接近中心度三种指标（刘月，2017）。本章采用点度中心度来衡量各供给感知要素在网络中处于核心地位的程度。由表 5 - 2 可知，"文化展示场所""乡村自然风光"

"自然生态环境""旅游消费"4 项的点度中心度较高，说明游客对于上述 4 项旅游供给感知要素的感知最深；而"旅途社会交往""天气与气候感知""特色旅游产品"的点度中心度最低，这表明游客对此的感知较弱。这是因为，"乡村自然风光""自然生态环境"作为大梨树乡村旅游的核心竞争力，也是拉动游客前往大梨树旅游的重要影响因素；而大梨树村作为一个具有"干"字精神的文化村，所展示的文化内涵亦是吸引游客关注的重要影响因素；但由于大梨树村还未开发出"特色旅游产品"，因此，游客对于该项旅游供给感知要素的感知程度较低；根据对游记的分析发现，大多数游客在大梨树村的游玩是以观赏文化展厅、自然生态景观为主的，这就导致主客互动的深度旅游体验较少；对于"天气与气候感知"的感知程度较低是因为大梨树村位于辽宁省，其旅游季节性明显，大多数游客选择在春季或秋季前去游玩，对于天气的感知是事前的而非是体验过后的评价。

表 5 - 2   大梨树乡村旅游供给感知要素频率及点度中心度统计结果

基本要素名称	出现频数	占比	点度中心度	重要性排序
人文景观风貌	44	0.15	11	12
文化展示场所	166	0.55	13	2
当地民风民俗	65	0.21	11	9
乡村自然风光	164	0.54	14	3
乡村动植物景观	128	0.42	9	4
乡村建筑景观	34	0.11	5	13
旅游线路	7	0.02	0	17
人文环境氛围	4	0.01	6	19
旅途社会交往	16	0.05	0	15
自然生态环境	169	0.56	14	1
天气与气候感知	13	0.04	1	16
旅游标识等设施、服务	28	0.09	7	14
安全设施	58	0.19	12	11
景区外部交通设施	123	0.41	12	5
景区内交通设施	66	0.22	11	8

基本要素名称	出现频数	占比	点度中心度	重要性排序
餐饮美食	71	0.23	11	7
旅游住宿	5	0.02	0	18
旅游娱乐	78	0.26	10	6
特色旅游产品	4	0.01	0	20
旅游消费	61	0.20	13	10

资料来源：笔者根据 Ucinet 软件计算结果整理。

5.2.2　大梨树乡村旅游供给的游客情感评价

利用 ROST 中的情感分析工具，对游客情绪的性质进行整合分析，结果显示在研究收集到的 503 条游记及评价中，涉及情感评价的有 425 条，积极情绪占比为85.33%，而消极情绪占比7.11%，中性情绪占比为7.56%。在对整体情感评价把握的基础上，逐条筛选、点位情感评价并以李克特量表为依据对各条情感评价赋予分数，为量化奠定基础。评判依据为：含有"非常/挺/很"等程度副词 + 积极情绪的词语赋予 5 分；含有"比较/还"等程度副词 + 积极情绪的词语赋予 4 分；无明显的情感态度，只是对旅游的客观描述的评价赋予 3 分；含有"比较/有点"等程度副词 + 消极情绪的词语赋予 2 分；对于"非常/很"等程度副词 + 消极情绪的词语赋予 1 分。最终各个供给感知要素的 5 类情感评价条数、均值详情如表 5 - 3 所示。

表 5 - 3　　　　　　　大梨树乡村旅游供给的情感评价结果

一级	二级	三级	"非常/挺/很"等程度副词 + 积极情绪的词语（5 分）	"比较/还"等程度副词 + 积极情绪的词语（4 分）	无明显的情感态度，只是对旅游的客观描述（3 分）	"比较/有点"等程度副词 + 消极情绪的词语（2 分）	"非常/很"等程度副词 + 消极情绪的词语（1 分）	均值
旅游吸引物	人文景观吸引力	人文景观风貌	16	24	8	4	6	3.69
		文化展示场所	14	—	6	6	2	3.64
		当地民风民俗	2	—	8	—	—	3.40

一级	二级	三级	"非常/挺/很"等程度副词+积极情绪的词语（5分）	"比较/还"等程度副词+积极情绪的词语（4分）	无明显的情感态度，只是对旅游的客观描述（3分）	"比较/有点"等程度副词+消极情绪的词语（2分）	"非常/很"等程度副词+消极情绪的词语（1分）	均值
旅游吸引物	自然景观吸引物	乡村自然风光	18	6	14	2	6	3.61
		乡村动植物景观	16	2	10	—	4	3.81
		乡村建筑景观	8	6	6	6	4	3.40
		旅游线路	—	—	13	11	18	1.88
旅游环境	人文环境	人文环境氛围	8	4	3	—	3	3.78
		旅途社会交往	15	—	2	5	12	3.03
	生态环境	自然生态环境	17	8	3	1	8	3.68
		天气与气候感知	5	—	—	—	9	2.43
旅游设施	信息设施	标识和导览信息设施、信息咨询服务	6		4	4	11	2.44
	服务设施	安全设施	3			5	9	2.00
	交通设施	景区外部交通设施	5		8	4	2	3.11
		景区内交通设施	3	2	5	9	—	3.42
旅游服务	服务质量	餐饮美食	11	10	10	7	2	3.53
		旅游住宿	5	4	9	—		3.78
		旅游娱乐	10	14	15	—	2	3.73
		特色旅游产品	2		2			4.00
		旅游消费	7	4	19	7	39	2.12
总体均值			—	—	—	—	—	3.22

资料来源：笔者通过计算整理。

由表5-3可以看出，游客对于大梨树乡村旅游供给的情感评价总体处于满意水平，其中，"旅游线路""安全设施""旅游消费"3项供给感知要素的情感评价均值最低，处于不满意的水平。首先，根据文本可以看出游客对于"旅游线路"的不满感知源于其认为大梨树这一旅游目的地较大，景点与景点之间的距离较远，在辗转于各个景点的过程中感觉无聊、漫长；其次，"安全设施"这一旅游供给感知要素评价较低的原因是：景点中的防护围栏破旧、老化，对于进行亲子游的家长来说存在安全隐患；最后，游客对于"旅游消费"的感知取决于前往大梨树村进行乡村旅游的性价比，多数游客认为 70 元的票价偏高，且采摘园要另外收费更是引起了游客不满，并认为并不划算。

5.2.3 基于 IPA 分析的大梨树乡村旅游供给综合评价结果

通过前面分析发现，游客在大梨树乡村旅游供给感知评价中，对不同要素的关注度和满意度各异，进一步利用 IPA 分析法，将大梨树乡村旅游供给进行综合评价。IPA 模型分析法，就是将游客对乡村旅游供给的满意度和关注度进行组合分析。重要性及表现分析法以重要性（关注度）作为横坐标，以绩效表现（满意度）作为纵坐标，并分别以顾客对产品/服务认知的重要性、绩效表现评价的总平均值作为 X 轴、Y 轴的分割依据，将模型划分为 4 个象限，通过对各个影响因素的重要性和绩效表现（满意度）进行象限分析。由游记及评论中提及的 20 个供给感知要素的频数可知其排序的重要程度，将各个供给感知要素的频数与游记、评论总数相比，得到各个供给感知要素的比重，以此作为重要程度排序的依据，其均值为 0.22，故以 0.22 作为重要程度，划分 4 个象限的参考值。而各项供给感知要素的情感评价最终均值如表 5 –4 所示，20 项均值为 3.22，以其作为划分 4 个象限的另一条参考线，最终 IPA 分析结果如表 5 –4 和图 5 –2 所示。

表 5 –4   IPA 分析图绘制依据

序号	要素详情	情感评价	重要性
1	人文景观风貌	3.69	0.15
2	文化展示场所	3.64	0.55
3	当地民风民俗	3.40	0.21
4	乡村自然风光	3.61	0.54

序号	要素详情	情感评价	重要性
5	乡村动植物景观	3.81	0.42
6	乡村建筑景观	3.40	0.11
7	旅游线路	1.88	0.02
8	人文环境氛围	3.78	0.01
9	旅途社会交往	3.03	0.05
10	自然生态环境	3.68	0.56
11	天气与气候感知	2.43	0.04
12	标识和导览设施、服务	2.44	0.09
13	安全设施	2.00	0.19
14	景区外部交通设施	3.11	0.41
15	景区内交通设施	3.42	0.22
16	餐饮美食	3.53	0.23
17	旅游住宿	3.78	0.02
18	旅游娱乐	3.73	0.26
19	特色旅游产品	4.00	0.01
20	旅游消费	2.12	0.20

资料来源：笔者根据 IPA 分析法计算而得。

第一象限区：优势区。坐落在此象限的变量是游客关注度与满意度都较高的供给感知要素，具体包括："文化展示场所""乡村自然风光""乡村动植物景观""自然生态环境""餐饮美食""旅游娱乐"6 个供给感知要素。说明大梨树在游客关注度比较高的旅游吸引物与旅游服务这两个供给环节的做法是比较值得借鉴的，在充分利用自身自然旅游资源优势的同时，注重了以"干"精神为代表的文化旅游资源的挖掘利用，提升旅游资源的吸引力，实现了潜在的资源优势与文化内涵的有机结合，以实现经济效益的获取，符合文旅融合大趋势的。

第二象限区：潜在优势。坐落在此象限的供给感知要素对于游客来说，重要程度相较于其他要素较低，但满意度却比较高，具体包括："人文景观风貌""当地民风民俗""乡村建筑景观""人文环境氛围""景区内交

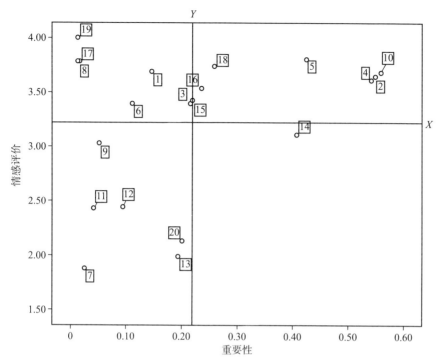

图 5 - 2 大梨树乡村旅游供给感知要素的 IPA 分析结果

资料来源：笔者根据 IPA 分析法绘制。

通设施""旅游住宿""特色旅游产品"7 项，表明这些供给感知要素较少受到游客的关注，一旦被关注，对提升游客满意度将具有重要影响，可在今后的旅游规划开发中重点关注。

第三象限区：劣势区。坐落在此象限的变量对于游客来说，并不是其关注度较高的因素，但是确实是大梨树旅游供给问题较大的区域，具体包括："旅游线路""旅途社会交往""天气与气候感知""标识和导览信息设施、信息咨询服务""安全设施""旅游消费"，在关注重点影响因素之余对这些影响因素进行改进可以大大地提高大梨树乡村旅游供给的满意度。形成这些问题的原因在于：旅游线路的不足源于景点与景点之间的距离远，辗转途中无聊；对于社会交往的负面评价是由服务人员的工作态度差引起的；标识和导览信息设施、信息咨询服务、安全设施评价低是指导览信息不全、设施老旧且缺失造成的；由于大梨树村地处辽宁省，游客若不了解当地气候特点，在夏季或冬季前去游玩，会造成天气与气候感知差的结果；旅游消费的问题在于游客普遍认为票价过高，且存在二次收费现象，导致性价比不高。

第四象限区：亟待改进区。"景区外部交通设施"落在该象限，这说明大梨树村的可达性较低。虽距离凤城市高速公路出口较近，但是与火车站距离较远，且可搭乘的公交车、汽车较少，使游客在前往大梨树村的过程中耗费了较长的时间，从而引起负面评价。

5.3 结论与建议

5.3.1 主要结论

（1）从游客感知的视角出发，基于扎根理论的三级编码法对搜集的网络游记进行类目构建，最终形成 4 项 8 大类 20 小类的乡村旅游地供给评价指标体系。

（2）为了获取供给感知要素的重要程度排序，形成有序的乡村旅游地旅游供给评价体系，本章构建了"基于游客感知的乡村旅游地供给感知要素评价体系"的网络结构，其中自然生态环境、文化展示场所、乡村自然风光三项要素在网络结构中处于较为核心的位置，亦是大梨树乡村旅游的主导优势所在。基于 ROST、UCINET 等软件分析了该网络结构的网络密度、中心性等特征：大梨树乡村旅游供给网络结构的密度较低，说明在游客的感知记忆中各要素之间的联系不太紧密，尚需对大梨树乡村旅游供给感知要素的网络结构进行深入构建；文化展示场所、乡村自然风光、自然生态环境、旅游消费 4 项供给感知要素的点度中心度较高，表明游客对其感知印象最深，而对旅途社会交往、天气与气候、特色旅游产品等要素的感知较弱。大梨树乡村旅游的发展不仅需要注重主导性的优势供给感知要素，同时，还需要关注比较弱化的供给感知要素，只有综合优势及劣势要素的供给功能，才能支持大梨树乡村旅游供给网络结构的进一步优化与完善。

（3）利用 ROST 的情感分析工具，对游客情绪的性质进行整合分析，得出游客对大梨树乡村旅游供给产生负面情感的来源主要体现在旅游线路、安全设施、旅游消费三个方面，为大梨树乡村旅游供给优化及提升游客重游意愿提供依据。

（4）为明确游客对大梨树乡村旅游供给感知要素的关注度和满意度，进一步利用 IPA 分析方法，将大梨树乡村旅游供给感知要素进行综合评价。结果表明：游客对文化展示场所、乡村自然风光、乡村动植物景观、自然生态环境、餐饮美食、旅游娱乐等要素的关注度与满意度均较高，这是大梨树乡村旅游供给系统的优势所在；游客对人文景观风貌、当地民风民俗、乡村建筑景观、人文环境氛围、景区内交通设施、旅游住宿、特色旅游产品 7 项供给感知要素的关注度较低，但满意度却相对较高，说明这些供给感知要素很可能成为大梨树乡村旅游供给优化的潜在优势所在；游客对旅游线路、旅途社会交往、天气与气候感知、标识和导览设施、信息咨询服务、安全设施、旅游消费等要素的满意度较低，是大梨树乡村旅游供给系统的劣势所在；游客对景区外部交通设施这项供给感知要素的关注度较高，而满意度却较低，是大梨树乡村旅游亟待改进的供给感知要素。

5.3.2 优化建议

5.3.2.1 消除"门票经济"现象

乡村旅游给人回归田野、体验生活的同时会给人一种经济实惠的刻板印象，这就导致游客在来到乡村旅游目的地之前便对其价格有一个较低的期望。而通过大梨树乡村旅游供给的情感评价发现，多数游客在旅游消费中对门票价格高表达了负面情感，主要原因在于门票是大梨树景区营业收入的主要渠道，缺少其他体验消费项目。在融合开放理念下的全域旅游发展时代，要打破"门票经济"的经营模式，通过"旅游 +"或" + 旅游"的融合思维来推动旅游收入增加。比如，杭州西湖免费后的 10 年里，其游客数量增加了 2.1 倍，旅游总收入增长了近 4 倍，大规模地拉动了整个城市的吃、住、行、购、娱等各类消费，延长了旅游消费链条。所以对于大梨树景区来说，要切实转变发展理念，摒弃门票依赖，树立全域旅游思维，结合自身优势拓宽发展思路，延长旅游消费产业链，提供多样化的旅游消费体验项目。可尝试设计、开发大梨树村特有的旅游纪念品，转移旅游营收主要渠道，为消除"门票经济"现象奠定基础。同时，挖掘大梨树村特产资源，开发旅游特色食品、工艺品和纪念品，丰富大梨树村旅游购物商品，提升购物消费比重。另外，还可以采取与丹东市内其他景区或辽宁省内其他景区推出联合套票的形式来降低游客的门票费用。

5.3.2.2 开发深度体验旅游产品

游客对大梨树乡村关注度较高的旅游产品体现在观光旅游方面，设计经营体验类的旅游产品缺乏，难免落入"春季赏花，秋季摘果"的乡村旅游雷同开发模式，难以留住游客。少数旅游产品虽然已经注意到产品开发的参与性，但挖掘的深度却远远不够。以大梨树村的影视城为例，有数位游客的游记中提及在游览过程中仅是试穿了戏服，但往往还未尽兴便要匆匆结束体验。乡土文化和农事活动体验是游客认为最为重要的乡村旅游吸引因素，代表了其核心利益诉求，反映出游客求知、交友、提升自我等高层次需要。因此，大梨树村要在乡土文化体验类旅游产品开发广度与深度挖掘方面多下功夫，以自身的文化内涵为依托，创新开发参与体验型旅游产品，比如，以自身的"干"字文化内涵为依托，创新开发参与体验型旅游产品，或依托影视基地资源开发，重温书记带领村民创造"干"字精神、发扬"干"字精神、传承"干"字精神的事迹，还可以深化农事活动体验、乡村文化体验、民俗节庆体验等，提升文化底蕴，增加产品组合丰度，提高产品质量和旅游体验，满足多元化的市场需求。

5.3.2.3 加强旅游设施建设

景区旅游设施的完善程度对游客的旅游供给感知有很大的影响，大梨树景区的"外部交通设施""标识和导览信息设施""安全设施"等旅游设施均存在改进的空间。

首先，"外部交通设施"是大梨树乡村旅游亟待改进的供给感知要素，由于地理位置及可用交通工具数量限制等原因致使大梨树村的交通可达性低，引起游客对于景区外部交通设施的负面感知。这一问题可通过调整交通工具数量出发，如在火车站等游客聚集地开设大梨树乡村旅游专线，亦可增加现有公交线路频数，以满足游客的流量需求；同时，由于存在前往大梨树村游玩的游客是临时决定的现象，大梨树村可加强与周边景区的合作，开设专线旅游大巴，既节约成本又可保证可达性。

　　其次，"标识和导览信息设施"是决定景区环境承载力的重要因素，是游客设计自身旅游线路的基础，而大梨树却没有统一、完整的标识系统，仅有的部分导航线路也存在标识不清导致游客迷路耗费时间的问题，严重制约着乡村旅游供给的运行效率。这一问题可以通过开发和设计大梨树乡村旅游的指示牌应用系统，给游客带来更好的供给感知体验：一是指示牌的制作材料既要呼应景区的特色，让游客在细节中也能体会到大梨树村独特的乡村文化符号或自然气息，且更自然协调。二是指示标牌的制作工艺、地点设置等都应充分考虑指示标牌的实用功能，以使其起到本身应有的作用。如象征景区形象的指示标牌，宜形象具体，便于游客记忆；安全提示地段的指示标牌应醒目，起到警示作用；景点出入口或者休息亭等位置的指示标牌，语言宜轻松有趣。不同作用的指示标牌，在规格或者颜色上应统一，易于游客辨识。三是尽管不同指示标牌作用不一，但是同类别的指示标牌在内容上要保证基本的连贯性，形成一个有机的解说系统。四是指示标牌在样式的设计与风格的定位方面要符合生态美学的特征，具有一定的艺术审美，将个性化与整体形象相结合，体现大梨树乡村旅游的地理、自然与人文特色（林燕华，2019）。

　　最后，旅游休憩设施、游玩设施的安全与完整是一个旅游目的地旅游产品的基本要求，而目前大梨树村的旅游休憩设施数量不足，难以满足游客的休憩需求；游玩设施方面存在围栏等安全设施缺失、老旧的问题，给亲子游客、老年游客带来了极大的安全隐患。大梨树景区需要加强在此方面的投入，以提升游客对旅游设施供给感知水平。

| 6 |

乡村旅游地品牌价值的传递
效果——难忘体验记忆

难忘的旅游体验记忆对游客行为意愿有重要影响（相亲亲，2018）。当游客再次面对目的地决策时，过去形成的体验记忆被认为是最有价值且最可靠的信息来源（Chandralal，2013），可以促进游客推荐意愿与重游意愿，并提高旅游目的地竞争力。深刻而难忘的游客体验记忆会无意识地影响游客的重游意愿和推荐意愿，是一种低成本的良性循环营销方式，对乡村旅游地积极效应的影响不言而喻。另外，很多学者将积极情绪作为行为意愿（涂红伟，2017b；吕丽辉，2017）的前因变量。考虑到多数游客在游记文本中没有明确表达重游意愿，把难忘体验记忆作为乡村旅游地品牌价值传递效果的衡量指标，并把积极情绪作为中介变量，进一步验证乡村旅游地供给感知对游客难忘体验记忆的影响机制。

本章选择西递村、宏村作为案例地，在旅游系统理论、认知记忆理论、情绪评价理论、自传体记忆的理论基础上，遵循"旅游目的地供给感知—积极情绪—游客体验记忆"的逻辑思路，建立理论模型，并验证该模型的合理性。通过对国内外相关文献进行梳理，发现学者对旅游目的地供给感知、游客积极情绪、游客体验记忆三个变量的概念内涵、维度构成、前因及结果影响研究都有较为丰富的成果，但是少有学者研究旅游体验记忆的形成机制及三者之间的关系。在经典文献的基础上提出反映各变量之间关系的研究假设，设计测量量表，通过问卷调研的方法获得数据，然后使用SPSS17

及 AMOS 21.0 等数据分析软件,对数据进行信度和效度检验、相关性分析、多元回归分析等以验证各个变量之间的关系。结果发现,旅游目的地供给感知对游客体验记忆有显著的正向影响;旅游目的地供给感知对积极情绪有显著的正向影响;积极情绪对游客体验记忆有显著的正向影响;同时,根据中介检验结果发现,积极情绪在部分影响路径中具有中介作用。该研究结果为解决资源配置问题提供新思路,即从旅游资源供给、服务/设施供给、信息供给和促销供给多方面进行优化,发挥资源的最大优势;此外,该结果为如何增强游客体验记忆提供新的思路,即设计多种感官体验项目,注重游客情绪管理,运用体验式营销强化游客记忆,这些方法将有助于旅游目的地的可持续发展及品牌价值的提升。

6.1 理论假设

6.1.1 目的地供给感知与积极情绪的关系假设

根据情绪评价理论,情绪是通过个体内在的感知评价机制产生的,情绪是个体对周围事件或所处情形认知评价后形成的心理解读(佘升翔,2019),即游客对目的地供给的感知评价决定情绪反应(Arnold,1960)。此外,霍萨尼(Hosany,2012)、布雷索尔(Breitsohl,2016)、田野(2015)等学者在探究游客情绪的影响因素时,也同时意识到游客的感知评价对其情绪的预测作用,即目的地供给感知是影响游客情绪状态的重要刺激来源之一。面对良好的目的地供给,游客通常会产生惊喜、愉悦等积极的情绪体验(Prayag,2013;Hosany,2012)。郭小艳(2007)认为,积极情绪的产生与个体的某种需要是否被满足有关,当游客对外部环境的评价是有意义的时候,通常伴随着愉悦的主观感受。因此,本章提出以下假设。

H6 - 1:旅游目的地供给感知对游客产生积极情绪有显著正向影响。

白凯(2010)认为,景区产品特色对游客的积极情绪体验产生影响,旅游服务质量对游客情绪体验有显著正向影响，完善的设施和高质量的服务会给人带来愉快的感受。游客是旅游活动的主体，游客对景区服务的评价会影响到游客的情绪体验，进而影响旅游景区及其相关旅游服务行业的可持续发展（陈再福，2014）。胡传东（2015）通过文本分析发现，游客达到积极情绪、高峰体验的时候，往往处于景观资源类型多、体量大、品位高、接待条件较好的区域。周杨（2016）以乡村旅游地为例，通过 Logistic 模型发现旅游环境、旅游吸引物、旅游服务等内容会影响到游客的情绪体验。陈炜（2016）发现，旅游地设施的安全性、服务的及时性会显著影响到游客的情绪体验。许春晓（2018）认为，旅游资源、旅游设施等物理要素，游客相处、服务人员交往、居民交往等社会要素对游客的愉快情感有正向影响作用。目的地自然景观（Pearce，2017）、旅游服务（Kim，2017）、旅游基础设施（徐宁宁，2019）等旅游环境中各类外部环境因素的刺激是影响游客积极情绪的主要因素。据此，本章提出以下假设。

H6 - 1a：旅游目的地旅游资源感知对愉悦之情有显著正向影响。

H6 - 1b：旅游目的地旅游资源感知对互动之情有显著正向影响。

H6 - 1c：旅游目的地旅游资源感知对惊喜之情有显著正向影响。

H6 - 1d：旅游目的地服务与设施感知对愉悦之情有显著正向影响。

H6 - 1e：旅游目的地服务与设施感知对互动之情有显著正向影响。

H6 - 1f：旅游目的地服务与设施感知对惊喜之情有显著正向影响。

信息时代，越来越多的游客选择通过网络渠道搜集旅游信息，并通过网络渠道表达和分享旅游体验。游客为了降低购买风险，倾向于在决策前搜集相关产品信息和促销方案。目的地信息供给和促销供给满足游客在选择目的地之前，对参与旅游活动、目的地景色、服务设施等各方面的想象和设想。信息与促销供给作为外部刺激会激起游客对目的地品牌兴趣，引发游客期望参与当地旅游活动的情绪反应。洛莫尔（Lomore，2013）等认为，产品与促销活动整合会产生协同效应，能达到增加价值和创造价值的目的，有助于消费者产生积极情绪。涂红伟（2017b）从游客在目的地情绪感受的视角出发，应用情绪评价理论和阶层回归方法，验证了目的地信息供给感知、促销供给感知等对快乐、感激、激情等积极情绪具有显著正向影响。根据佘贤君（2018）对闪光灯记忆倍乘效应的研究发现，当消费者的心情愉快时，大脑的认知防御功能会放松，而旅游目的地的产品信息和促销方案等内容主要为游客传达享乐、愉悦、逃避等旅游功能，降低游客风险感知，这种情况下，游客的情绪认知不设防，更容易情绪高昂。特西亚（Tercia，2018）认为在旅游业，情绪反应是游客对度假目的地的态度因素及决策因素，而信息、促销等刺激在旅游各个阶段的接触会引起游客的情绪反应。基于此，本章提出以下假设。

H6 - 1g：旅游目的地信息感知对愉悦之情有显著正向影响。

H6 - 1h：旅游目的地信息感知对互动之情有显著正向影响。

H6 - 1i：旅游目的地信息感知对惊喜之情有显著正向影响。

H6 - 1j：旅游目的地促销感知对愉悦之情有显著正向影响。

H6 - 1k：旅游目的地促销感知对互动之情有显著正向影响。

H6 - 1l：旅游目的地促销感知对惊喜之情有显著正向影响。

6.1.2 旅游目的地供给感知与游客体验记忆的关系假设

在体验经济时代之初，派恩（Pine，1998）提出要为顾客创造可供回忆的事件；詹姆士（James，1999）也认为，体验经济时代服务的发展必须以创造体验记忆为前提。旅游目的地供给是游客体验的基础，游客体验形成的记忆也以目的地供给要素为前提的。消费者不愿被动接受，而是更倾向于主动选择符合主观意志的产品和服务，以期留下深刻的体验记忆。金（2010）认为，游客参与旅行经历、享乐活动和当地文化可能会对他们体验记忆的形成和唤醒产生积极的影响。阿里（Ali，2014）在马来西亚酒店度假村研究发现，教育、娱乐、美学和逃离 4Es 对游客记忆的形成有显著影响，而记忆对客户忠诚度有显著影响。金（2014）构建了与游客体验记忆相关的目的地属性测量量表，为目的地体验记忆的创造打下研究基础。弗拉坎吉（Flacandji，2018）认为，消费者对想购买产品的整体吸引力对体验记忆的生动性、连贯性、可访问性等特点具有显著正向影响。据此，本章提出以下假设。

H6 - 2：旅游目的地供给感知对游客体验记忆有显著正向影响。

旅游目的地供给的新奇度和独特性会带来更好的认知记忆（Brandt，

2006）。巴特比埃里（Barbieri，2014）关注自然资源对游客体验记忆的创造，发现完美的海浪、不拥挤的环境、柔性探险、异域自然是影响冲浪游客体验记忆的 4 个要素。哈利姆（Halim，2016）发现，会展活动可以为消费者创造值得记忆的体验。李（Lee，2015）分析台湾遗址改建的体验记忆作用及影响，表明饮食吸引力、文化传承对怀旧和体验记忆具有很强的相关性。潘澜（2016）发现，旅游目的地特色化的产品供给特征对游客体验记忆的生动性具有显著促进作用。桑森垚（2016）根据游客体验记忆中的认知偏差，发现体验记忆由时间、感情、认知构成的现场要素和记忆偏差的强化构成，认为景点出入口的景观布置、现场开发"记忆点"可以刺激游客产生体验记忆。成锦（2017）认为，世界旅游目的地凤凰古城的旅游产品，包括抽象概念类产品、文化载体类产品、开发创意类产品，以及旅游服务类产品对于游客体验记忆的形成具有重要影响。目的地的独特资源、设施条件、文化，以及其他优势的集中体现会给游客带来独特性的体验（李恒，2018）。因此，本章提出以下假设。

H6 – 2a：旅游目的地旅游资源感知对游客体验记忆再现性有显著正向影响。

H6 – 2b：旅游目的地旅游资源感知对游客体验记忆生动性有显著正向影响。

H6 – 2c：旅游目的地服务与设施感知对游客体验记忆的再现性有显著正向影响。

H6 – 2d：旅游目的地服务与设施感知对游客体验记忆的生动性有显著正向影响。

此外，也有学者提出针对旅游目的地信息与促销方案也会对游客体验记忆产生重要影响。如哈德逊（Hudson，2009）以加拿大品牌推广活动为例，提出目的地促销与推广对于游客体验记忆有显著影响。邱扶东（2007）、谭灿（2014）发现，游客的消费决策会受到旅游信息框架和可信度的影响，因此，目的地以一种积极框架描述旅游地的旅游资源、旅游服务/设施，会降低其对旅游地的产品风险感知，驱动游客做出旅游消费决策。萨伊曼（Saayman，2015）以南非罗伯逊葡萄酒旅游为例，发现游客体验记忆受到设施、食物、娱乐和促销信息传播质量的影响。郭帅（2015）针对不同类型的消费者，可以选择预防型广告信息或者促进型广告信息，将帮助消费者更好地做出购买决策。特西亚（2018）提出广告信息被用作外部刺激，使消费者从想象中产生共鸣，并唤起游客情绪和情感，传达特定的访问前体验记忆。因此，本章提出以下假设。

H6-2e：旅游目的地信息感知对游客体验记忆的再现性有显著正向影响。

H6-2f：旅游目的地信息感知对游客体验记忆的生动性有显著正向影响。

H6-2g：旅游目的地促销感知对游客体验记忆的再现性有显著正向影响。

H6-2h：旅游目的地促销感知对游客体验记忆的生动性有显著正向影响。

6.1.3　积极情绪与游客体验记忆的关系假设

过去研究发现，游客的人格、个性（Studer-Luethi，2012）等内部因素，视觉、听觉（Jeong，2012）、嗅觉（Wiemers，2013）等感官线索，纪念品（Zauberman，2009）等外部原因均对体验记忆产生影响，但是未能深入挖掘游客的心理变化对体验记忆的影响。金（2012）指出，与情绪感受相关的体验往往是令人难忘的，与情绪感受相关的事件更容易记住，游客在回忆旅游经历时更能提取出栩栩如生的记忆。情绪感受对于记忆的深刻性具有显著的影响，人们更容易回想起包含很多情绪感受的经历，并且回想的时候也更加生动（Bohanek，2005）。与积极情绪相关的事件比没有情绪参与的经历更容易形成深刻的体验记忆（Kim J H，2010），记忆回溯过程速度也会更快、准确性更高。事实上，当游客再次面对目的地决策时，过去形成的体验记忆被认为是最有价值且最可靠的信息来源（Chandralal，2013），可以促进游客推荐意愿与重游意愿，并提高旅游目的地竞争力。

芬克诺尔（Finkenauer，1998）在闪光灯记忆的形成和维持机制上提出情绪整合模型，强调情绪在记忆形成、维持和提取等过程中的重要性。董（Tung，2011）认为，积极的情绪和感觉是促进游客体验记忆形成非常重要的组成部分之一。郑希付（2012）认为，情绪深刻地影响着自传体记忆的形成和再现，影响着自传体记忆信息的提取过程。因此，本章提出以下假设。

H6-3：游客积极情绪对游客体验记忆有显著正向影响。

维尔茨（Wirtz，2003）发现，愉悦、社交等情感感受也是个体体验的组成部分，其直接影响游客体验记忆的形成。游客个体记忆在对事件的记录时往往具有倾向性，或偏于事物正面/负面，但是通常存在情感方面的整体认知。相亲亲（2018）通过访谈发现，游客往往更擅长记住愉快的体验记忆，并愿意记录和分析，并希望在分享的过程中得到对这次旅游体验的正向肯定。金（2014）制定了7维体验记忆的维度，认为享乐、清新等归属于愉悦之情的积极情绪对游客体验记忆的生动性和再现性影响深远。潘澜（2016）在学者金（2014）研究的基础上，针对中国情景进行研究，发现游客的愉悦情绪对体验记忆再现性和生动性具有显著正向影响。据此，本章提出以下两个研究假设。

H6-3a：愉悦之情对游客体验记忆的再现性有显著正向影响。

H6-3b：愉悦之情对游客体验记忆的生动性有显著正向影响。

互动之情是指游客在旅游过程中有亲身参与的体验，比如，与当地人的互动，不只是以参观者的身份去观光旅游。当个体已经融入活动中时，那么主体更容易对这个活动产生记忆（Brown，2005）。社会交换理论认为，人与人之间的互动，本质上是一种利益交换过程，交换彼此所需的过程；社会支持理论认为，人们通过与相关群体的互动获得所需的帮助支持，例如，信息、建议、物质、归属感、关爱等，这种实际或感知的支持对其生活或特定目标的实现有着积极的意义，即本章所提出的互动之情将影响着人们对事物的评价和采取的相应行动（屈小爽，2018）。金（2014）制定了7维体验记忆的维度，认为社交、参与等归属于互动之情的积极情绪对体验记忆的生动性和再现性影响深远。潘澜（2016）发现，游客的参与感对游客体验记忆再现性和生动性特征具有显著正向影响。据此，本章提出以下研究假设。

H6-3c：互动之情对游客体验记忆的再现性有显著正向影响。

H6-3d：互动之情对游客体验记忆的生动性有显著正向影响。

惊喜之情是指个体将当前外部刺激与过去的经验进行对比，感知偏离预期的程度（Pearson，1970），惊喜旅游被视为是一种追求全新的、独特的，有别于其他目的地的体验活动（Lee，1992）。好奇是驱使个体行为的重要内动力，寻求惊喜是游客旅游的重要动机（Kozak，2001；Farber，2007）。金（2014）认为，新奇等归属于惊喜之情的积极情绪对旅游体验记忆的生动性和再现性影响深远。潘澜（2016）认为，游客的新奇感对体验记忆再现性和生动性特征具有显著正向影响。游客倾向于去寻找拥有独特旅游资源的旅游地点，以此满足自己内心对惊喜感的需求，旅游结束后，最先勾起的旅游记忆往往是认为最为惊喜的一段经历（相亲亲，2018）。因此，本章提出以下假设：

H6 – 3e：惊喜之情对游客体验记忆的再现性有显著正向影响。

H6 – 3f：惊喜之情对游客体验记忆的生动性有显著正向影响。

6.1.4　积极情绪在因果变量间的中介作用假设

根据情绪评价理论的认知评价机制，即游客对旅游目的地供给的感知评价会激发具有强烈变化的情绪状态（Cohen，1991）。而根据自传体记忆理论，旅游过程中与情绪相关的事件更容易被记住，且对记忆的提取过程的再现性和生动性有较好的促进作用（Kim J H，2014）。积极情绪成为串联旅游目的地供给感知与游客体验记忆的桥梁，即目的地旅游资源、服务/设施、信息和促销供给作为外部刺激，为游客积极情绪的产生提供了感知评价的对象（Arnold，1960），并促进积极情绪的产生，而含有积极情绪的体验会形成更加深刻而难忘的体验记忆（Kim J H，2014），对于体验记忆提取时的再现性和生动性有较好的促进作用。

综合上述分析，本章推论，游客对旅游目的地供给的感知对其体验记忆的内在影响机制可能是通过积极情绪的中介作用实现的，据此，本章提出以下假设：

H6 – 4：旅游目的地供给感知通过积极情绪的中介作用对游客体验记忆有显著正向影响。

H6 – 4a：旅游资源感知通过愉悦之情的中介作用对游客体验记忆的再

现性有显著正向影响。

　　H6－4b：旅游资源感知通过愉悦之情的中介作用对游客体验记忆的生动性有显著正向影响。

　　H6－4c：旅游资源感知通过互动之情的中介作用对游客体验记忆的再现性有显著正向影响。

　　H6－4d：旅游资源感知通过互动之情的中介作用对游客体验记忆的生动性有显著正向影响。

　　H6－4e：旅游资源感知通过惊喜之情的中介作用对游客体验记忆的再现性有显著正向影响。

　　H6－4f：旅游资源感知通过惊喜之情的中介作用对游客体验记忆的生动性有显著正向影响。

　　H6－4g：服务与设施感知通过愉悦之情的中介作用对游客体验记忆的再现性有显著正向影响。

　　H6－4h：服务与设施感知通过愉悦之情的中介作用对游客体验记忆的生动性有显著正向影响。

　　H6－4i：服务与设施感知通过互动之情的中介作用对游客体验记忆的再现性有显著正向影响。

　　H6－4j：服务与设施感知通过互动之情的中介作用对游客体验记忆的生动性有显著正向影响。

　　H6－4k：服务与设施感知通过惊喜之情的中介作用对游客体验记忆的再现性有显著正向影响。

　　H6－4l：服务与设施感知通过惊喜之情的中介作用对游客体验记忆的生动性有显著正向影响。

　　H6－4m：信息感知通过愉悦之情的中介作用对游客体验记忆的再现性有显著正向影响。

　　H6－4n：信息感知通过愉悦之情的中介作用对游客体验记忆的生动性有显著正向影响。

　　H6－4o：信息感知通过互动之情的中介作用对游客体验记忆的再现性有显著正向影响。

　　H6－4p：信息感知通过互动之情的中介作用对游客体验记忆的生动性

有显著正向影响。

H6-4q：信息感知通过惊喜之情的中介作用对游客体验记忆的再现性有显著正向影响。

H6-4r：信息感知通过惊喜之情的中介作用对游客体验记忆的生动性有显著正向影响。

H6-4s：促销感知通过愉悦之情的中介作用对游客体验记忆的再现性有显著正向影响。

H6-4t：促销感知通过愉悦之情的中介作用对游客体验记忆的生动性有显著正向影响。

H6-4u：促销感知通过互动之情的中介作用对游客体验记忆的再现性有显著正向影响。

H6-4v：促销感知通过互动之情的中介作用对游客体验记忆的再现性有显著正向影响。

H6-4w：促销感知通过惊喜之情的中介作用对游客体验记忆的再现性有显著正向影响。

H6-4x：促销感知通过惊喜之情的中介作用对游客体验记忆的生动性有显著正向影响。

6.1.5 研究模型

通过上述研究假设，本章构建了理论模型（见图6-1），展示了3个核心变量即旅游目的地供给感知、积极情绪和游客体验记忆之间的假设路径关系，即旅游目的地供给感知、积极情绪和游客体验记忆之间的关系，其中旅游目的地供给感知包括旅游资源感知、服务与设施感知、信息感知、促销感知4个维度变量，积极情绪包括愉悦之情、互动之情和惊喜之情3个维度变量，游客体验记忆包括再现性和生动性2个维度变量，本研究将在该模型中进一步分析积极情绪在各路径的中介效应，即验证旅游目的地供给感知的4个维度变量分别通过积极情绪的3个维度变量对游客体验记忆的2个维度变量的分别影响路径和作用机理。

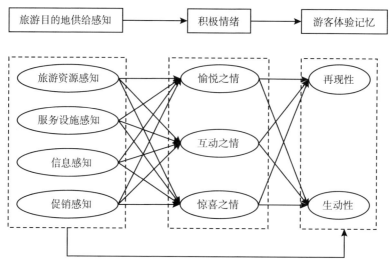

图 6 - 1　本研究的概念模型

资料来源：笔者根据假设构建模型。

6.2　研究设计和预测试

6.2.1　案例地选择

　　本章选取了安徽省黟县境内的黄山风景区中两个典型的古村落西递村、宏村作为案例地。西递村、宏村是徽派民居的典型代表，距今已有950多年的历史，仍然完好保存着明清时期的古村落风格，素有"活的古民居博物馆"之称。2000年，联合国教科文组织将中国皖南古村落西递村、宏村列入世界文化遗产名录，2011年，皖南古村落被评为国家5A级旅游景区。

　　西递村、宏村因其深厚的文化底蕴、独特的资源禀赋和古朴的环境氛围受到游客的青睐，国内大多数古村落也因此得到良好的发展，但其背后的开发愿景和游客体验均令人担忧：过度依赖门票收入、不合理开发导致的市场秩序紊乱、自然生态遭到破坏、地方文化遗失、服务与设施水平不高、管理

乡村旅游地品牌价值的形成及传递效果研究

模式不适用等问题层出不穷（张东婷，2011）；古村落旅游地依赖观光型产品供给，游客容易走马观花、浮光掠影，难以留下难忘的旅游体验记忆。而西递村、宏村作为徽派建筑的代表，是古村落旅游目的地的典型代表，对其他古村落的发展具有借鉴意义。此外，西递村、宏村的名气较大，旅游产品较多，客流量较大，便于获取足够的样本量，且在目的地旅游资源、服务设施、宣传和促销等各方面相较其他古村落表现较好，能有效反映本章的研究内容，对研究理论和假设验证有一定帮助，因此，选择西递村/宏村作为案例研究地，具有一定代表性和合理性。

6.2.2　量表选取

6.2.2.1　旅游目的地供给感知量表

旅游目的地供给感知量表设计主要借鉴冈恩（Gunn，2002）、孙琨（2014）等多位学者的研究成果，认为旅游目的地供给的感知包括旅游资源感知、服务/设施感知、信息感知和促销感知4个方面，然后通过多位专家的建议与评审进行多次修改和调整，以保证问卷的实用性，最终得出旅游目的地供给感知的测量指标体系，如表6-1所示。本部分采用李克特7级量表，分值越高，代表游客对旅游目的地供给的感知情况越好。

表6-1　　　　　　　　　旅游目的地供给感知测量指标体系

维度	编号	测量指标	参考文献
旅游资源感知	A1	西递村/宏村自然景观优美秀丽	冈恩（2002）、布哈里斯（Buhalis，2000）、米德尔顿（Middleton，2001）、孙琨（2014）、刘军胜（2017）、李永乐（2007）、李志飞（2018）、王跃伟（2019）、张琳（2019）
	A2	西递村/宏村空间格局设计合理	
	A3	西递村/宏村建筑景观古朴别致	
	A4	西递村/宏村文化艺术博大精深	
服务/设施感知	A5	餐饮、住宿、购物、导游等服务质量高	
	A6	工作人员服务态度友善，能够做到诚实经营	
	A7	餐饮、住宿、购物等服务设施完善、风格独特	
	A8	垃圾箱、厕所等公共卫生设施完善、方便整洁	
	A9	各类交通设施完善、布局合理、安全便捷	

维度	编号	测量指标	参考文献
信息感知	A10	西递村/宏村旅游信息的查询渠道多样	冈恩（2002）、布哈里斯（2001）、刘军胜（2017）、王跃伟（2019）
	A11	西递村/宏村智慧化旅游信息服务便捷	
	A12	西递村/宏村旅游宣传资料充足、广告投放密集	
促销感知	A13	西递村/宏村有频繁的旅游促销优惠活动	
	A14	西递村/宏村促销方案符合游客的需求	

资料来源：笔者根据文献整理。

6.2.2.2 积极情绪量表

积极情绪的类别，主要借鉴霍萨尼（2012）开发目的地情绪量表（DES），主要包含愉悦之情（joy）、互动之情（love）和惊喜之情（positive surprise）3个维度。考虑到中西方文化差异，霍萨尼的DES题项设计对中国受访者的语言用词敏感度不强，问卷信度效度难以保证，因此，本章同时借鉴国内邱林（2008）、佘升翔（2019）等学者对积极情绪描述词的提法，建立较为饱和而适用的基本情绪项目池，在项目池的基础上，按照愉悦之情、互动之情、惊喜之情3个维度进行筛选、检验，然后结合实地调查、面对面访谈，以及专家点评，最终得到积极情绪的测量量表（见表6-2）。本部分问卷提示受访者"在西递村/宏村旅游时，以下列举的情绪的程度您能感受到多少？"采用李克特7级量表进行测量，分值越高，代表受访者对感知到的情绪越激烈。

表6-2 　　　　　　　　　　积极情绪测量指标体系

维度	编号	测量指标	参考文献
愉悦之情	B1	您感觉享受	金（2010）、佘升翔（2019）
	B2	您感觉悠闲	佘升翔（2019）、霍萨尼（2012）
	B3	您感觉喜悦	霍萨尼（2012）、罗斯曼（1996）
	B4	您感觉有趣	霍萨尼（2012）、邱林（2008）
	B5	您感觉喜欢	罗斯曼（1996）、霍萨尼（2012）、佘升翔（2019）

维度	编号	测量指标	参考文献
互动之情	B6	您感觉到友善	霍萨尼（2012）
	B7	您感觉到热情	沃森（1988）、霍萨尼（2012）、邱林（2008）
	B8	您感觉到感激	佘升翔（2019）、邱林（2008）、弗雷德里克森（Fredrickson，2003）
	B9	您感觉到安心	霍萨尼（2012）
惊喜之情	B10	您感觉到新奇	霍萨尼（2012）、佘升翔（2019）、桑森垚（2016）、罗斯曼（1996）、邱林（2008）、弗利达（Frijda，1986）
	B11	您感觉到震撼	刘欢（2018）
	B12	您感觉到陶醉	佘升翔（2019）、霍萨尼（2012）、博斯克（Bosque，2008）
	B13	您感觉有意义	霍萨尼（2012）、沃森（1988）、金（2010）

资料来源：笔者根据文献整理而得。

6.2.2.3　游客体验记忆量表

金亨宗（Jong – Hyeong Kim）是体验记忆研究代表学者之一，他在2009年发表的关于游客体验记忆的博士论文（Kim J H，2009）和其后发表的一系列游客体验记忆的研究成果，代表了该领域研究的蓬勃发展。本章对游客体验记忆的测量来源于金亨宗（2010）以及潘澜（2017）的研究，分为再现性和生动性两个维度。

其中，再现性的题项包括"您能在脑海里重现上次西递村/宏村旅游的经历吗？""您能回忆起西递村/宏村旅游中参与的活动吗？""您能回忆起西递村/宏村旅游中的情绪感受吗？""您能回想起上次西递村/宏村旅游中所看到的主要景点吗？"；生动性的题项包括"您能记住西递村/宏村旅游的整个过程吗？""您能回想起西递村/宏村主要景点的布局结构吗？""您的脑海里时常回响起西递村/宏村旅游中所听见的声音吗？"和"您的脑海里时常浮现西递村/宏村旅游中所见到的景象吗？"（见表6－3）。

维度	编号	测量指标	参考文献
再现性	C1	您能在脑海里重现上次西递村/宏村旅游的经历	金亨宗（2009）、潘澜（2017）
	C2	您能回忆起西递村/宏村旅游中参与的活动	
	C3	您能回忆起西递村/宏村旅游中的情绪感受	
	C4	您能回想起上次西递村/宏村旅游中所看到的主要景点	
生动性	C5	您能记住西递村/宏村旅游的整个过程	金亨宗（2009）、潘澜（2017）
	C6	您能回想起西递村/宏村主要景点的布局结构	
	C7	您的脑海里时常回响西递村/宏村旅游中所听见的声音	
	C8	您的脑海里时常浮现西递村/宏村旅游中所见到的景象	

表 6 – 3　　　　　　　　　　游客体验记忆测量指标体系

资料来源：笔者根据问卷整理而得。

6.2.3　预测试

由于旅游目的地供给感知、积极情绪量表、游客体验记忆量表的所列题项借鉴了国外学者的研究量表，在跨文化适应性方面还需要进一步验证，因此，本章在中国情境下对 3 个量表进行适当的修正，以便更好地测量旅游目的地供给感知、积极情绪及游客体验记忆，提高其信度和效度水平，因此本部分进行了初步的问卷预测试。

6.2.3.1　预测试数据收集与样本描述

预测试通过多位高校学生的朋友圈、微信群、QQ 群等方式进行线上发放问卷，利用卷首问题"您是否有过在西递村或者宏村的旅游经历？"删选出西递村/宏村的游客样本，获取数据的时间为 2019 年 8 月，共回收电子问卷 70 份，删除选项填写有规律的问卷，删除前后回答有矛盾的问卷，删除网络 IP 地址一致重复作答的问卷，删除作答时间低于 100 秒的问卷，最终获得有效问卷 59 份，问卷有效率为 84.29%，由于预测试样本通过多位高校学生社交网络发放，因而样本的年龄段集中于 24 岁以下，教育程度呈现明显的高学历特征，职业主要以学生和教师为主，具体如表 6 – 4 所示。

表6-4　　　　　　　　　预测试样本统计特征表（N=59）

题项	选项	频次	比例（%）	题项	选项	频次	比例（%）
年龄	24岁及以下	47	79.7	性别	男	23	39.0
	25~34岁	9	15.2		女	36	61.0
	35~44岁	2	3.4	职业	专业技术人员	3	5.1
	45~54岁	1	1.7		服务及销售人员	3	5.1
教育程度	大专及以下	6	10.2		教师	6	10.1
	本科	37	62.7		学生	45	76.3
	研究生及以上	16	27.1		其他	2	3.4
工作年限	5年及以下	56	94.9	家庭人均月收入	2000元以下	11	18.6
	11~20年	2	3.4		2001~5000元	28	47.5
	21年以上	1	1.7		5001~8000元	9	15.3
					8001元以上	11	18.6

资料来源：笔者根据收集的预测试数据整理而得。

6.2.3.2 预测试分析结果

本部分针对预测试的59份样本数据，采用信度分析和CITC分析检验，并对问卷进行修订。信度分析一般使用Cronbachs'α系数值检验量表的信度水平，而某一题项的CITC值（corrected item-totel correlation）小于0.4时，说明该题项与量表其他题项相关度不高，而删除该题项后，α值明显提高，则可以考虑删除该题项。

旅游目的地供给感知预测试分析结果如表6-5所示，其中，旅游资源感知的量表α值为0.798，因子累计方差解释率为75.26%，因子载荷均高于0.639，删除旅游资源感知的任一题项α值均小于0.798，因此，不考虑删除题项，且旅游资源感知的量表信度、效度较好。服务/设施感知量表α值为0.863，因子累计解释方差率为60.81%。其中，A9选项删除后α值提升到0.866，且对全文问卷内容的有效性和全面性影响不大，因此，考虑删除该题项，而其他题项的因素载荷均大于0.7，说明题项整体的信度和效度较好。KMO值为0.825，且通过巴特球形检验。信息感知的量表α值为0.761，因子累计解释方差率为67.85%，因素载荷量均大于 0.7，则量表的信度和效度均较好。促销感知的量表 α 值为 0.799，且因子累计解释方差率为 83.24%，因素载荷量均大于 0.7，则量表的信度和效度较好。

表 6 - 5 旅游目的地供给感知预测试分析表

维度	编号	CITC 值	删除后的 α 值	量表 α 值	因素载荷
旅游资源感知	A1	0.575	0.767	0.798	0.885
	A2	0.616	0.752		0.869
	A3	0.581	0.764		0.877
	A4	0.689	0.731		0.639
服务/设施感知	A5	0.657	0.840	0.863	0.775
	A6	0.665	0.840		0.775
	A7	0.778	0.823		0.870
	A8	0.701	0.833		0.814
	A9	0.527	0.866		0.641
信息感知	A10	0.698	0.555	0.761	0.886
	A11	0.618	0.652		0.845
	A12	0.676	0.758		0.732
促销感知	A13	0.655	0.655	0.799	0.912
	A14	0.655	0.655		0.912

资料来源：笔者根据对调查问卷的数据进行分析而得。

积极情绪量表预测试分析如表 6 - 6 所示，其中，愉悦之情的量表 α 值为 0.953，因子累计方差解释率为 84.44%，因素载荷量均大于 0.8，不考虑删除题项，且量表信度和效度较好；其中，互动之情的量表 α 值为 0.889，因子累计方差解释率为 75.83%，因素载荷量大于 0.8，不考虑删除题项，量表信度和效度较好；KMO 值为 0.917，通过巴特球形检验。惊喜之情的量表 α 值为 0.903，且因子累计方差解释率为 77.60%，因素载荷均大于 0.8，则不考虑删除题项，量表的信度和效度较好。

表 6 - 6 积极情绪预测试分析表

维度	编号	CITC 值	删除后的 α 值	量表 α 值	因素载荷
愉悦之情	B1	0.940	0.930	0.953	0.964
	B2	0.851	0.945		0.906
	B3	0.908	0.935		0.944
	B4	0.803	0.944		0.871
	B5	0.853	0.945		0.907
互动之情	B6	0.761	0.861	0.889	0.874
	B7	0.754	0.859		0.873
	B8	0.728	0.874		0.840
	B9	0.812	0.836		0.895
惊喜之情	B10	0.726	0.895	0.903	0.844
	B11	0.845	0.852		0.920
	B12	0.822	0.861		0.903
	B13	0.745	0.889		0.854

资料来源：笔者根据调查问卷数据测试分析而得。

游客体验记忆预测试分析结果如表 6 - 7 所示，KMO 值为 0.830，通过巴特球形检验，其中，再现性的量表 α 值为 0.862，累计方差解释率为 70.92%，因素载荷量均大于 0.745，则再现性的信度和效度较好；生动性的量表 α 值为 0.848，累计方差解释率为 68.74%，因子载荷量均大于 0.7，则生动性的信度和效度均较好。

表 6 - 7 游客体验记忆预测试分析表

维度	编号	CITC 值	删除后的 α 值	量表 α 值	因素载荷
再现性	C1	0.746	0.809	0.862	0.868
	C2	0.735	0.813		0.862
	C3	0.774	0.796		0.886
	C4	0.687	0.852		0.745
生动性	C5	0.672	0.813	0.848	0.818
	C6	0.671	0.842		0.740
	C7	0.808	0.750		0.908
	C8	0.706	0.799		0.841

资料来源：笔者根据调查问卷数据测试分析而得。

6.3 实 证 检 验

6.3.1 数据收集

根据研究目的和对所需数据的要求，正式调研选择线下和线上同时收集调查问卷的方式进行。问卷调查法是通过规范、严谨的测量题项，从受访者处获得一手数据或者资料的一种重要数据收集方法。

正式调研的时间从 2019 年 9 月 ~2019 年 11 月，历时 3 个月，通过在西递村/宏村旅游景区实地发放问卷，同时，也通过问卷星的形式进行线上调研，以弥补实地调研受区域限制的不足之处，线上线下调研累计发放调查问卷 840 份。为了提高本次研究的信度和效度，首先设置卷首问题"您是否有过在西递村或者宏村的旅游经历？"删选出西递村/宏村的游客样本，获取数据后，删除选项填写有规律的问卷，删除前后回答有矛盾的问卷，删除网络 IP 地址一致重复作答的问卷，删除作答时间低于 100 秒的问卷，最终获得有效问卷 564 份，问卷有效率为 67%。最后，将有效问卷信息填入问卷星，再导出到 SPSS17 软件、AMOS21.0 软件进行后续数据分析，包括描述性统计分析、信度和效度分析，并检验旅游目的地供给感知、积极情绪和游客体验记忆之间的关系。

6.3.2 描述性统计分析

根据问卷调查所得数据进行样本人口学统计，包括性别、年龄、教育程度、工作年限、职业和家庭人均月收入 6 大项内容，具体如表 6-8 所示：（1）性别构成中，女性占比 60.28%，男性占比 39.72%。（2）年龄构成上，24 岁以下的占比 32.98%；25~34 岁为受访者中的绝大多数，占比为 47.16%；35~44 岁占比 16.31%；45~54 岁占比 2.84%；55 岁以上占比

0.71%。（3）从教育程度上看，教育程度为本科及以上学历的受访者占比91.13%，证明本次调研的受访者教育程度整体偏高。（4）从工作年限上看，还没有工作经历的受访者占比17.73%；有5年以下工作经历的占比28.72%，6～10年占比34.4%，11～20年占比14.54%，21年以上占比4.61%。（5）本次调查的受访者职业覆盖面较广，其中，专业技术人员占比30.85%；学生占比24.11%；商务管理人员占比20.57%；其他职业也有一定的样本量。（6）从家庭人均月收入来看，受访者的收入相对偏高，其中，5001～8000元的受访者占比33.33%；8001元以上的受访者占比41.49%。

表6-8　　　　　　　　游客样本人口学统计表（N=564）

题项	选项	比例（%）	题项	选项	比例（%）
性别	男	39.72	职业	公务员	4.26
	女	60.28		商务管理人员	20.57
年龄	24岁及以下	32.98		专业技术人员	30.85
	25～34岁	47.16		工农军	2.48
	35～44岁	16.31		服务及销售人员	6.38
	45～54岁	2.84		教师	4.61
	55岁及以上	0.71		学生	24.11
教育程度	大专及以下	8.87		个体经营者	3.19
	本科	79.79		其他	3.55
	研究生及以上	11.34	家庭人均月收入	2000元以下	5.32
工作年限	5年及以下	46.45		2001～5000元	19.86
	6～10年	34.4		5001～8000元	33.33
	11～20年	14.54		8001元以上	41.49
	21年以上	4.61			

资料来源：笔者根据调查问卷数据整理而得。

6.3.3   量表信度和效度检验

信度（reliability）是指通过问卷所调查得出数据结果的可靠程度，表示为数据的一致性和稳定性。一般用 KMO 值、球形检验（Barlett）、因子分析和 Cronbachs'α 系数等方法进行信度检验。当 KMO 值大于 0.9 时，非常适合做因子分析；在 0.8 ~ 0.9 之间时，适合做因子分析；在 0.7 ~ 0.8 之间时，被认为较为适合做因子分析。球形检验（Barlett）通过标准为 $P < 0.01$。此后运用最大方差旋转的主成分分析法对题项进行因子分析，对旋转后因子载荷小于 0.5 或者在多个因子上载荷大于 0.5 的题项删除，最终根据特征值大于 1 的标准得到主成分个数，并得出每个维度的因子载荷及累计方差贡献率等，以确保因子提取效果。最后采用 Cronbachs'α 系数检验量表信度，一般来说 α 值越高，代表量表的内部一致性越好，稳定性也越好，具体而言，α 值大于 0.8 表示信度非常好；在 0.7 ~ 0.8 之间表示比较好；在 0.6 ~ 0.7 之间表示信度可以接受。在证明测量量表具有良好信度的基础上，将进一步检验量表的效度。

效度（validity）是指通过问卷测量所需要的变量的准确程度，效度越高，则说明测量结果越能反映要考察的维度。问卷测量的效度通常选用模型适配度、平均方差抽取量（AVE）、组合效度（CR）和区分效度等指标。模型适配度指标包括简约适配度（χ^2/df）、增值适配度（GFI、NFI、CFI），以及绝对适配度指标（$RMSEA$）对模型的整体适配度进行检验，以判定本章所收集的数据与假设模型之间的适配程度。其中，简约适配度 $\chi^2/df < 2$ 时，表示模型适配度较佳，CFI、NFI、IFI 等增值适配度的值一般要求达到 0.9；而绝对适配度 $RMSEA$ 小于 0.05 表示模型适配度非常好，在 0.05 ~ 0.08 之间表示模型适配度良好（吴明隆，2010）。平均方差抽取量（AVE）一般要求大于 0.5，组合效度（CR）要求大于 0.7，则证明各维度之间具有较好的收敛效度。另外，若平均方差抽取量的平方根高于相应维度的相关系数，则代表两个维度之间具有良好的区分效度。

6.3.3.1　旅游目的地供给感知测量量表的信度与效度

首先对旅游目的地供给感知测量量表的 14 个题项进行第一次 KMO 值和 Barltett 球形检验，旅游目的地供给感知的 KMO 值为 0.843，Barltett 球形检验显著（$Chi-Square = 1125.641$，$df = 136$，$P < 0.01$），表示样本数据适合

做因子分析。运用主成分分析法对题项进行因子分析，删除因子载荷均不足 0.5 的题项，删除多个因子载荷均大于 0.5 的题项，经过多轮试验，删除题项 A3 "西递村/宏村建筑景观古朴别致"题项，最终保留 12 个题项，并重新进行 KMO 值和 Barlett 球形检验，如表 6 – 9 所示，KMO 值 = 0.796，Barlett 球形检验显著（$Chi - Square = 752.408$，$df = 136$，$P < 0.01$），表明样本数据呈正态分布，通过最大方差旋转法提取特征值大于 1 的 4 个因子，可以累计解释 60.046% 的信息，证明因子提取可以接受。

表 6 – 9　　　　供给感知测量量表的 *KMO* 值和 **Barlett** 球形检验

测量总数	*KMO* 值	Barlett 球形检验	
		近似卡方	752.408
17	0.796	df	66
		Sig	0.000

资料来源：笔者根据调查问卷数据检验而得。

　　同时，采用 Cronbachs' α 系数、平均方差抽取量（AVE）、组合信度（CR）等验证量表的内部一致性。其中，所有题项的整体 α = 0.800，内部一致性较好，因子分析所提取的 4 个因子与量表设计的原始构思相同，其中，旅游资源感知维度的 α = 0.750，服务与设施感知维度 α = 0.741，信息感知维度 α = 0.716，促销感知维度的 α = 0.745，介于 0.7 ~ 0.8 之间，表示问卷信度较好。4 个维度的平均方差抽取量均大于标准 0.5，组合信度均大于标准 0.7，则证明各维度之间收敛效度可以接受（见表 6 – 10）。

表 6 – 10　　　　旅游目的地供给感知测量量表的探索性因子分析结果

因子提取	题项	因子载荷	均值（Mean）	方差（Std. D）	方差贡献率（%，累计）	α	AVE	CR
旅游资源感知	A1	0.692	6.01	0.841	13.429 (13.429)	0.750	0.524	0.768
	A2	0.741	5.31	0.999				
	A4	0.738	5.44	1.207				

因子提取	题项	因子载荷	均值（Mean）	方差（Std. D）	方差贡献率（%，累计）	α	AVE	CR
服务/设施感知	A5	0.662	4.77	1.194	19.399（32.828）	0.741	0.536	0.821
	A6	0.664	4.94	1.170				
	A7	0.749	5.22	1.101				
	A8	0.840	5.11	1.291				
信息感知	A10	0.850	5.37	1.090	13.777（46.605）	0.716	0.585	0.807
	A11	0.698	5.24	1.150				
	A12	0.738	4.72	1.252				
促销感知	A13	0.847	4.55	1.290	13.441（60.046）	0.745	0.641	0.780
	A14	0.751	4.92	1.163				

资料来源：笔者根据调查问卷计算而得。

区分效度可以通过对比变量维度 AVE 平方根和相关系数来评价是否具有良好的区分效度，旅游资源感知、服务与设施感知、信息感知、促销感知4个因子之间的相关系数在 $0.257^{**} \sim 0.455^{**}$（$P < 0.01$）之间（见表6-11），小于变量维度 AVE 的平方根，即4个维度之间具有良好的区分效度。

表6-11　　　　　　　旅游目的地供给感知的区分效度

因子提取	旅游资源感知	服务与设施感知	信息感知	促销感知
旅游资源感知	0.724	—	—	—
服务与设施感知	0.411**	0.732	—	—
信息感知	0.365**	0.455**	0.764	—
促销感知	0.257**	0.385**	0.383**	0.800

注：** 表示 $P < 0.01$。
资料来源：笔者根据调查问卷计算而得。

变量维度之间的结构模型相关指标的界定参考侯杰泰的研究成果①，主

———————

① 侯杰泰，温忠麟，成子娟，等. 结构方程模型及其应用 [M]. 教育科学出版社，2004.

要应用 AMOS21.0 对探索性因子分析得到的 4 个维度进行验证性因子分析，具体而言，将 12 个测量题项作为观测变量，将 4 个因子作为潜变量，构建一阶测量模型，分析结果如表 6 – 12 所示。其中，$CMIN/df = 1.687$（小于标准 2），$GFI = 0.958$（大于标准 0.9），$AGFI = 0.927$（大于标准 0.9），$RMSEA = 0.049$（小于标准 0.1），则绝对适配度的相关指标均达到标准，增值适配度的相关指标也基本达到标准，因此，证明构建的模型能够与数据有较好的拟合度，同时旅游目的地供给感知的测量量表具有较好的效度。

表 6 – 12　　　　旅游目的地供给感知量表的结构方程检验

模型拟合度	拟合指标	模型拟合结果	模型拟合标准	模型拟合情况
绝对适配度	$CMIN/df$	1.687	< 2	好
	GFI	0.958	> 0.9	好
	$AGFI$	0.927	> 0.9	好
	$RMSEA$	0.049	< 0.1	好
增值适配度	NFI	0.901	> 0.9	好
	CFI	0.956	> 0.9	好
	TLI	0.935	> 0.9	好
	IFI	0.957	> 0.9	好

资料来源：笔者根据调查问卷计算而得。

6.3.3.2　积极情绪测量量表的信度与效度

对积极情绪的 13 个题项进行 KMO 值和 Barlett 球形检验，积极情绪的 KMO 值为 0.888，Barltett 球形检验显著（$Chi - Square = 1294.411$，$df = 78$，$P < 0.01$），表示样本数据适合做因子分析。运用主成分分析法对题项进行因子分析，删除因子载荷均不足 0.5 的题项，删除多个因子载荷均大于 0.5 的题项，经过多轮试验，删除"您感觉享受""您感觉喜欢"两个题项，最终保留 11 个题项，并重新进行 KMO 值和 Barlett 球形检验，如表 6 – 13 所示，KMO 值 = 0.847，Barlett 球形检验显著（$Chi - Square = 951.124$，$df =$

55，$P < 0.01$），表明样本数据呈正态分布，通过最大方差旋转法提取特征值大于1的3个因子，可以累计解释60.854%的信息，证明因子提取结果可以接受。

表 6 - 13 　　　　积极情绪测量量表的 *KMO* 值和 **Barlett** 球形检验

测量总数	KMO 值	Barlett 球形检验	
		近似卡方	951.124
13	0.847	df	55
		Sig	0.000

资料来源：笔者根据调查问卷数据计算而得。

同时，采用 Cronbachs' α 系数、平均方差抽取量（AVE）、组合信度（CR）等验证量表的内部一致性。其中，所有题项的整体 $\alpha = 0.840$，内部一致性较好，因子分析所提取的 4 个因子与量表设计的原始构思相同，其中，愉悦之情的维度的 $\alpha = 0.755$，互动之情的维度 $\alpha = 0.776$，惊喜之情维度 $\alpha = 0.807$（见表 6 - 14），均大于标准 0.7，则内部一致性可以接受。两个维度的平均方差抽取量均大于 0.5，组合信度均大于 0.8，则证明各维度之间具有较好的收敛效度。

表 6 - 14 　　　　　　积极情绪测量量表的探索性因子分析结果

因子提取	题项	因子载荷	均值（Mean）	方差（Std. D）	方差解释率（%，累计）	α	AVE	CR
愉悦之情	B2	0.806	5.71	1.145	11.827 (11.827)	0.755	0.614	0.826
	B3	0.837	5.25	1.111				
	B4	0.701	5.11	1.167				
互动之情	B6	0.752	5.16	1.194	23.411 (35.239)	0.776	0.572	0.842
	B7	0.798	4.94	1.170				
	B8	0.757	5.22	1.101				
	B9	0.716	5.11	1.291				

续表

因子提取	题项	因子载荷	均值（Mean）	方差（Std. D）	方差解释率（%，累计）	α	AVE	CR
惊喜之情	B10	0.696	5.12	1.145	25.616 (60.854)	0.807	0.522	0.813
	B11	0.772	4.55	1.320				
	B12	0.670	5.09	1.215				
	B13	0.746	5.38	1.176				

资料来源：笔者根据调查问卷数据计算而得。

区分效度可以通过对比变量维度 AVE 平方根和相关系数来评价是否具有良好的区分效度，愉悦之情、互动之情和惊喜之情 3 个因子之间的相关系数在 $0.448^{**} \sim 0.637^{**}$（$P < 0.01$）之间（见表 6 – 15），小于变量维度 AVE 的平方根，即维度之间具有良好的区分效度。

表 6 – 15　　　　　　　　　积极情绪测量量表的区分效度

因子提取	愉悦之情	互动之情	惊喜之情
愉悦之情	0.783	—	—
互动之情	0.525 **	0.756	—
惊喜之情	0.637 **	0.448 **	0.722

注：** 表示 $P < 0.01$。
资料来源：笔者根据调查问卷数据计算而得。

对变量维度生成结构模型进行验证性因子分析，具体而言，将 11 个测量题项作为观测变量，将 3 个因子作为潜变量，构建一阶测量模型，分析结果如表 6 – 16 所示。其中，$CMIN/df = 1.871$（小于标准 2），$GFI = 0.959$（大于标准 0.9），$AGFI = 0.927$（大于标准 0.9），$RMSEA = 0.056$（小于标准 0.1），则绝对适配度的相关指标均达到标准，增值适配度的相关指标也基本达到标准，因此，可以证明构建的模型能够与数据有较好的拟合度，同时，旅游目的地供给感知的测量量表具有较好的效度。

表 6 – 16   积极情绪量表的结构方程检验

模型拟合度	拟合指标	模型拟合结果	模型拟合标准	模型拟合情况
绝对适配度	$CMIN/df$	1.871	<2	好
	GFI	0.959	>0.9	好
	$AGFI$	0.927	>0.9	好
	$RMSEA$	0.056	<0.1	好
增值适配度	NFI	0.928	>0.9	好
	CFI	0.965	>0.9	好
	TLI	0.947	>0.9	好
	IFI	0.965	>0.9	好

资料来源：笔者根据调查问卷计算而得。

6.3.3.3 游客体验记忆测量量表的信度与效度

对游客体验记忆测量量表的 8 个题项进行第一次 KMO 值和 Barlett 球形检验，对积极情绪的 13 个题项进行 KMO 值和 Barlett 球形检验，积极情绪的 KMO 值为 0.802，Barltett 球形检验显著（ $Chi - Square = 462.938$ ， $df = 28$ ， $P < 0.01$ ）（见表 6 – 17），表示样本数据适合做因子分析，运用主成分分析的最大方差旋转法提取特征值大于 1 的 2 个因子，可以累计解释 62.560% 的信息，证明因子提取结果可以接受。

表 6 – 17   游客体验记忆测量量表的 **KMO** 值和 **Barlett** 球形检验

测量总数	KMO 值	Barlett 球形检验	
13	0.802	近似卡方	462.938
		df	28
		Sig	0.000

资料来源：笔者根据调查问卷计算而得。

同时，采用 Cronbachs' α 系数、平均方差抽取量（ AVE ）、组合信度（ CR ）等验证量表的内部一致性。其中，所有题项的整体 $\alpha = 0.826$ ，内部一致性较好，因子分析所提取的 2 个因子与量表设计的原始构思相同，其中，再现性维度 $\alpha = 0.732$，生动性维度 $\alpha = 0.803$（见表 6 – 18），证明内部一致性较好。两个维度的平均方差抽取量均大于 0.5，组合信度均大于 0.8，则证明各维度之间具有较好的收敛效度。

表 6 – 18　　　　　游客体验记忆测量量表的探索性因子分析结果

因子提取	题项	因子载荷	均值（Mean）	方差（Std. D）	方差解释率（%，累计）	α	AVE	CR
再现性	C1	0.761	5.55	0.969	36.755（36.755）	0.753	0.541	0.825
	C2	0.735	5.38	1.041				
	C4	0.748	5.36	1.092				
	C6	0.699	5.48	1.037				
生动性	C3	0.861	4.84	1.163	25.805（62.560）	0.799	0.630	0.872
	C5	0.766	5.07	1.118				
	C7	0.782	4.57	1.275				
	C8	0.762	5.18	1.203				

资料来源：笔者根据调查问卷数据计算而得。

通过对游客体验记忆的再现性、生动性两个变量进行描述性统计分析，再现性和生动性的均值在 4.57 ~ 5.55 之间，说明游客从西递村/宏村旅游归来一段时间后，还能对旅游经过较生动、完整地回忆出来。

区分效度可以通过对比变量维度 AVE 平方根和相关系数来评价是否具有良好的区分效度，再现性和生动性 2 个因子之间的相关系数为 0.497^{**}（$P < 0.01$）（见表 6 – 19），小于变量维度 AVE 的平方根，即 2 个维度之间具有良好的区分效度。

表 6 – 19　　　　　游客体验记忆的区分效度

因子提取	再现性	生动性
再现性	0.736	—
生动性	0.497^{**}	0.793

注：** 表示 $P < 0.01$。
资料来源：笔者根据调查问卷数据计算而得。

变量维度之间的结构模型相关指标的界定参考侯杰泰的研究成果①，主要应用 AMOS 21.0 对探索性因子分析得到的 2 个维度进行验证性因子分析。具体而言，将 8 个测量题项作为观测变量，将 2 个因子作为潜变量，构建一阶测量模型，分析结果如表 6－20 所示。其中，$CMIN/df = 1.700$（小于标准 2），$GFI = 0.974$（大于标准 0.9），$AGFI = 0.946$（大于标准 0.9），$RMSEA = 0.050$（小于标准 0.1），则绝对适配度的相关指标均达到标准，增值适配度的相关指标也基本达到标准，因此，可以证明构建的模型能够与数据有较好的拟合度，同时，旅游目的地供给感知的测量量表具有较好的效度。

表 6－20   游客体验记忆量表的结构方程检验

模型拟合度	拟合指标	模型拟合结果	模型拟合标准	模型拟合情况
绝对适配度	$CMIN/df$	1.700	<2	好
	GFI	0.974	>0.9	好
	$AGFI$	0.946	>0.9	好
	$RMSEA$	0.046	<0.1	好
增值适配度	NFI	0.938	>0.9	好
	CFI	0.973	>0.9	好
	TLI	0.956	>0.9	好
	IFI	0.974	>0.9	好

资料来源：笔者根据调查问卷数据计算而得。

根据上述各阶段的数据分析结果可以认为，本章所使用的旅游目的地供给感知测量量表、积极情绪测量量表，以及游客体验记忆测量量表都具有相对较好的内部一致性，并且问卷可以很好地反映出要研究的内容，同时，可以基于该问卷收集的数据做进一步的分析。

6.3.4 相关性分析

对旅游资源感知 AA、服务与设施感知 AB、信息感知 AC、促销感知 AD、

---

① 侯杰泰，温忠麟，成子娟，等. 结构方程模型及其应用［M］. 教育科学出版社，2004.

愉悦之情 BA、互动之情 BB、惊喜之情 BC 和再现性 CA、生动性 CB 共 9 个变量通过 SPSS17 数据分析软件进行相关性分析，结果如表 6 - 21 所示。

表 6 - 21　　　　　　　　　　　　变量的相关矩阵

变量	AA	AB	AC	AD	BA	BB	BC	CA	CB
AA	1	—	—	—	—	—	—	—	—
AB	0.411 **	1	—	—	—	—	—	—	—
AC	0.365 **	0.455 **	1	—	—	—	—	—	—
AD	0.257 **	0.385 **	0.383 **	1	—	—	—	—	—
BA	0.467 **	0.452 **	0.458 **	0.326 **	1	—	—	—	—
BB	0.397 **	0.563 **	0.489 **	0.432 **	0.525 **	1	—	—	—
BC	0.449 **	0.423 **	0.408 **	0.386 **	0.637 **	0.448 **	1	—	—
CA	0.404 **	0.318 **	0.370 **	0.221 **	0.487 **	0.399 **	0.498 **	1	—
CB	0.392 **	0.486 **	0.414 **	0.429 **	0.434 **	0.508 **	0.565 **	0.497 **	1

注：** $P < 0.01$。
资料来源：笔者根据调查问卷数据计算而得。

　　其中，旅游资源感知与愉悦之情、互动之情、惊喜之情具有显著正相关关系，相关系数为 0.467 **（$P < 0.01$）、0.397 **（$P < 0.01$）、0.449 **（$P < 0.01$）；服务与设施感知与愉悦之情、互动之情、惊喜之情具有显著正相关，相关系数为 0.452 **（$P < 0.01$）、0.563 **（$P < 0.01$）、0.423 **（$P < 0.01$）；信息感知与愉悦之情、互动之情、惊喜之情具有显著正相关关系，相关系数为 0.458 **（$P < 0.01$）、0.489 **（$P < 0.01$）、0.408 **（$P < 0.01$）；促销感知与愉悦之情、互动之情、惊喜之情具有显著正相关关系，相关系数为 0.326 **（$P < 0.01$）、0.432 **（$P < 0.01$）、0.386 **（$P < 0.01$）。

　　旅游资源感知与再现性、生动性显著正相关，相关系数为 0.404 **（$P < 0.01$）、0.392 **（$P < 0.01$）；服务与设施感知与再现性、生动性显著正相关，相关系数为 0.318 **（$P < 0.01$）、0.486 **（$P < 0.01$）；信息感知与再现性、生动性显著正相关，相关系数为 0.370 **（$P < 0.01$）、0.414 **（$P < 0.01$）；促销感知与再现性、生动性显著正相关，相关系数为 0.221 **

（$P < 0.01$）、0.429^{**}（$P < 0.01$）。

愉悦之情与再现性、生动性显著正相关，相关系数为 0.487^{**}（$P < 0.01$）、0.434^{**}（$P < 0.01$）；互动之情与再现性、生动性显著正相关，相关系数为 0.399^{**}（$P < 0.01$）、0.508^{**}（$P < 0.01$）；惊喜之情与再现性、生动性显著正相关，相关系数为 0.498^{**}（$P < 0.01$）、0.565^{**}（$P < 0.01$）。

综上可知，各变量的相关性在 $0.221 \sim 0.637$ 之间，且在 95% 水平显著正相关，变量之间的关系得到初步支持和验证，即可以进一步进行多元回归分析。

6.3.5　假设检验

6.3.5.1　旅游目的地供给感知的作用检验

为了更好地验证旅游目的地供给感知对积极情绪、游客体验记忆的作用，剔除人口统计特征在其中产生的影响，本章将性别、年龄、教育程度、工作年限、职业、家庭人均月收入共 6 个人口学统计变量设置为控制变量，放入回归模型，再将旅游目的地供给感知的 4 个变量作为自变量，以积极情绪的 3 个变量和游客体验记忆的 2 个变量作为因变量进行回归分析，数据结果如表 6 - 22 所示。

根据多元回归分析的结果可知，旅游目的地供给感知的 4 个维度变量与游客积极情绪的 3 个变量呈正相关关系，回归模型的 R^2 显著提升，说明旅游目的地供给感知对游客产生的积极情绪具有显著的正相关关系。此外，除了促销感知对愉悦之情的正相关关系并不显著外，其他相关关系均显著。其中，旅游目的地供给感知对产生愉悦之情的影响维度由强到弱依次是：旅游资源感知（0.292^{***}）、信息感知（0.247^{***}）、服务与设施感知（0.201^{***}）、促销感知（0.064），因此，H6 - 1a、H6 - 1d、H6 - 1g 成立，而 H6 - 1j 并没得到验证。旅游目的地供给感知对产生互动之情的影响维度由强到弱依次是：服务与设施感知（0.329^{***}）、信息感知（0.220^{***}）、促销感知（0.185^{***}）、旅游资源感知（0.126^{**}），因此，H6 - 1b、H6 - 1e、H6 - 1h、H6 - 1k 均得到验证。旅游目的地供给感知对产生惊喜之情的影响

表6-22　旅游目的地供给感知的多元回归分析

变量		积极情绪						游客体验记忆			
		愉悦之情		互动之情		惊喜之情		再现性		生动性	
		第一步 β	第二步 β	第一步 β	第二步 β	第一步 β	第二步 β	第一步 β	第二步 β	第一步 β	第二步 β
控制变量	性别	-0.047	-0.073	-0.038	-0.038	-0.008	-0.033	0.039	0.009	-0.032	-0.038
	年龄	-0.110	-0.166*	0.063	0.025	0.107	0.067	0.077	0.025	0.071	0.039
	教育程度	0.019	0.048	-0.039	0.001	-0.111*	-0.076	0.035	0.054	-0.057	-0.017
	工作年限	0.166	0.110	0.106	0.045	-0.070	-0.132	0.007	-0.036	0.018	-0.045
	职业	-0.136	-0.151***	-0.024	-0.028	-0.159**	-0.158***	-0.058	-0.075	-0.014	-0.009
	月收入	-0.106	-0.038	-0.140*	-0.085	-0.062	-0.005	0.078	0.137**	0.029	0.080
自变量	旅游资源感知	—	0.292***	—	0.126**	—	0.280***	—	0.286***	—	0.180***
	服务与设施感知	—	0.201***	—	0.329***	—	0.160***	—	0.122*	—	0.262***
	信息感知	—	0.247***	—	0.220***	—	0.179***	—	0.212***	—	0.150***
	促销感知	—	0.064	—	0.185***	—	0.167***	—	0.002	—	0.216***
	F 值	1.348	17.132	1.357	21.030	1.721	15.130	1.631	9.815	0.777	15.291
	R^2	0.029	0.387	0.029	0.437	0.036	0.358	0.023	0.266	0.017	0.361
	ΔR^2	—	0.358	—	0.408	—	0.322	—	0.243	—	0.344
	(df_1, df_2)	(6275)	(10271)	(6275)	(10271)	(6275)	(10271)	(6275)	(10271)	(6275)	(10271)
	DW	2.007	1.933	1.886	1.841	1.933	1.962	1.985	2.041	1.698	1.856

注：*** 表示 $p < 0.001$，** 表示 $p < 0.01$；* 表示 $p < 0.05$。

资料来源：笔者根据调查问卷数据计算而得。

维度由强到弱依次是：旅游资源感知（0.280***）、信息感知（0.179***）、促销感知（0.167***）、服务与设施感知（0.160***），因此，H6 - 1c、H6 - 1f、H6 - 1i、H6 - 1l 均得到验证。

　　旅游目的地供给感知对游客体验记忆的 2 个维度变量呈正相关关系，回归模型 R^2 显著提升，说明旅游目的地供给感知对游客体验记忆具有显著的正相关关系。其中，旅游目的地供给感知对游客体验记忆的再现性具有显著影响由强至弱的维度为：旅游资源感知（0.286***）、信息感知（0.212***）、服务与设施感知（0.122*），而促销感知（0.002）对再现性并无显著影响。旅游目的地供给感知对游客体验记忆的生动性影响由强至弱的维度为：服务与设施感知（0.262***）、促销感知（0.216***）、旅游资源感知（0.180***）、信息感知（0.150***），因此，H6 - 2a、H6 - 2b、H6 - 2c、H6 - 2d、H6 - 2e、H6 - 2f、H6 - 2h 均得到验证，而 H6 - 2g 并未得到支持。

6.3.5.2　积极情绪与游客体验记忆的作用检验

　　为了验证积极情绪对游客体验记忆的影响，首先将性别、年龄、教育程度、工作年限、职业、家庭人均月收入共 6 个人口学统计变量设置为控制变量放入回归模型；其次，将积极情绪的 3 个维度变量作为自变量，以游客体验记忆的 2 个维度变量作为因变量进行回归分析，数据结果如表 6 - 23 所示。

表 6 - 23　　　　　　　　　　　积极情绪的回归分析

变量		游客体验记忆			
		再现性		生动性	
		β	β	β	β
控制变量	性别	0.039	0.058	- 0.032	- 0.017
	年龄	0.077	0.060	0.071	0.005
	教育程度	0.035	0.069	- 0.057	0.003
	工作年限	0.007	- 0.027	0.018	0.014
	职业	- 0.058	0.022**	- 0.014	0.061
	月收入	0.078	0.143	0.029	0.101*

续表

变量		游客体验记忆			
		再现性		生动性	
		β	β	β	β
自变量	愉悦之情	—	0.221***	—	−0.003
	互动之情	—	0.164***	—	0.332***
	惊喜之情	—	0.291***	—	0.428***
F 值		1.631	16.127	0.777	20.971
R^2		0.034	0.348	0.017	0.410
ΔR^2		—	0.306	—	0.393
(df_1, df_2)		(6275)	(9272)	(6275)	(9272)
DW		1.985	2.021	1.698	1.721

注：*** 表示 $P < 0.001$，** 表示 $P < 0.01$；* 表示 $P < 0.05$。
资料来源：笔者根据调查问卷数据计算而得。

在多元回归方程中控制了人口统计特征变量，加入愉悦之情、互动之情和惊喜之情作为自变量后，两个模型的 R^2 均有显著提升，说明游客的积极情绪对游客体验记忆的再现性和生动性存在显著的相关关系。其中，惊喜之情（0.291***）对再现性的正向影响最高，愉悦之情（0.221***）次之，最后是互动之情（0.164***），因此，H6-3a、H6-3c、H6-3e 得到验证；而愉悦之情（−0.003）对生动性的影响并不显著，惊喜之情（0.428***）对生动性的正向影响最高，互动之情（0.332***）次之。因此，H6-3d、H6-3f 得到验证，而假设 H6-3b 并未得到支持。

6.3.5.3 积极情绪的中介作用检验

根据温忠麟的研究成果①，多元回归分析的中介效应检验步骤及方程式如下：

---

① 侯杰泰，温忠麟，成子娟，等. 结构方程模型及其应用［M］. 教育科学出版社，2004.

$$\begin{cases} y = a_0 + b_0 x + \varepsilon_0 & (6-1) \\ m = a_1 + b_1 x + \varepsilon_1 & (6-2) \\ y = a_2 + b_2 x + c_2 m + \varepsilon_2 & (6-3) \end{cases}$$

首先，分析自变量 x 对因变量 y 的影响，如果自变量的系数 b_0 显著，则可以继续进行下一步分析。其次，分析自变量 x 对中介变量 m 的影响，如果自变量的系数 b_1 显著，则可以继续进行第三步分析。最后，检验自变量、中介变量对因变量的影响，中介变量对因变量的影响显著（系数 c_2 显著），如果自变量对因变量的影响不显著（系数 b_2 不显著），则该中介变量为完全中介变量；如果自变量对因变量的影响仍然显著（系数 b_2 仍然显著），但显著性水平降低，自变量对因变量回归的系数结果变小，则该中介变量为部分中介变量。

根据上述分析，以旅游目的地供给感知为自变量对中介变量积极情绪、因变量游客体验记忆的回归分析结果发现，除了促销感知对愉悦之情、再现性的影响并不显著之外，其他路径的影响都是显著的；此外，以人口统计学变量为控制变量，以中介变量积极情绪为自变量，以游客体验记忆为因变量的回归结果发现，除了愉悦之情对生动性的影响不显著之外，其他路径均显著，因此，可以进一步验证已显著的路径中积极情绪的中介作用，即第三步中介效应分析。

（1）以再现性为因变量的路径分析。根据表6-24的多元回归分析结果和表6-25的中介效应分析可知，以旅游资源感知、服务与设施感知、信息感知和促销感知为自变量，再现性为因变量的多元回归中，旅游资源感知（0.286***）、服务及设施感知（0.122*）、信息感知（0.212***）对再现性具有显著的正向影响。当路径中加入愉悦之情、互动之情和惊喜之情3个中介变量后，模型拟合度具有显著提升，愉悦之情（0.162**）、互动之情（0.136**）、惊喜之情（0.262***）3个中介变量对再现性具有显著正向影响作用，部分路径积极情绪具有显著的中介作用。

表 6 – 24　多元回归分析结果

变量		第一步回归		第二步回归			第三步回归	
		再现性	生动性	愉悦之情	互动之情	惊喜之情	再现性	生动性
控制变量	性别	0.009	-0.038	-0.073	-0.038	-0.033	0.035	-0.024
	年龄	0.025	0.039	-0.166*	0.025	0.067	0.031	0.002
	教育程度	0.054	-0.017	0.048	0.001	-0.076	0.066	0.012
	工作年限	-0.036	-0.045	0.110	0.045	-0.132	-0.025	0.000
	职业	-0.075	-0.009	-0.151***	-0.028	-0.158***	-0.006	0.042
	月收入	0.137**	0.080	-0.038	-0.085	-0.005	0.156**	0.096
自变量	旅游资源感知	0.286***	0.180***	0.292***	0.126**	0.280***	0.149**	0.076
	服务/设施感知	0.122*	0.262***	0.201***	0.329***	0.160***	0.002	0.157***
	信息感知	0.212***	0.150***	0.247***	0.220***	0.179***	0.095	0.061
	促销感知	0.002	0.216***	0.064	0.185***	0.167***	-0.077	0.128**
中介变量	愉悦之情	—	—	—	—	—	0.162**	-0.058
	互动之情	—	—	—	—	—	0.136**	0.184***
	惊喜之情	—	—	—	—	—	0.262***	0.350***
	F 值	9.815	15.291	17.132	21.030	15.130	12.272	17.290
	R^2	0.266	0.361	0.387	0.437	0.358	0.373	0.456
	ΔR^2	—	—	—	—	—	0.107	0.095
	(df_1, df_2)	(10271)	(10271)	(10271)	(10271)	(10271)	(13268)	(13268)
	DW	2.041	1.856	1.933	1.841	1.962	2.004	1.773

注：*** 表示 $p < 0.001$，** 表示 $p < 0.01$，* 表示 $p < 0.05$。
资料来源：笔者根据调查问卷数据计算而得。

表 6 – 25　　　　　　　　　　　研究路径的中介效应分析

逻辑路径	显著性	中介类型	中介效应	总效应	中介效应/总效应	假设
旅游资源感知→愉悦之情→再现性	显著	部分中介	0.047	0.286	0.164	H6 – 4a 成立
旅游资源感知→愉悦之情→生动性	不显著	—	—	—	—	H6 – 4b 不成立
旅游资源感知→互动之情→再现性	显著	部分中介	0.017	0.286	0.059	H6 – 4c 成立
旅游资源感知→互动之情→生动性	显著	部分中介	0.023	0.180	0.128	H6 – 4d 成立
旅游资源感知→惊喜之情→再现性	显著	部分中介	0.073	0.286	0.255	H6 – 4e 成立
旅游资源感知→惊喜之情→生动性	显著	部分中介	0.098	0.180	0.544	H6 – 4f 成立
服务/设施感知→愉悦之情→再现性	显著	完全中介	0.032	0.122	0.262	H6 – 4g 成立
服务/设施感知→愉悦之情→生动性	不显著	—	—	—	—	H6 – 4h 不成立
服务/设施感知→互动之情→再现性	显著	完全中介	0.045	0.122	0.369	H6 – 4i 成立
服务/设施感知→互动之情→生动性	显著	部分中介	0.061	0.262	0.233	H6 – 4j 成立
服务/设施感知→惊喜之情→再现性	显著	完全中介	0.042	0.122	0.344	H6 – 4k 成立
服务/设施感知→惊喜之情→生动性	显著	部分中介	0.056	0.262	0.214	H6 – 4l 成立
信息感知→愉悦之情→再现性	显著	完全中介	0.040	0.212	0.189	H6 – 4m 成立
信息感知→愉悦之情→生动性	不显著	—	—	—	—	H6 – 4n 不成立
信息感知→互动之情→再现性	显著	完全中介	0.030	0.212	0.142	H6 – 4o 成立
信息感知→互动之情→生动性	显著	完全中介	0.040	0.150	0.267	H6 – 4p 成立
信息感知→惊喜之情→再现性	显著	完全中介	0.047	0.212	0.221	H6 – 4q 成立
信息感知→惊喜之情→生动性	显著	完全中介	0.063	0.150	0.420	H6 – 4r 成立

逻辑路径	显著性	中介类型	中介效应	总效应	中介效应/总效应	假设
促销感知→愉悦之情→再现性	不显著	—	—	—	—	H6-4s 不成立
促销感知→愉悦之情→生动性	不显著	—	—	—	—	H6-4t 不成立
促销感知→互动之情→再现性	不显著	—	—	—	—	H6-4u 不成立
促销感知→互动之情→生动性	显著	完全中介	0.034	0.216	0.157	H6-4v 成立
促销感知→惊喜之情→再现性	不显著	—	—	—	—	H6-4w 不成立
促销感知→惊喜之情→生动性	显著	部分中介	0.058	0.216	0.268	H6-4x 成立

资料来源：笔者根据回归分析结果整理。

①愉悦之情在旅游资源感知对再现性的影响中起部分中介作用，中介效应为 0.47，占总效应的 16.4%；互动之情在旅游资源感知对再现性的影响中起部分中介作用，中介效应为 0.17，占总效应的 5.9%；惊喜之情在旅游资源感知对再现性的影响中起部分中介作用，中介效应为 0.073，占总效应的 25.5%。总的来说，在旅游资源感知对再现性的影响中，惊喜之情的中介作用最强，互动之情的中介作用最弱。

②愉悦之情在服务与设施感知对再现性的影响中起完全中介作用，中介效应为 0.32，占总效应的 26.2%；互动之情在服务与设施感知对再现性的影响中起完全中介作用，中介效应为 0.45，占总效应的 36.9%；惊喜之情在服务与设施感知对再现性的影响中起完全中介作用，中介效应为 0.042，占总效应的 34.4%。总的来说，在服务与设施感知对再现性的影响中，愉悦之情的中介作用最强，惊喜之情的中介作用最弱。

③愉悦之情在信息感知对再现性的影响中起完全中介作用，中介效应为 0.40，占总效应的 18.9%；互动之情在信息感知对再现性的影响中起完全中介作用，中介效应为 0.30，占总效应的 14.2%；惊喜之情在信息感知对再现性的影响中起完全中介作用，中介效应为 0.047，占总效应的 22.1%。总的来说，在信息感知对再现性的影响中，惊喜之情的中介作用最强，互动之情的中介作用最弱。

④游客的促销感知对体验记忆的再现性并没有显著的影响作用，因此，

不存在积极情绪的中介效应。

（2）以生动性为因变量的路径分析。根据表 6 - 24 的多元回归分析结果和表 6 - 25 的中介效应分析可知，在以旅游资源感知、服务与实施感知、信息感知和促销感知为自变量，生动性为因变量的多元回归中，旅游资源感知（0.180***）、服务及设施感知（0.262***）、信息感知（0.150***）、促销感知（0.216***）对生动性具有显著的正向影响。当加入愉悦之情、互动之情和惊喜之情后，模型拟合度有显著提升，互动之情（0.184***）、惊喜之情（0.350***）对生动性具有显著正向影响作用；愉悦之情（-0.058）的作用并不显著，旅游资源感知、服务与实施感知、信息感知和促销感知的回归系数降低，显著性降低，部分路径积极情绪具有显著的中介作用。

第一，互动之情在旅游资源感知对生动性的影响中起部分中介作用，中介效应为 0.23，占总效应的 12.8%；惊喜之情在旅游资源感知对生动性的影响中起部分中介作用，中介效应为 0.098，占总效应的 54.4%。总的来说，在旅游资源感知对生动性的影响中，惊喜之情的中介作用最强，互动之情的中介作用较弱，愉悦之情的影响并不显著。

第二，互动之情在服务与设施感知对生动性的影响中起部分中介作用，中介效应为 0.061，占总效应的 23.3%；惊喜之情在服务与设施感知对生动性的影响中起部分中介作用，中介效应为 0.056，占总效应的 21.4%。总的来说，在服务与设施感知对生动性的影响中，生动之情的中介作用最强，惊喜之情的中介作用较弱，而愉悦之情的影响不显著。

第三，互动之情在信息感知对生动性的影响中起完全中介作用，中介效应为 0.40，占总效应的 26.7%；惊喜之情在信息感知对生动性的影响中起完全中介作用，中介效应为 0.063，占总效应的 42.0%。总的来说，在信息感知对生动性的影响中，惊喜之情的中介作用最强，互动之情的中介作用较弱，而愉悦之情的影响不显著。

第四，促销感知对生动性的影响中，互动之情起完全中介作用，中介效应为 0.034，占总效应的 15.7%；惊喜之情起部分中介作用，中介效应为 0.058，占总效应的 26.8%。总的来说，惊喜之情在路径中的中介作用较强，互动之情作用较弱。

第五，由于愉悦之情的影响不显著，假设不成立，因此相关无数据。

6.4　结论与启示

6.4.1　主要结论

本章在相关文献的基础上，对旅游目的地供给感知、积极情绪、游客体验记忆3个变量进行维度划分及量表开发，利用问卷调查的方式获取研究数据，运用SPSS17和AMOS21.0数据分析软件，在确保调查问卷的信度和效度的基础上，进一步研究各变量之间的关系，验证了积极情绪的3个维度变量在多条路径中的中介效应，并对比了积极情绪在路径中的中介效应强度。主要研究结论如下：

6.4.1.1　相关变量的构成维度

本章在相关文献的基础上，结合本章案例的实际情况，认为旅游目的地供给感知包括旅游资源感知、服务/设施感知、信息感知和促销感知4个维度，积极情绪涉及愉悦之情、互动之情、惊喜之情3个维度，游客体验记忆包括再现性和生动性2个维度。随后调查问卷经过多位专家对量表题项的评审与修改，设计了符合旅游目的地特点（西递村/宏村）的旅游目的地供给感知、积极情绪、游客体验记忆的测量量表。

6.4.1.2　旅游目的地供给感知对游客体验记忆的影响

旅游目的地供给感知对游客体验记忆具有显著的正向影响（除了促销感知对再现性无显著影响之外），这验证了金（2010，2014）、阿里（2014）等学者的结论。

（1）游客体验记忆受到旅游资源感知、服务/设施感知的显著正向影响。目的地的旅游资源区别于常驻地，其独特的自然景观、人文景观等可以很好地吸引游客的注意力，并可以更好地促进游客产生体验记忆。但是目的地的旅游资源主要承担着为游客提供视觉享受的任务，类似于传统的观光旅游，游客可以较好地再现旅游资源的画面感，即旅游资源感知对旅游体验记忆的再现性影响强度更大。旅游目的地服务/设施是旅游体验活动的基础，涉及餐饮、住宿、购物等环节，这种包含人与环境、人与人之间的互动和交流，会增强游客体验深度，而旅游记忆内容会根据当时的时间、地点、参与者、事件缘由等维度展开重现，记忆的细节更加完善，因此服务/设施感知对旅游体验记忆的生动性影响更大。

（2）游客体验记忆受到信息感知和促销感知的显著正向影响。旅游地信息和促销供给均发生在旅游决策之前，是旅游目的地吸引游客注意力，并驱动游客前往旅游地的重要手段。游客在便捷而多样的渠道中查询并获取信息，能够有效降低风险感知，并形成对旅游目的地的预期体验，但这种体验是通过他人转述或者精心制作的，存在个体体验偏差，同时，由于预期体验并非游客亲身经历，因此，提取记忆时，缺失流程和细节内容的生动性较差。旅游目的地为游客提供频繁而强有力的促销优惠活动，可以有效吸引游客注意力，并降低游客的风险感知，还会增强游客与旅游服务人员的互动与交流，故能促进游客留下具有生动性、再现性的体验记忆。

6.4.1.3 旅游目的地供给感知对积极情绪的影响

旅游目的地供给感知对积极情绪具有显著的正向影响（除了促销感知对愉悦之情无显著影响之外），验证了霍萨尼（2012）、田野（2015）等学者针对感知评价引发个体情绪的研究结论。

（1）游客的积极情绪受到旅游资源供给感知和服务/设施供给感知的显著正向影响。当游客认为旅游资源对自身有意义时，会产生良好的感知评价，可以更好地促进游客产生愉悦情绪和惊喜情绪。旅游目的地服务质量高、设施齐全，游客的满意度较高，在使用设施和享受服务的同时，还能接触到其他游客、当地居民和旅游服务人员，因此，更能促进游客产生互动情绪。

（2）游客的积极情绪受到信息感知和促销感知的显著正向影响。在前往旅游地之前，游客从多个渠道获得能传达旅游地特点的旅游信息，会促进游客产生游玩想象，并产生旅游兴趣，其良好的预期会诱发积极情绪的产生。而游客的促销感知涉及与旅游服务人员的互动，还能获得旅游从业者的服务与建议，可以更好地诱发游客的互动之情和惊喜之情。

6.4.1.4　积极情绪对游客体验记忆的影响

游客的积极情绪对游客体验记忆产生显著正向影响（除了愉悦之情对生动性没有显著影响之外），这一结论很好地验证了金（2012）和潘澜（2016）等学者对情绪和记忆关系的研究结论，即旅游体验记忆中包含情绪感受的内容将更令人难忘。

（1）游客体验记忆受到愉悦之情的显著正向影响。旅游是游客到异地追求愉悦心情的方式，人们更擅长记住愉悦的体验记忆而规避具有消极内容的旅游记忆，并愿意记录和分享，再现当时快乐的旅游情境，并得到其他人对这段旅游记忆的肯定。

（2）游客体验记忆受到互动之情的显著正向影响。当游客融入旅游活动中时，在与其他游客、当地居民、服务者交流及互动时，能够获得所需信息、建议、物质等基础元素，并从精神上产生归属感等。这些实际或感知到的支持会增强游客的互动之情，并且在脑海里留下因人与人之间互动产生的故事记忆，具有情节性。

（3）游客体验记忆受到惊喜之情的显著正向影响。旅游地的惊喜之处不同于常驻地的外部刺激信息，是旅游目的地根据当地特点而设计的体验活动。同时，游客也倾向于寻找旅游地的新鲜感和刺激感，以满足内心对惊喜的需求，而惊喜的经历往往成为游客最美好最易勾起的记忆。

6.4.1.5　积极情绪对旅游目的地供给感知与游客体验记忆之间的中介作用

积极情绪的中介作用是情绪评价理论的应用和拓展，本章研究发现，在旅游目的地供给感知对游客体验记忆的大多数影响路径中，积极情绪具有显著的中介作用，且部分路径呈完全中介效应，具体结论如下：

（1）旅游资源感知对游客体验记忆的影响路径中，积极情绪起部分中介作用（除旅游资源感知→愉悦之情→生动性的影响路径外）。其中，根据对比中介效应强度发现，惊喜之情在路径中的中介效应最强，愉悦之情次之，互动之情的中介作用较弱，这说明自然景观、人文景观等旅游资源供给如果有意识地设计惊喜点，能够最大化地让游客产生新奇、震撼、陶醉、有意义等正向惊喜感，可以有效促进游客生动形象地再现旅游情境和旅游记忆。

（2）服务与设施感知对游客体验记忆的再现性影响路径中，积极情绪具有完全中介作用；服务与设施感知对游客体验记忆的生动性影响中，积极情绪具有部分中介作用（除服务与设施感知→愉悦之情→生动性的影响路径外）。这说明，游客回忆当时的旅游情境，主要因为当地服务与设施供给为游客带来的积极情绪所主导的，而服务、设施本身的质量不再显著影响记忆。换句话说，旅游目的地管理者一味地在服务和设施上花更多的人力、物力和财力，不如在目前有限服务与设施水平上将关注点放在游客的情绪管理上，这将更好地正向影响记忆的再现性。另外服务与设施感知产生的互动之情、惊喜之情会显著影响游客体验记忆的生动性，其中，互动之情比惊喜之情的影响效果更强。

（3）信息感知对游客体验记忆的影响路径中，积极情绪具有完全中介作用（除信息感知→愉悦之情→生动性外）。这表明，游客是否愿意回忆当时的旅游情境，记忆是否生动，取决于旅游目的地通过信息渠道给游客带来的积极情绪，其中，相比愉悦之情和互动之情，惊喜之情对生动性的影响效果最强，因此，旅游目的地在传播目的地信息时，应当更加注重体现景观惊喜点给游客带来的良好体验。此外，通过各类信息渠道宣传目的地是吸引游客注意力的一大法宝，可以有效增加游客数量，但是更应当注意在旅游过程中帮助游客创造积极情绪，从而能更好地创造游客体验记忆。

（4）促销感知对游客体验记忆生动性的影响路径中，互动之情具有完全中介作用，惊喜之情具有部分中介作用，其他路径不显著。这表明，目的地的促销优惠活动及促销方案等对游客体验记忆的再现性和生动性的影响没有其他供给感知元素的效果好，对游客体验记忆的预测效果较差。但旅游期间人与人之间的互动产生的积极情感会影响体验记忆的生动性，促销带来的惊喜之情也会影响生动性。虽然旅游目的地促销供给必不可少，是吸引游客购买旅游产品的必要因素之一，可以有效增加游客数量，但关注游客的情绪、创造游客积极情绪更为重要。

6.4.2　管理启示

本章以西递村/宏村为案例地，探讨了旅游目的地感知对游客体验记忆的作用，以及积极情绪在影响路径中的中介作用，根据分析结果，本章主要得到两个方面的管理启示，为目的地管理者解决旅游供给、营销策略等问题提供参考。

6.4.2.1　旅游目的地的供给优化

旅游资源是旅游目的地供给的基础，服务/设施是提高旅游体验质量的软件和硬件条件，信息和促销统是目的地打造品牌知名度、维系主客关系的重要步骤，因此，可从 4 个供给要素对积极情绪、游客体验记忆影响的重要性为目的地供给优化提出相应的管理启示。

（1）深挖目的地旅游资源的潜力。西递村/宏村作为世界文化遗产，具有深厚的历史文化价值，其乡村自然风光与古民居群相结合的特色，在全球范围内都是罕见的，具有不可复制性。但是西递村/宏村当下仍以旅游观光模式为主，对门票收入的依赖性较强，不利于景区的可持续发展。因此，西递村/宏村应扩大旅游资源优势，重点挖掘田园风光、古名居遗产的旅游潜力，增强游客与环境的互动，刺激游客多种感官感受。例如，景区内设计固定的大白鹅饲养点，游客可以看到大白鹅在水中嬉戏的场景，能听到大白鹅的叫声，能与大白鹅合影，能加入到帮助居民喂食大白鹅等实践活动中，这些旅游惊喜点的设计，可以极大化地满足都市人享受田园风光、回归淳朴民俗的愿望，这将有效促进游客体验记忆。

（2）加强配套设施建设，提升旅游服务水平。根据调研发现，西递村/宏村基础设施、配套设施的建设不足，无法满足游客的多元化需求，导致游客在餐饮、住宿、购物、娱乐等项目的支出较少，同时，旅游从业人员也存在服务态度较差、服务质量一般的问题，极大地阻碍了西递村/宏村的发展。因此，管理者应当注重公共基础设施建设和环境改善，指导居民开发住宿、餐饮、接待等设施，增强游客长时间停留在目的地的愿望，对游客归属感和游客付费等方面均有较好的促进作用。此外，优质的服务可以给游客带来更多心理上的满足感，旅游从业者一句简单的问候、一个贴心的备用品，及时有效的交流与互动，会让游客增强积极的情绪，使游客可以全身心地投入到享受自然生态环境、清代古民居的文化氛围之中，获得良好的旅游体验。

（3）避免信息和促销的过度供给。游客信息感知和促销感知对于游客预先体验具有重要影响作用，要重视信息和促销的作用，但是促销的影响在多条路径中并不显著，所以也要避免其过度供给，得不偿失。换句话说，管理者一味改善旅游产品、服务/设施，或者将大量资金花费在信息曝光、促销手段上，也是不可取的。管理者在信息和促销方面的供给要注重传达给游客多种感官体验，以及愉悦、互动、惊喜等方面的情绪感受，促进游客产生良好的预期体验。

6.4.2.2 加强游客的情绪管理

积极情绪对游客体验记忆的形成、维持和提取等阶段具有显著正向影响作用，注重游客的情绪管理，有助于游客体验记忆的形成，也有助于西递村/宏村竞争力的提高，本章认为目的地管理者可以从以下两个方面入手。

（1）增强积极情绪，加深体验记忆。目的地管理者可以从旅游资源、服务/设施、信息和促销等方面入手，例如，增加休闲设施投放和氛围营造、娱乐性的观赏项目、互动性强的体验项目、特色性强的人文项目、刺激多变的探险项目，以激发游客的积极情绪。此外，管理者要注重游客情绪的调动，从游客角度关注积极情绪的产生，例如，在旅游景点或路线的设计上，有意识地增加惊喜点，以提高游客猎奇的欲望，以满足游客惊喜的愿望，进一步加深游客体验记忆。

（2）弱化消极情绪，做好市场公关。不同游客在年龄、性别、收入、教育水平、职业、性格、消费习惯等方面具有差异，而旅游外部客观环境也无法随时保证最优状态，因此，游客难免会出现消极感知评价的情况。这就需要旅游从业人员及时安抚游客情绪，有效解决旅游问题，给予足够的补偿，以多种互动和交流的方式弱化游客消极情绪，增强游客满意度。而旅游目的地面对重大危机、负面舆论时，也应当及时找出问题，有担当地解决问题，同时做好市场公关，给游客满意的交代。

6.4.2.3　运用体验式营销强化游客记忆

游客体验记忆是游客基于目的地旅游资源、服务/设施、信息和促销供给感知基础之上，进行旅游体验后信息加工的记忆集合。目的地管理者应当有意识地抓住游客记忆点、注重游客精神享受，不仅有利于游客获得良好体验，也为目的地供给侧结构性改革提供方向和目标，坚持人与自然和谐共生，促进西递村/宏村的有效供给，对乡村经济、旅游经济的振兴具有一定重要意义。

（1）开展具有强记忆作用的旅游活动。笔者通过现场调研发现，西递村/宏村的游客表现较为文艺，游客的情绪也比较温和，主要关注点在于目的地的青山绿水、白墙黑瓦等，很少出现能让游客沉浸其中的活动，缺乏现场体验的高潮点。因此，西递村/宏村可以重新设计景区游览格局或者游览路线，引导游客的情绪变化。此外，西递村/宏村的旅游活动也是一大薄弱点，可以考虑将抛绣球表演、美食制作表演、方言表演等传统民俗活动商业化，鼓励游客参与当地旅游活动；同时，也可以考虑将学生写生的模式商业化，游客不仅可以观看作者写生，还能现场体验风景作画等，感受商业与世俗的差别，感受明清文化与现代艺术的穿越感，带来情绪的波动以增强游客体验记忆。

（2）深挖具有强记忆作用的文创产品。笔者发现，游客对西递村/宏村的建筑艺术等科普性文字特别感兴趣，游客能够在旅游过程中学到新的知识，这些内容属于强记忆点。对异域文化的新奇感驱动着游客探索旅游目的地的动力，因此，西递村/宏村可以考虑开展多种寓教于乐的文化科普活动。例如，增设 3D 投影效果让游客直观地了解徽派建筑的建造方法、特点和历史等，出售徽派建筑相关的宣传手册、手工艺品，提供休闲邮局帮助游客寄送明信片，让游客在游玩中学习和感受当地文化，并形成独一无二的记忆。

（3）增加具有强记忆作用的营销方案。深刻而难忘的游客体验记忆会无意识地影响游客的重游意愿和推荐意愿，是一种低成本的良性循环营销方式，对古村落旅游地积极效应的影响不言而喻。利用旅游体验的价值，可以从消费者的强记忆点作为宣传信息，设计强有力的体验式营销方式，刺激游客将记忆唤醒，甚至引导游客美化再造记忆。由于游客的记忆容易受到时间、外界刺激的影响而逐渐消失或者逐渐改变，因此，体验式营销有助于唤起游客对目的地的怀念，从而产生强烈的重游意愿和推荐意愿。

| 7 |

乡村旅游地品牌价值提升的
新方法——品牌概念地图 ◆

品牌联想，是记忆中任何与品牌相联系的概念的结点。我们可以从两方面来分析：一是联想内容，包括与产品或品牌有关的属性、利益、产品代言人等。其中，有些联想内容可作为产品质量评价的依据或线索，在消费者评价产品时发挥作用。二是联想特征，包括联想的数量、强度、有利性和独特性等。阿斯克尔和凯勒（Asker & Keller，1993）在阐述他们各自关于品牌资产的理论模型中，均将品牌联想看作是品牌资产的重要组成部分。品牌形象则是通过这些强有力的、偏好的、独特的联想与记忆中的品牌联系起来。只有通过有效的营销，将顾客脑中丰富的联想形成良好且牢固的联想，企业才能提高顾客对品牌的忠诚度，从而提高品牌的价值。正确了解顾客对品牌的联想，是企业调整企业品牌建设的重点，更是品牌建设朝正确的方向进行的基础。

品牌形象通过各种联想与记忆中的品牌相联系。只有通过有效的营销方式，将顾客脑中丰富的联想形成良好且牢固的联想，企业才能提高顾客对品牌的忠诚度。国外对品牌联想的研究较早，且成果较多；而我国对于品牌联想的研究才刚刚起步，关于如何测量和描绘的研究更是几乎为零。结合国外最新的品牌联想测量工具——品牌概念地图，对乡村旅游地的品牌联想进行实证研究。通过描绘乡村旅游地的品牌联想结构，指出现有不足之处，为提升乡村旅游地品牌价值提供新的思路。

7.1 普者黑景区乡村旅游品牌概念地图构建

普者黑景区位于云南省东南部，是滇东南喀斯特精品旅游线上的重要节点。气候温和，资源丰富，自然条件优越，又是汉、壮、苗、彝、回、白、瑶等多民族杂居地，有着多元的民族文化和民俗风情。在乡村旅游积极发展的宏观背景下，普者黑村通过不断完善服务及加大宣传，使其名声大噪，成为人们向往的旅游景点。基于凯勒（1993）提出的品牌联想形态及内涵，选择了去哪儿网、携程网、同程网等旅游电子商务网站近 5 年的 150 篇游记，采取人工识别的方法选取有效样本 130 篇，利用 ROST 网络文本分析软件以青龙山、摆龙湖、天鹅湖和仙人洞等景区和相关旅游资源等属性要素构建品牌概念地图，起点以亲近自然风光、感受世外桃源、接触美丽仙境、享受热情淳朴、重温亲子乐趣等利益要素作为品牌概念地图中介，以休闲放松、温馨亲情、浪漫美好等态度打造品牌概念地图终点，进行品牌联想分析，并提出普者黑品牌联想方案：古朴水乡农家情，美妙天堂普者黑；邂逅普者黑，重温三生情；普者黑——休闲放松的仙境，亲子玩乐的天堂。

7.1.1 研究对象与资料收集

7.1.1.1 研究对象

文山州丘北普者黑景区（以下简称"普者黑"），位于云南省文山壮族苗族自治州丘北县境内，距县城 13 公里，是国家级风景名胜区、国家AAAA 级旅游景区。景区总面积 388 平方公里，核心景区 165 平方公里，属于滇东南岩溶区，是发育典型的喀斯特岩溶地貌，以"水上田园、湖泊峰林、彝家水乡、岩溶湿地、荷花世界、候鸟天堂"六大景观而著称。景区内有 265 个景点各具千秋，312 座孤峰星罗棋布，83 个溶洞千姿百态，54 个湖泊相连贯通，1333.33 公顷水面清澈透明，13 公里大峡谷雄伟壮观，3

公里茶马古道神秘古朴，还有 2666.67 公顷的高原喀斯特湿地。除了具有较为优越的自然条件外，普者黑又是汉、壮、苗、彝、回、白、瑶族为主的各民族杂居地，多元的民族文化为这里的旅游带来新的出发点。

普者黑景区自 1993 年开园以来，发展十分迅速，尤其是近几年，普者黑景区通过不断完善服务及加大宣传，使普者黑景区名声大噪，成为人们向往的旅游景点。依托普者黑景区的旅游发展，带动相关服务产业的提升，丘北县经济发展呈现出良好的发展态势。根据相关统计数据显示，2013 年，丘北县旅游收入占丘北县地区生产总值（GDP）总量的 18% 左右，可以说旅游业已经成为丘北县经济发展的支柱产业。而近年来，旅游收入占 GDP的比重仍在不断上升，并且通过相关性分析，丘北县的经济发展和旅游收入的变化呈现出极大的相关性。

7.1.1.2　资料的收集与处理

（1）数据来源。随着互联网信息技术的发展，人们在进行旅游出行前所选择的信息获取渠道除了旅行社和电视，如今更多的是选择旅游电子商务网站。中国旅游电子商务网站从 1996 年开始出现，目前具有一定旅游资讯能力的网站已有 5000 多家。其中，专业旅游网站 300 余家，主要包括地区性网站、专业网站和门户网站的旅游频道三大类。虽然电子商务运用于旅游业仅有数年的时间，但是其发展势头十分强劲。电子商务已经成为信息时代旅游交易的新模式。人们在旅游网站购买旅游产品后会对所消费的旅游产品进行评价和记录，以让更多的消费人群预先了解所要选择的旅游产品。相对于微博评论来说，虽然网站的游记舆情性不高，但游记中所记录的内容更具有完整性，它包括了旅游者在消费旅游产品的前期准备过程和整个消费途中的细节，这比微博评论更能体现个体语义与社会舆情之间的联系。因此，本章选择了旅游电子商务网站——去哪儿网、携程网、同程网、蚂蜂窝、驴妈妈、途牛、游侠客、艺龙等旅游电子商务网站的相关游记作为研究的数据来源。

（2）数据获取。首先，在旅游电子商务网站上的"游记"或"攻略"板块寻找数据：①搜索的内容统一为"普者黑"，以目的地名称作为搜索关键词。②搜索时间为 2015 ~ 2019 年，对这 5 年的游记数据进行分析。③由于对相关游记的关注度和价值性考虑，会相应地搜索精品游记或点赞数、阅读数和整体综合素质高的游记。

其次，针对150篇游记样本，采取人工识别的方法选取样本，样本识别和选取遵循以下两个原则：①内容相关。选取主要以普者黑为主要出行地点或在旅游途中在普者黑停留时间较长的游记，删除不属于普者黑景区范围内的游记记录片段。②以文本为格式。剔除所上传的图片、视频、外链接。

最后，整合经去重和人工识别剔除后的游记文本，共得到130篇有效游记作为研究样本，样本共计187647字。

（3）数据预处理。为便于后续运用软件进行数据分析，选择对样本数据进行预处理：①转换繁体中文为简体中文。②还原为追求流行或规避审核而使用的拼音、方言、同音词、错别字、缩略词等。③对相似意思的词汇进行归并统一。④用 ROST CM6.0 系统软件对文本进行一般性处理，凡有重复的行只保留一行，并删除文本空行。

7.1.2 品牌概念地图的构建

7.1.2.1 品牌概念地图的构建

本文数据分析应用了 ROST CM6.0 内容挖掘系统软件。ROST CM6.0 是武汉大学沈阳教授研发编码的国内目前唯一的可以辅助人文社会科学研究的大型免费社会计算平台，该软件可以进行分词、词频统计、情感倾向、共现、语义网络及社会网络等分析，实现内容挖掘、文本分析、知识处理等目的。

（1）高频特征词提取和分析。将经过处理的样本数据复制到文本文档中，使用 ROST CM6.0 软件对一行一句的未分词文本进行提取高频词，初步了解旅游者对普者黑的了解和整体印象。通过对文本的初步了解，从中提取100个想要了解的高频词汇制成自定义词表，然后运用软件启用自定义词表对文本进行分词。为了更有效地获取需过滤的词表，先尝试对分词文本进行词频分析，得到词频文件，然后对其中不需要的词语但却在文本中出现频率极高的词语进行提取和归类，制成过滤词表。最后，再次运用软件的词频分析功能，添加过滤词表，通过分析获得网络舆情高频词，并选取前100个高频词汇进行分析。

（2）基于共词分析的普者黑品牌概念地图分析。首先，使用 ROST CM6.0软件对样本数据进行行特征提取，然后启用内置的 NetDraw 软件对高频词和行特征词构建共现矩阵，进一步构建语义网络，形成可视化品牌概念地图。

其次，对该图谱进行中心性测量，按照关联性高低程度设置节点大小，使各舆情要素特点鲜明，便于分析，形成的图谱如图7-1所示。

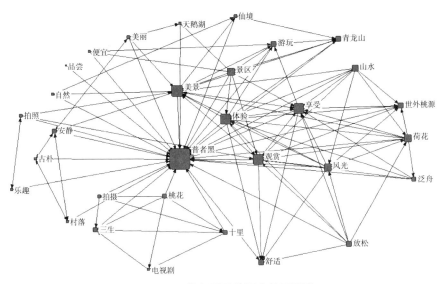

图7-1　普者黑品牌概念地图图谱

资料来源：笔者根据软件对样本数据的提取分析绘制。

最后，根据凯勒（1993）提出的手段目的链理论，为了更好地研究旅游者对普者黑相关旅游景点和吸引物的评价和其他要素的关联度，了解目的地属性、利益、态度之间的层级联系，我们采取人工剔除"普者黑"这类对目的地吸引物层面有影响的词语，从而得出相应的以属性、利益和态度层面为主要节点的中心性测量图谱（见图7-2）。

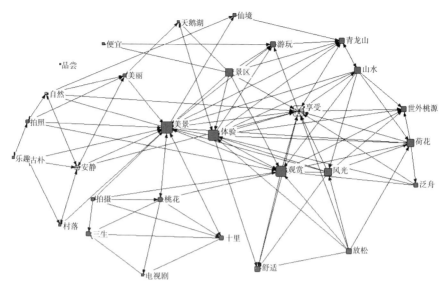

图 7 – 2　普者黑品牌概念地图中心性测量图谱

资料来源：笔者对样本数据进行处理后绘制。

7.1.2.2　品牌概念地图的层次划分和连接路径

根据罗克奇（Rokeach）提出的"手段—目的"链理论[①]，品牌联想的三个层次——属性、利益和态度之间存在阶梯式的递进关系，旅游者对旅游产品所持有的稳定的心理倾向（情感、观念等）反映其态度，属性是达成目的地品牌联想的手段，利益是属性和态度联想串联起来的纽带。可见，消费者对于品牌的正面联想，主要源于正面的属性和利益进而带来正面的态度，相应地也影响了购买决策（Keller，1993；Mitchell & Olson，1981）。以此为依据，把乡村旅游地品牌概念地图划分为属性、利益与态度三个层次（见图 7 – 3）。

在对普者黑品牌概念地图分析中，我们借助心理学家托尔曼和经济学家艾博特提出的"手段—目的"链理论，在 130 篇相关普者黑游记的普者黑品牌概念地图分析中，利用高频词条分析数据，以"60"的数值为分界点，将词频数大于 60 的关键词作为品牌联想的关键要素。分析发现，词频数位

---

① Rokeach M. The Nature of Human Values [J]. American Journal of Sociology, 1973, 89 (1).

　乡村旅游地品牌价值的形成及传递效果研究

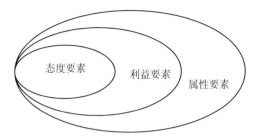

图7-3　属性要素、利益要素与态度要素层次划分

资料来源：笔者根据文献资料绘制。

于60以上的高频特征词中有关旅游目的地属性要素有景区、山水、青龙山、摆龙湖、溶洞、游船、荷花、仙人洞、农家乐、日落、日出、桃花、天鹅湖、田园；有关旅游目的地利益要素的有观赏、体验、游玩、泛舟、拍照、亲近（自然）、重温（拍摄地）、赏日出日落、亲临世外桃源；有关旅游目的地态度要素的有开心、值得、安静、快乐、放松、美妙、舒适、重温等（见表7-1、图7-4）。

表7-1　　　　　　　　　　　　普者黑品牌联想要素表

层次	要素名称
属性要素	景区、山水、青龙山、摆龙湖、溶洞、游船、荷花、仙人洞、农家乐、日落、日出、桃花、天鹅湖、田园
利益要素	观赏、体验、游玩、泛舟、拍照、便宜、亲近（自然）、重温（拍摄地）、赏日出日落、亲临世外桃源
态度要素	开心、值得、快乐、放松、美妙、舒适、安静、乐趣与兴奋

资料来源：笔者根据文献资料对样本数据进行整理而得。

根据心理学家托尔曼和经济学家艾博特的"手段—目的"链理论，影响目的地选择的各种因素为一个阶梯式的连续体。在普者黑品牌概念地图层次分析中，景区、山水、青龙山、摆龙湖、岩洞、游船、荷花、仙人洞、农家乐、日落、日出、桃花、天鹅湖、田园等相对具体的属性要素为游客实现利益要素和态度要素的手段。观赏、体验、游玩、泛舟、拍照、赏日出日落、亲近（自然）、重温拍摄地是游客实现的相对抽象的利益要素；态度要素更为抽象，它是指游客通过消费行为，即接触属性要素和实现利益要素所追求的核心的、持久的态度要素，如开心、值得、快乐、放松、美妙、舒适、乐趣与兴奋（见图 7-5）。

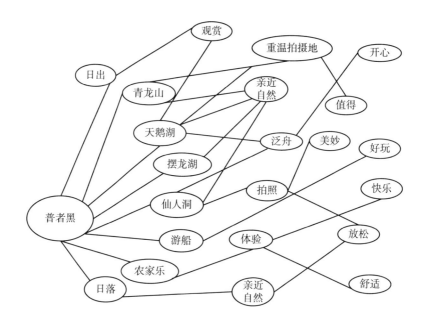

属性要素   利益要素   态度要素

图 7-4 普者黑品牌概念地图的层次划分和连接路径

资料来源：笔者根据文献资料对样本数据进行整理绘制。

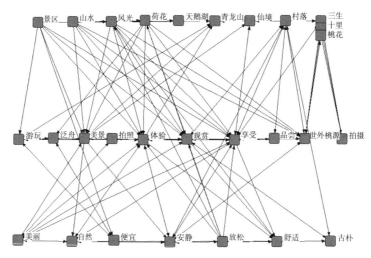

图 7-5 普者黑品牌概念地图层次分类

资料来源：笔者根据文献资料对样本数据进行整理后绘制。

乡村旅游地品牌价值的形成及传递效果研究

根据普者黑品牌概念地图层次分析，我们得出在"日出""日落"的属性要素中，游客主要满足的利益要素为"游玩""观赏"和"（欣赏）美景"，实现的态度要素是获得一种独特的"享受"和"安静"。体现了游客对于普者黑日出、日落的景物的主要需求，即观赏日出、出落，欣赏美景，获得一种安静、享受的游玩体验（见图7-6）。

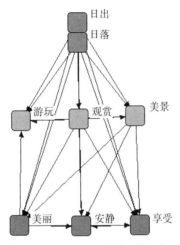

图7-6　"日出、日落"联想路径

资料来源：笔者对样本数据分析整理绘制。

如图7-7所示，根据普者黑品牌概念地图层次分析，我们得出在"青龙山"的属性要素中，游客主要满足的利益要素为"游玩""（感受）美景""体验仙境"等，实现的态度要素是体验到了"美妙"。体现了游客对于青龙山的主要游玩需求，即获得一种亲临仙境、欣赏美景对的美妙体验。

如图7-8所示，根据普者黑品牌概念地图层次分析，我们得出在"风光""荷花""山水"的属性要素中，游客主要满足了"观赏""泛舟""（观看）美景""（感受）世外桃源"等利益要素，主要是为了实现了一种独特的"享受""体验"和"放松"的态度要素。体现了游客对于普者黑山水风光、荷花等景物的主要游玩需求，即感受世外桃源、观赏美景、泛舟戏水等可以让身心放松、休闲的体验项目。

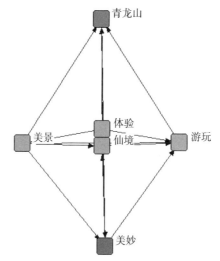

图7-7 "青龙山"联想路径图

资料来源：笔者对样本数据分析整理绘制。

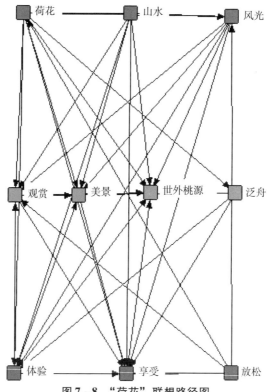

图7-8 "荷花"联想路径图

资料来源：笔者对样本数据分析整理绘制。

乡村旅游地品牌价值的形成及传递效果研究

　　如图7-9所示，根据普者黑品牌概念地图层次分析，我们得出在"青龙山""日出""日落"等属性要素中，游客满足了"观看""拍照"等利益要素，获得了"美好"的态度要素，体现了游客对于普者黑日出、日落的主要需求，即观赏和拍摄日出、出落，欣赏美景，获得一种宁静、美好的游玩体验。

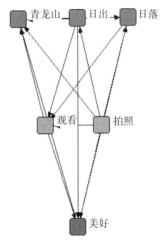

图7-9　"青龙山、日出、日落"联想路径图

资料来源：笔者对样本数据分析整理绘制。

7.1.3　普者黑乡村旅游品牌联想的思路与方案

7.1.3.1　普者黑品牌联想思路

　　（1）以青龙山、摆龙湖、天鹅湖和仙人洞等景区属性要素为品牌联想起点。"青龙山""摆龙湖""天鹅湖""仙人洞"等关键词出现的频率较高，其集中湿地、游船、岩洞、溶洞、日出、日落、候鸟、荷花和喀斯特地貌等重要旅游资源，是游客在普者黑的主要旅游目的地，对旅游者吸引力最强。其作为目的地的主要属性要素，应当是目的地品牌联想的起点，是引发和影响游客利益要素和态度要素的客观因素，更是游客达成目的地品牌联想的手段，其开发程度和质量优劣将直接影响品牌联想网络中的利益要素和间接影响态度要素的实现。

（2）以亲近自然风光、感受世外桃源、接触美丽仙境、享受热情淳朴、重温亲子乐趣等利益要素作为品牌联想中介。由"亲临仙境""感受古朴""享受安静""亲近自然""观赏山水""体验风光""游玩""泛舟""拍照"等词是连接目的地属性要素和态度要素的关键要素，同时，因热门综艺节目《爸爸去哪儿》和热门影视剧《三生三世十里桃花》的播出，在数据分析中因跟随《爸爸去哪儿》和《三生三世十里桃花》取景地而游览普者黑的游客也不在少数，因此，《爸爸去哪儿》和《三生三世十里桃花》也成为游客实现猎奇心态的利益要素之一。

（3）以休闲放松、温馨亲情、浪漫美好等态度打造品牌联想终点。游客在普者黑的态度要素主要是"开心""值得""快乐""放松""美妙""舒适"等。反映了游客对于普者黑所持有的稳定的心理倾向，其应当作为普者黑旅游品牌联想的终端。

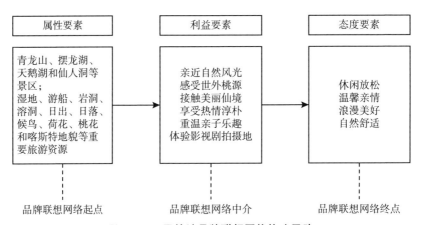

图 7-10　目的地品牌联想网络构建思路

资料来源：笔者根据样本数据绘制。

7.1.3.2　普者黑游客类型划分

根据普者黑品牌概念地图层次及普者黑的资源客观情况，普者黑游客可分为三大类：第一类为风景观光型；第二类为农家体验型；第三类为拍摄地体验型。

乡村旅游地品牌价值的形成及传递效果研究

（1）风景观光型游客。这类型游客的年龄分布在各个年龄层，多数到普者黑旅游的游客都会被当地的风光所吸引，游客主要进行的旅游活动有：观赏青龙山风景、在摆龙湖内划船、参观仙人洞或观音洞、观赏日出日落、欣赏荷花鸟类等。

（2）农家体验型游客。这类型的游客以中老年人、上班族和以家庭为单位出行的人群为主，中老年人、上班族这类游客通过农家体验型项目以体验旧时的田园生活和朴素的生活方式，以达到放松自我、远离城市压力的目的；而以家庭为单位出行的游客不仅是为了休闲放松，还有亲子交流等教育目的。此类游客主要进行的旅游活动有果蔬采摘、品尝农家菜、观看农事活动等。

（3）拍摄地体验型游客。①重温影视剧取景地和情节。这类型的游客以年轻人为主，由于电视剧《三生三世十里桃花》受到年轻人的追捧，普者黑作为该剧的取景地也吸引了许多年轻学生、白领等游客群体。但由于开发有限，此类游客主要进行的旅游活动也较为局限，主要是欣赏桃花林、拍照等较为单一的活动。②重温亲子节目取景地和情节。这类型游客以家庭亲子游客为主，由于普者黑曾作为热门亲子综艺《爸爸去哪儿》的拍摄地，该地也吸引了一部分家庭亲子类游客，此类游客主要进行的旅游活动同样也存在单一等问题，主要是游览明星家庭住过的房屋和活动过的地点，相关的旅游亲子项目还有待开发。

7.1.3.3　普者黑品牌联想方案

由此，在普者黑的品牌联想网络构建中，我们提出以下3个品牌联想方案：

（1）古朴水乡农家情，美妙天堂普者黑。以"湿地""水乡""农家"为属性要素，"（感受）古朴""（享受）天堂""（体验）农家情"为利益要素串联其中，让游客产生美妙、热情、开心等态度要素（见图7-11）。

（2）邂逅普者黑，重温三生情。以"青龙山""桃花""拍摄地""山水"为属性要素，"邂逅""（重温）《三生三世十里桃花》拍摄地"为利益要素，引发游客关于浪漫、美好，以及对于影视剧的好奇心理等态度要素。

（3）普者黑——休闲放松的仙境，亲子玩乐的天堂。以亲子项目、景区为属性要素，"（亲临）仙境""亲子（交流）""（感受）天堂""玩乐"为利益要素，引发游客产生温馨、轻松、快乐等态度要素。

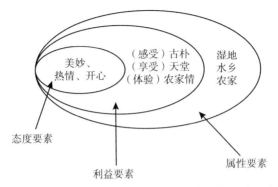

图 7 - 11 "古朴水乡农家情, 美妙天堂普者黑" 要素层次划分

资料来源: 笔者根据品牌联想方案绘制。

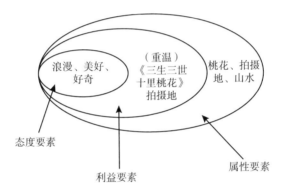

图 7 - 12 "邂逅普者黑, 重温三生情" 要素层次划分

资料来源: 笔者根据品牌联想方案绘制。

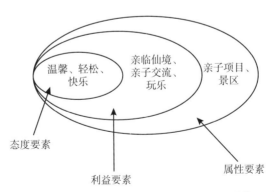

图 7 - 13 "普者黑——休闲放松的仙境, 亲子玩乐的天堂" 要素层次划分

资料来源: 笔者根据品牌联想方案绘制。

乡村旅游地品牌价值的形成及传递效果研究

7.2 稻城亚丁乡村旅游品牌概念地图构建

稻城亚丁位于四川省甘孜藏族自治州南部，除拥有中国目前保存最完整、最原始的高山自然生态系统之一及呈现出世界美丽的高山峡谷自然风光之外，还拥有着独特的民俗文化与神秘的宗教文化。在政府大力支持乡村旅游的背景下，依托于当地独特的自然资源，稻城亚丁逐渐发展成为一个知名的乡村旅游目的地。本节基于凯勒（1993）提出的品牌联想形态及内涵，利用网络爬虫、ROST 网络文本分析软件，以及 SPSS 等软件对稻城亚丁进行品牌联想网络构建，确定稻城亚丁品牌联想网络中的重要或主导性连接路径。

7.2.1 数据的来源与处理

7.2.1.1 数据的来源

本节首先利用网络爬虫工具从马蜂窝、去哪儿网、携程网等各大主流旅游网站中抓取游客点评、旅游日记等网络文本来反映旅游者对乡村旅游地品牌的感知记忆；其次采取人工识别的方法选取样本，优先选取游记中时间较新的热门帖、精华帖，并剔除文体为诗歌、歌词及全部为图片或视频的游记，初步拟定筛选出 2016～2018 年间共 168 篇游记和若干有价值的游客评论作为本节研究的数据样本。

7.2.1.2 数据的处理

将搜集到的数据首先通过 ROST 进行初步处理，通过分词、高频词分析等步骤，对稻城亚丁品牌联想要素进行提取，并进行类目构建。由于 ROST 的高频词提取依据仅为该词出现的频率，若不加以处理，在进行对稻城亚丁样本数据进行分析的过程中，一方面，会出现对于带有总括性色彩的属性名词，如"稻城""亚丁""四川"等出现次数最多，而对于利益及价值层面的词汇出现较少，甚至不会出现在高频词表中；另一方面，会出现属性过细，属性层面的高频词过多且存在互相包含的现象，从而为后续的品牌概念地图构建形成阻碍。为方便进一步的研究分析，本节遵循具体、相互独立且并集为稻城亚丁总体的原则，依据高频词表对品牌联想要素进行提取和筛选。

首先，产品属性一般包括了产品所有外在和内在的各种特征与性质。产品属性分为四大类，即内在属性、外在属性、表现属性和抽象属性；产品属性是相互关联的，即内在属性会影响消费者对表现属性和抽象属性的认知；外在属性会影响消费者对内在属性、表现属性及抽象属性的认知；表现属性会影响消费者对抽象属性的认知。基于此对属性层次进行筛选，具体步骤为：第一步，利用 ROST 进行高频词分析，提取出现词频数不小于 100 的高频词，包括"稻城、亚丁风景区、四川省、牛奶海、雪山、五色海、香格里拉、冲古寺、仙乃日、洛绒牛场、神山、珍珠海、央迈勇、海子山、藏民、交通"16 个属性层面的词汇；第二步，手动剔除"稻城""亚丁风景区"及"四川省"这 3 个范围过大且对本节研究结果无意义的高频词；第三步，提取出包括"牛奶海、雪山、五色海、香格里拉、冲古寺、仙乃日、洛绒牛场、神山、珍珠海、央迈勇、海子山、藏民、交通"在内的 13 个稻城亚丁品牌联想的属性层次要素，提取出稻城亚丁品牌联想要素。

其次，对利益与态度层次进行筛选，利益具有主观性的特点，当顾客感知的结果与他所期望的一致时，通常把这样的结果称为利益。利益与属性是有区别的，不管产品有怎样的属性，人们均可以获得一定的利益。一般来说，利益可以分为两大类工具性利益和心理社会利益，通过工具性利益来实现顾客的心理社会利益。工具性利益又可分为功能利益、体验利益和财务利益。利益可能是自然物质上的（如满足饥饿、口渴或其他的生理需求），也可以是心理上的（如自尊、更美好的将来），还可以是社交上的（如提高地位）。而态度是人们在自身道德观和价值观基础上对事物的评价和行为倾向。态度表现于对外界事物的内在感受（道德观和价值观）、情感（即"喜欢—厌恶""爱—恨"等）和意向（谋虑、企图等）3 个方面的构成要素。激发态度中的任何一个表现要素，都会引发另外两个要素的相应反应，这也就是感受（道德观和价值观）、情感（即"喜欢—厌恶""爱—恨"等）和意向（谋虑、企图等）这 3 个要素的协调一致性。

筛选的主要步骤为：第一步，通过 ROST 进行词频分析，显示出词频排名在前 200 的词汇；第二步，删除属性层次的词汇，余下 23 个利益及态度层次的词汇；第三步，根据利益与态度层次的概念及区别方式将此 23 个词汇进行区分，得到利益层次包括"休息、兴奋、震撼、美食、幸福、激动、遗憾、信仰、清澈、特色、自由、舒服、值得"13 个词语，态度层面包括"满足、美丽、热情、神圣、神秘、可惜、壮观、独特、圣洁、方便"10 个词语（见表 7 - 2）。

表 7 - 2　　　　　　　　　　　　稻城亚丁品牌联想要素

层次	要素名称
属性	牛奶海、雪山、五色海、香格里拉、冲古寺、仙乃日、洛绒牛场、神山、珍珠海、央迈勇、海子山、藏民、交通
利益	休息、兴奋、震撼、美食、幸福、激动、遗憾、信仰、清澈、特色、自由、舒服、值得
态度	满足、美丽、热情、神圣、神秘、可惜、壮观、独特、圣洁、方便

资料来源：笔者通过对样本数据进行筛选而得。

7.2.2　稻城亚丁乡村旅游品牌概念地图的构建

通过对表 7 - 3 各项基础要素中，单个词语和关联词语在游记中出现的频数进行综合统计、整理，依据单个词语的频率确定网络节点的大小，关联词语出现的频率对应网络线条宽度，据此构建出的稻城亚丁品牌概念地图。

表 7 - 3　　　　　　　　　　调整后的稻城亚丁品牌联想要素

层次	要素名称
属性	牛奶海、雪山、五色海、香格里拉、冲古寺、仙乃日、洛绒牛场、神山、珍珠海、央迈勇、海子山、藏民、交通

层次	要素名称
利益	休息、兴奋、震撼、美食、幸福、激动、遗憾、值得
态度	满足、美丽、热情、神圣、神秘、方便

资料来源：笔者对样本数据整理而得。

但在进行品牌概念地图构建的过程中，发现品牌联想要素表中利益与态度层次的部分词汇并未与属性层词汇共同出现，据此，对联想要素库进行进一步调整，删除未与其他层次共同出现的利益及态度要素（见表7-3）。

根据调整后的稻城亚丁品牌联想要素表利用ROST内置的社会语义网络分析功能重新进行稻城亚丁品牌概念地图构建，具体步骤为：第一步，进行社会语义网络分析，在要素表的基础上生成一张社会语义网络图；第二步，手动将社会语义网络图中的所有词汇按照属性—利益—价值三层次排列；第三步，删除同一层级间的内部联系，从而得到稻城亚丁品牌概念地图（见图7-14）。

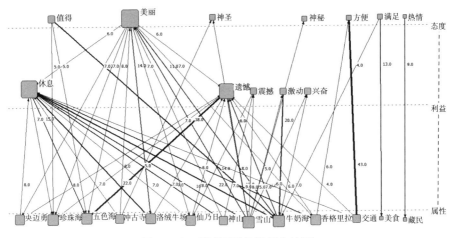

图7-14　稻城亚丁品牌概念地图

资料来源：笔者对样本数据整理而得。

通过稻城亚丁品牌概念地图分析我们能够发现：

第一，"美丽"具有极高的中心度，这意味着对于稻城亚丁这一乡村旅游目的地游客的品牌联想主要集中于对于当地自然景观的表面层次的评价，且在这方面的态度是积极的。

第二，在利益层面，"休息""遗憾"出现的次数也较多，且它们与大部分属性层面的要素都有着紧密的联系。一方面，主要是由于稻城亚丁位于川西北地区，以高原地形为主，对于游客的体力要求较高，经过长途跋涉以后，到达目的地，会觉得自己的身体得到了休息；另一方面，由于当地景观非常美丽，使游客的心灵得到了洗涤，从而让游客繁忙焦躁的内心得到了休息。"遗憾"则更多地出现在重游游客的游记中，主要因为上一次没能去到稻城亚丁的某一个景点而产生的情绪。

第三，属性、利益、态度三层次之间的联系呈现出明显的交叉性。除"热情"这一态度仅与藏民相联系外，其余所有利益、态度层次的要素均与不止一个属性相联系，这说明游客对于稻城亚丁各大属性的联想并未体现出较大的区分，因此能从侧面反映出稻城亚丁目前的吸引物还比较单一。

第四，部分利益层次要素没有与之相连接的态度要素，这可能是由于游客自身未将这些利益上升到态度层面，也可能是由于研究过程不可避免的误差所导致。这些误差一方面，是受中国人的传统文化的影响，中国人的情感表达相对比较含蓄，且中文多词一义的情况在语言运用中备受推崇，因此，可能与这些利益相联系的态度在做高频词分析的过程中被排除在外了；另一方面，可能是由于本文搜集数据有限，不能涵盖所有游客的所有态度。

综上，稻城亚丁品牌概念地图让我们从宏观层面感受到游客对于稻城亚丁的主要联想，为我们直观地展示了稻城亚丁品牌联想三层次要素之间的联系，但各层级之间的连接路径依然不甚清晰，这就需要我们继续对稻城亚丁品牌概念地图进行层次划分与连接路径分析。

7.2.3   稻城亚丁乡村旅游品牌概念地图的连接路径分析

7.2.3.1   稻城亚丁品牌概念地图连接路径

通过聚类分析明确属性层面、利益层面与态度层面之间的要素连接路径，并根据雷诺兹和古特曼提供的聚类分析方法，确定品牌联想网络中的重要或主导性连接路径。

如图 7 – 15 所示，利用 SPSS 对稻城亚丁品牌联想要素进行聚类，并结合专业知识，将稻城亚丁品牌联想聚类为生活体验类与自然景观类两个类别。在两个主要类别中，自然景观类占据了主导地位，是稻城亚丁的主要品牌联想路径。

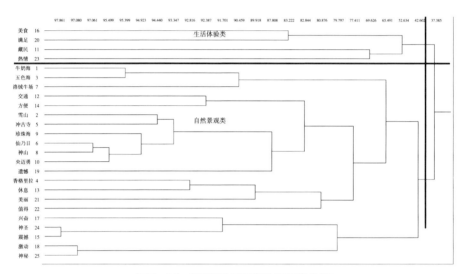

图 7 – 15　稻城亚丁品牌联想聚类分析

资料来源：笔者利用 SPSS 软件进行聚类而得。

7.2.3.2　自然景观类别联想路径分析

自然景观类的品牌联想路径中，包含着"五色海""牛奶海""珍珠海""雪山""交通""香格里拉""冲古寺""神山""仙乃日""洛绒牛场""央迈勇"等自然属性，得到了"遗憾""震撼""休息""兴奋""激动"等价值利益，最终形成了认为当地"美丽""神圣""神秘"并且"方便"前往，"值得"一游的态度。

游客们在提到稻城时，认为稻城拥有着绝美的风光，绿绿的草原，雪白的雪山、清澈的河水，具有浓郁的羌藏建筑特色的碉楼，山高陡峭，林密草茂，沟壑纵深，是一个难得的还未被外界商业化气息所污染的一片净土，令

乡村旅游地品牌价值的形成及传递效果研究

人心驰神往。稻城拥有"日松贡布"被藏传佛教称为"三沽主神山"的三座雪峰，即仙乃日、降边央、夏娜多吉。三座雪峰拔地而起，三角鼎立，峰形各异，是稻城一道靓丽的风景线。稻城的五色海亦称吉祥海，由于光的折射，产生五种不同的颜色，水色变幻无穷，洁白的沙滩，迷幻醉人的风景。珍珠海碧绿色的水色在清晨天空的映射下散发着幽幽的光芒，仿佛就是一块跌落在人间的深色翡翠。湖水正好倒映着仙乃日的雄姿，仿佛沾上了神仙的灵气，显得生机勃勃了起来。

正是这些属性（见图7-16），在整个自然景观品牌联想路径中，使游客在表达对稻城的感受时，"美丽"具有极高的中心度，游客们认为稻城绝美的风景，如诗如画，宛若仙境，净化了心灵，让人第一眼就感受到了稻城独有的魅力，面对稻城的美景，让人无法不激动，无法不兴奋，这是一种来自内心深处的震撼和灵魂深处的向往。由于稻城迷人的风光和游客正面积极的感受的共同作用下，最终使游客感到了值得和满足，有利于塑造稻城正面的旅游形象。

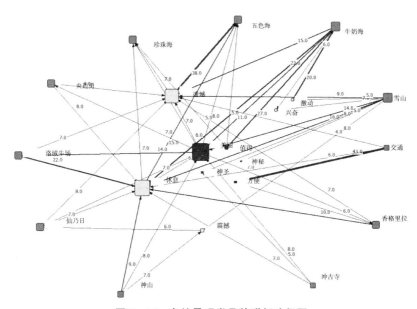

图7-16　自然景观类品牌联想路径图

资料来源：笔者根据自然景观类别联想路径分析绘制。

另外，虽然大部分游客感到"遗憾"，主要是因为自己前次没能去到稻城的某个景点，或由于某种原因自己没能去到某个景点。但也因为稻城地处四川省西南边缘，青藏高原东南部，横断山脉东侧。境内最高海拔 6032 米，最低海拔 2000 米，垂直高差达 4032 米，不少游客由于无法适应稻城高海拔的环境，产生了高原反应，导致身体不适。同时，稻城的气候变化多端，游客在旅途中遭遇恶劣气候，影响了游客的旅游体验。稻城的治安也是影响游客旅游感受的一大重要原因，游记中不少游客提到在稻城遇到的惊险遭遇，如公路劫匪、汽车强盗等。由于一系列的消极感受，最终游客产生了遗憾的收获，不利于稻城积极正面的旅游形象的塑造。

总体而言，游客对于稻城亚丁自然景观方面的品牌联想以正面的品牌联想为主，负面的品牌联想为辅的状况。为进一步明确自然景观品牌联想各属性、利益与价值间的传导路径，将进一步从属性层次各要素出发，对自然景观类品牌联想路径进行拆解分析。

由图 7-17 洛绒牛场品牌联想关系图可以得到以洛绒牧场为属性层面展开的属性、利益和态度三者的逻辑关系，即"洛绒牛场"由于高海拔和洛绒牛场受困于天气原因，有时候无法看到景区原有的样子，令部分游客产生"遗憾"的感受。但其自然风光让游客感到身心得到"休息"和"放松"的利益，并激起游客对洛绒牛场产生"美丽"的态度与评价。

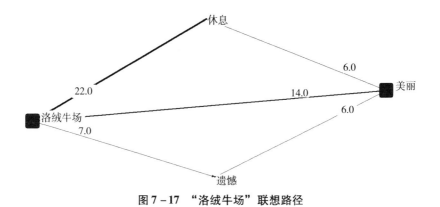

图 7-17 "洛绒牛场"联想路径

资料来源：笔者根据样本资料绘制。

通过整理搜集的游记，有幸见到天晴时候的洛绒牛场的游客，都会对景区产生正面的感受，一边躺在柔软的草甸上仰望着蓝天和雪山，想象着自己自由地在人间仙境中遨游，觉得自己再累也是值得的。但是有些游客就没有那么幸运，他们可能遇到恶劣天气而无法看到如此美丽的风景。有幸见到原貌的游客认为亚丁稻城能满足其对自然、传统生活方式的想象，给游客带来了丰富的情感回报，建立了一种发自内心的品牌感动，在这些关于洛绒牧场的正面属性和游客对洛绒牧场的正面感受的共同作用下，最终使游客产生了正面的态度，从而产生正面的品牌联想。但小部分游客因为没有得到这种感受，会产生"遗憾"的感受，且无法上升到对洛绒牧场产生态度的层次。

如图 7 - 18 所示，"牛奶海"为属性层次的关键词，"休息""激动""遗憾"和"兴奋"为利益层次的关键词，"美丽""满足""值得"为态度层次的关键词。

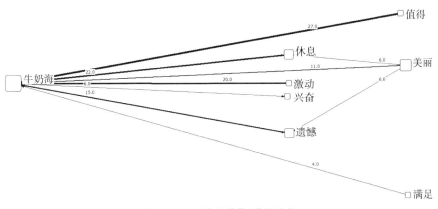

图 7 - 18　"牛奶海"联想路径

资料来源：笔者根据样本资料绘制。

去牛奶海的交通工具只有徒步与骑马两种选择，即使选择骑马还是会有一段距离需要徒步，再加上牛奶海位于景区海拔较高的地区，游客需要极好的体力和毅力。"慢慢地向上攀登，神山越来越清晰，风景越来越纯净。每多走一步，看到的风景都与众不同！""一路上，看到的也是不断停顿下来休息的旅客。最终看到牛奶海，看着阳光洒在洁白的雪上，阳光亮得刺眼！"游客在挑战了自己身体和精神的极限后，看到美丽的景色，会产生激

动和兴奋的感受，这些要素打动了游客，使牛奶海成为游客心中令人神往的
人间美丽，给游客带来了丰富的情感回报，即美丽、满足和值得，有利于塑
造亚丁的旅游形象。那些未能看到牛奶海的游客则会感到遗憾。

如图 7 - 19 所示，"五色海"为属性层面的关键词，"休息"和"遗憾"
为利益层面的关键词，"美丽"和"值得"为态度层面的关键词。由五色海
品牌联想关系图可以得到以五色海为属性层面展开的属性、利益和态度三者
的逻辑关系，即"五色海"让游客产生"休息"的利益需求与"遗憾"的
直观感受，并激起游客对五色海产生"美丽"和"值得"的态度。

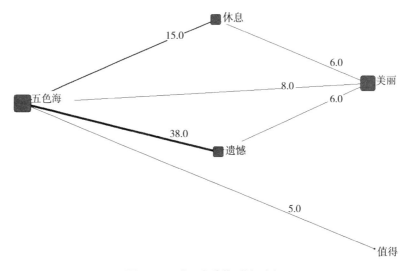

图 7 - 19　"五色海"联想路径

资料来源：笔者根据样本资料绘制。

通过搜集的游记描述可以发现，因牛奶海与五色海相隔只有 300 米，所
以大多数游客会将两个景点进行比较，通过游记反映出的评价与数据来看，
虽然五色海在阳关照耀下湛蓝深邃、耀眼壮观，湖面微波荡漾，犹如神湖一
般，置身其中可以心旷神怡、放松身心，但由于交通不便、攀山难度较大等
因素，导致游客往往觉得五色海比起牛奶海稍微逊色，由此让游客产生遗憾
之感。

"休息"与"遗憾"的直观感受，让游客产生了"美丽"与"值得"

的正面态度，从而有利于五色海的品牌建立与游客忠诚感的形成。

如图 7 - 20 所示，"冲古寺"为属性层面的关键词，"休息"为利益层面的关键词，"美丽"和"神圣"为态度层面的关键词。由冲古寺品牌联想关系图可以得到以冲古寺为属性层面展开的属性、利益和态度三者的逻辑关系，即"冲古寺"让游客产生"休息"的利益需求并获得充分"休息"的直观感受，并激起游客对冲古寺产生"美丽""神圣"的态度。

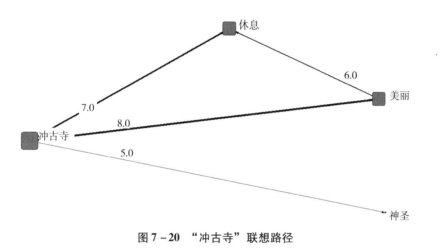

图 7 - 20 "冲古寺"联想路径

资料来源：笔者根据样本资料绘制。

通过搜集的游记可以发现，当游客站在冲古寺前，远处是千年不化的雪山，身后是沉睡了万载的峡谷，放眼冲古草甸满眼秋色。绝美的风景，新鲜的空气，安静的寺庙是游客置身其中的直观感受。游客通过产生与"休息"利益层面相关的直观感受，从而引发冲古寺是"天堂之门""神的世界"的艺术评价。最终游客在心中产生"美丽"和"神圣"的情感态度，建立了一种正面的品牌联想。

如图 7 - 21 所示，"仙乃日"为属性层面的关键词，"休息"和"遗憾"为利益层面的关键词，"美丽""震撼"为态度层面的关键词。由仙乃日品牌联想关系图可以得到以仙乃日为属性层面展开的属性、利益和态度三者的逻辑关系，即"仙乃日"让游客产生"休息""遗憾"的利益需求并获得充分"休息""遗憾"的直观感受，并激起游客对仙乃日产生"美丽""震撼"的态度。

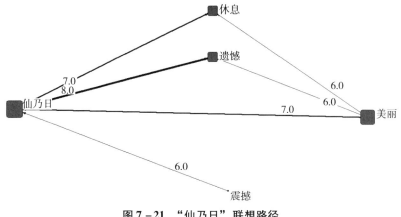

图 7 - 21 "仙乃日"联想路径

资料来源:笔者根据样本资料绘制。

通过搜集的游记可以发现,仙乃日巍峨伟丽,雄剑如削,直插云霄,站在山顶,游客的兴奋震撼之情溢于言表。高原原因,特别容易气喘和疲倦,走几分钟就要休息,对于游客的体力要求极高,但由于这样短暂的停顿及令人心旷神怡的沿途风景,辽阔之境油然而立,让游客的身心都得到了休息和放松,有利于塑造稻城仙乃日的旅游品牌形象。但日照金山的景色需要天气好的情况才能看到,这给部分未能看到日照金山游客留下了遗憾的感受。

如图 7 - 22 所示,"雪山"为属性层面的关键词,"休息""遗憾""震撼"和"激动"为利益层面的关键词,"美丽""神圣"和"神秘"为态度层面的关键词。

通过搜集的游记可以发现,游客称仙乃日像大佛,傲然端坐莲花座;央迈勇像少女,娴静端庄,冰清玉洁;夏诺多吉像少年,雄伟刚毅,神采奕奕,千姿百态,蔚为壮观。水中那清澈湖泊雪山,还有蓝天白云雪山植被都让人心情非常舒畅。游客对雪山的评价和丰富的情感及他们满足的态度,塑造了雪山令人神往的品牌形象。

如图 7 - 23 所示,"神山"为属性层面的关键词,"休息"和"震撼"为利益层面的关键词,"美丽"为态度层面的关键词。

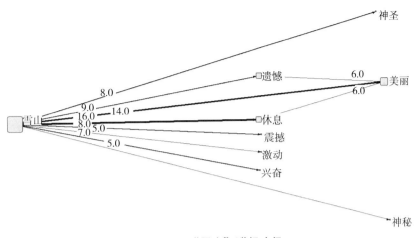

图 7 - 22 "雪山"联想路径

资料来源：笔者根据样本资料绘制。

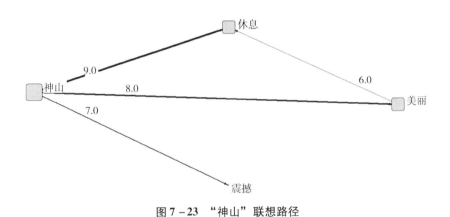

图 7 - 23 "神山"联想路径

资料来源：笔者根据样本资料绘制。

通过搜集的游记可以发现，"神山"并不是指的一个地方，它包括仙乃日神山、央迈勇神山和夏诺多吉神山。但是由于神山都是位于高海拔的地区，而且神山之间距离较长，攀爬神山又极度耗费体力，游客不得不在路上多次进行休息。3 座神山常年积雪加上山体巍峨耸立给人以深深的震撼感受。游客源于正面的属性和利益进而带来正面的态度，相应地也影响了购买决策。在神山的特性作用下，最终使游客产生美丽正面的联想。

如图 7 - 24 所示，"香格里拉"为属性层面的关键词，"休息"和"遗憾"为利益层面的关键词,"美丽""方便"为态度层面的关键词。由香格里拉品牌联想关系图可以得到以"香格里拉"为属性层面展开的属性、利益和态度三者的逻辑关系,即"香格里拉"让游客获得充分"休息""遗憾"的直观感受,并激起游客对仙乃日产生"美丽""方便"的态度。

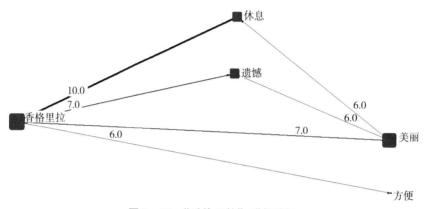

图 7-24 "香格里拉"联想路径

资料来源:笔者根据样本资料绘制。

通过搜集的游记可以发现,香格里拉被称为"最接近天堂的地方",游客能领略到"太阳最早照耀的地方,东方的建塘,人间最殊胜的地方"。由于高原反应,会让游客感到不适,天气变化如同变脸,香格里拉山路蜿蜒崎岖,但是这些因素丝毫不影响游客对它的正面态度,从而产生正面的品牌联想,有利于香格里拉的品牌形象。

如图 7-25 所示,"交通"为属性层面的关键词,"休息"和"遗憾"为利益层面的关键词,"美丽"和"方便"为态度层面的关键词。由交通品牌联想关系图可以得到以交通为属性层面展开的属性、利益和态度三者的逻辑关系,即"交通"让游客产生"休息"的利益需求与"遗憾"的直观感受,并激起游客对稻城产生风景"美丽",交通"方便"的态度。

通过搜集游记可以发现,无论是稻城到亚丁村,还是亚丁村到景区,各个景区之间的交通都是非常方便的,包括短线和长线,短线可步行,长线有电瓶车。但是由于景区都是位于高海拔的地区,而且景区之间距离较长,游客不得不在路上多次进行休息。有些游客因为时间安排或者身体原因,又或

■ 乡村旅游地品牌价值的形成及传递效果研究

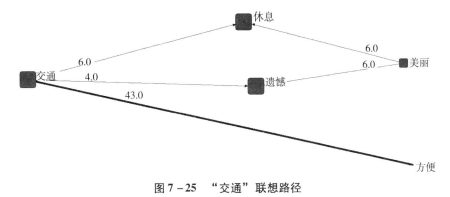

图7-25　"交通"联想路径

资料来源：笔者根据样本资料绘制。

者因为天气原因不得不减少游览景区的时间，由此感到遗憾。游客在对稻城的交通进行描述与评价时，既有沿途风景优美、旅途毫不枯燥、交通方便的正面情感态度，又有道路较窄、早高峰堵车、交通事故频发的负面描述。在亚丁交通的特性和游客对景区感受的共同作用下，最终使游客对交通产生了方便的态度，让游客产生美好、正面的联想。虽然沿途风景优美抵消了一部分因道路交通不完善带给游客负面、消极的情感体验，但如果稻城方面能够改善交通状况就可以提升旅游目的地的品牌形象。

7.2.3.3　生活体验类别品牌联想路径分析

生活体验类别的品牌联想路径处于自然景观类品牌联想路径的从属地位，与自然景观类相比，不具备主导性，但它出现在了稻城亚丁品牌概念地图中，使整个网络更加丰富与完整，因而在整个游客对稻城亚丁的品牌联想路径中也具有重要意义。

如图7-26所示，以"藏民""美食"属于属性层面的关键词，"热情""满足"属于态度层面的关键词。在稻城，居住着很多藏民。根据整理分析搜集的游记，游客们提到藏民时感受到藏民的热情。藏族民族特色的歌舞表演和歌唱表演，藏民淳朴的笑脸温暖了远道而来的游客的心。到藏民家做客，感受藏民生活，藏民热情款待，朴实好客，热情的藏民们也让游客们体会到了不一样的民族风情，让游客们记忆深刻。有利于产生正面的品牌联想。提到"美食"，游客产生了"满足"的态度。稻城地区的饮食以酥油茶、牛羊肉、青稞酒、酸奶等藏族特色食品为主，游客们品尝到美食时感到满足。游客们在旅游的过程中，享受美食，美食作为吸引物，影响了游客们的旅游体验。寻觅美食，品尝美食，丰富了稻城的旅游活动，有利于旅游品牌建设。

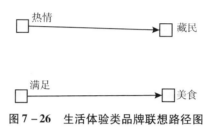

图7-26　生活体验类品牌联想路径图

资料来源：笔者根据样本资料绘制。

7.3　婺源乡村旅游品牌概念地图的构建

7.3.1　研究对象与资料收集

7.3.1.1　研究对象

婺源县，隶属于江西省上饶市，是古徽州一府六县之一。位于江西东北部，与安徽省、浙江省两省交界，素有"八分半山一分田，半分水路和庄园"之称。婺源县的代表文化是徽文化，素有"书乡""茶乡"之称，是全国著名的文化与生态旅游县，被外界誉为"中国最美的乡村"。江西省是油菜花集中分布的大省，江西省最美丽的油菜花集中在江岭和篁岭两景区，走进婺源县的江岭和篁岭景区，处处是粉红的桃花、洁白的梨花与层层金黄的梯田油菜花，与白墙黛瓦的民居相辉映，构成一幅幅唯美的天然画卷，江西省婺源县篁岭被誉为"全球十大最美梯田"之一。

婺源县古村落的建筑，是当今中国古建筑保存最多、最完好的地方之一。全县至今仍完好地保存着明清时代的古祠堂 113 座、古府第 28 栋、古民宅 36 幢和古桥 187 座。1992 年，建立婺源自然保护区，对婺源县内河流、林木、古民宅、古树、古桥、古祠堂、古府第、古楼台、古碑和珍禽飞鸟进行保护，婺源县也因此成为全国"生态文化旅游示范县"。

截至 2015 年底，婺源县拥有 AAAAA 级旅游景区 1 家、AAAA 级旅游景区 12 家，是全国 AAAA 级旅游景区最多的县，也是全国唯一以整个县命名的国家 AAA 级旅游景区。2013 年 1 月 17 日，婺源县江湾景区被国家旅游局①授予"国家 AAAAA 级旅游景区"，成功创建国家 AAAAA 级旅游区。同时，婺源县国家乡村旅游度假实验区正式揭牌。

表 7 - 4　　　　　　　　　婺源县全境 AAA 级以上景区表

AAAAA 级	江湾
AAAA 级	篁岭、五龙源、文公山、汪口、李坑、熹园、大鄣山、卧龙谷、鸳鸯湖、思溪延村、严田、翼天文化旅游城
AAA 级	婺源县（全境）

资料来源：笔者根据搜集的网络文本资料整理。

7.3.1.2　资料的来源与处理

（1）资料的来源。在线旅行社（online travel agency，OTA）是指旅游消费者通过网络向旅游服务提供商预定旅游产品或服务，并通过网上支付或者线下付费，即各旅游主体可以通过网络进行产品营销或产品销售的渠道。近年来，旅游电子商务的不断发展促使旅游消费者通过 OTA 预订旅游产品、发表评论或通过浏览他人评论形成合理的预期，以帮助其选择旅游目的地。除"蚂蜂窝自由行"以游客旅游攻略、游记等旅游资讯作为核心卖点外，携程、同程、驴妈妈、去哪儿等 OTA 网站也相继推出旅游攻略、游记板块，以帮助提升消费者体验。

本节研究在携程、蚂蜂窝、同程、去哪儿、驴妈妈及途牛网六大 OTA 网站的旅游攻略板块选取了 2016 年 3 月 ~2018 年 3 月两年间江西省婺源县

---

　　① 2018 年 3 月，根据第十三届全国人民代表大会第一次会议批准的国务院机构改革方案，将国家旅游局的职责整合，组建中华人民共和国文化和旅游部，不再保留国家旅游局。

的相关游记。在搜集过程中,人工剔除全图片、诗歌等极其抽象且无法将旅游感受表达出来的游记文本,最终保留样本总计 152 篇游记,共 221834 字。

(2)数据处理。本节通过利用 ROST CM6 内容挖掘系统软件对游记文本进行分词、词频统计及共现等分析,实现内容挖掘、文本分析、知识处理等目的。接下来,通过 Ucinet 6.0 的 NetDraw 功能进行社会语义网络分析,包括中心性分析和小团体分析,以挖掘文本当中各高频词间的联系。

首先,对江西省婺源县的特有景观、娱乐设施及特色美食等可能出现的词汇进行自定义,包括"油菜花海""梯田""粉墙黛瓦"等制作自定义词表。并对文本中出现的同义词汇进行统一,以防止由于文本处理的疏忽导致分析结果出现偏差。然后,将"我们""一个""这里"等与游客对婺源认知无关的词语导入过滤词表。其次,将经过处理的样本文档复制到文本文档中,利用 ROST CM6.0 软件进行一般性行文本处理,将处理后的一句一行文本进行分词及高频词分析,初步了解游客对婺源的态度及评价,通过对地点词语进行过滤后得到游客对婺源品牌联想三个层次的前 100 个高频词。高频特征词分析具体步骤如下:

第一步,选取频次排名前 100 位的高频词,高频词表包含了游客对婺源游览的属性感知、游览感受及对当地评价等。通过对高频词的分析发现,排在前 100 位的高频词中大部分为属性层高频词,利益及态度高频词较靠后。属性层高频词包括:"婺源""江岭""篁岭""李坑"等地点名词,该类地点是构成婺源旅游的必备要素,分析意义并不大,本节研究予以剔除。

第二步,在剔除地点名词后,对"风景""小溪""蓝天""白云"等宽泛性较强且不具有婺源特色的高频词进行剔除,保留对"油菜花海""梯田"等对游客刺激性较强且游客较关注的自然景点及"独特""美丽"等游客对目的地的感受,以便对后续品牌概念地图层次进行系统性分析。

7.3.2　婺源乡村旅游品牌概念地图的构建

将"婺源游记文本——共词矩阵"导入 Ucinet 6.0,利用 NetDraw 功能输出可视化语义网络图谱,并对其进行中心度分析,将游客对婺源的品牌联想中心词通过节点大小及连接线的粗细表明频次及相关联系。

为了更有层次地构建品牌概念地图，本节研究利用 Ucinet 软件对文本进行了小团体分析，将经过筛选的 30 个婺源品牌联想相关高频词分为 4 个层次，以便于理解和分析游客对婺源这一乡村旅游目的地的态度。

7.3.2.1 中心度分析

将共现矩阵导入至 Ucinet 6.0 中进行社会语义网络中心度分析，节点越大则表明该词在游记中出现频率越高，两个节点之间的连线代表两个词语的联系，连线越粗表示两个词语关联性越强，通过观察可以得到"建筑""民居""梯田""徽派""赞赏""油菜花海""美丽""独特""人家"等 9 个中心词语（见图 7 - 27）。为了对游记高频词语进行更深入的簇群关系分析，笔者根据品牌联想内涵的 3 个层次进行了进一步汇总分析。

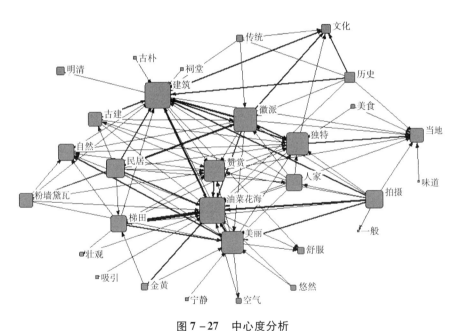

图 7 - 27　中心度分析

资料来源：笔者根据样本资料绘制。

7.3.2.2 小团体分析

通过 Ucinet 6.0 内置的 Subgroups 分析功能，沿"NetDraw—Subgroups—

Faction"路径可分析 1 – 模数据,可根据指定的分派数量进行小群体分析。当 *Fitness* 值最小时,代表分析群体归类与原文本数据偏差最小。当 $n = 4$ 时,*Fitness* =104 为最小值,所以本节将婺源游记文本相关高频词分成 4 个小团体,一是文化层面的语义网络,以"徽派""建筑""粉墙黛瓦""古建""文化"等为核心词汇;二是自然风光层面的语义网络,以婺源标志性景观"油菜花海""梯田"及游客对当地景观的切身感受,包括"美丽""壮观"等为核心词汇;三是以"美食""味道"为核心词汇,说明游客对婺源的特色美食有较高的感知度;四是以"悠然""舒服"为核心词的游客对当地生活有较好的感知度。

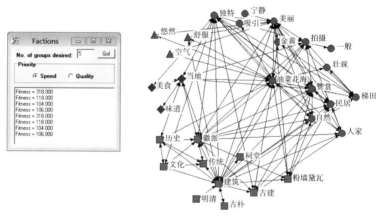

图 7 – 28   小团体分析

资料来源:笔者根据样本资料绘制。

7.3.3   婺源乡村旅游品牌概念地图的层次分析

品牌联想是任何与品牌记忆相联结的事物(Aaker,1991),是人们对品牌的想法、感受及期望等一连串的集合,可反映出消费者对品牌的人格或产品的认知。凯勒(1993)认为,品牌联想是在记忆中的信息节点(informational node)与品牌节点(brand node)的联结,其包含了品牌在消费者心中的意义。

乡村旅游地品牌价值的形成及传递效果研究

7.3.3.1　品牌联想三层次（见表7-5）

表7-5 游记高频词层次表

层次	词汇
属性	美食、建筑、徽派、梯田、油菜花海、金黄、粉墙黛瓦、空气
利益	味道、独特、历史、文化、自然、拍摄、美丽、宁静
态度	赞赏、舒服、悠然、吸引、一般

资料来源：笔者根据不同层次文本内容整理。

（1）属性层次。属性层次是有关产品或服务的描述性特征。对于产品和服务而言，属性是产品和服务的外在方面或执行该产品或服务功能的必备要素。对于旅游目的地而言，属性是目的地旅游设施、特有景色或特色美食等旅游目的地为游客提供的各项服务与体验的一部分，游客通过服务与体验得到既定的利益，以达到愉悦身心的目的。属性的主要内容为游客前往婺源的主要游览内容，既有"油菜花海"等自然景观，也有"建筑""民居""古建""梯田"等人文历史景观，同时，"美食""空气（清新）"也是婺源旅游的特色，体现了婺源地区自然景观和人文景观丰富，能够满足不同游客的多元化需求。

（2）利益层次。游客对旅游目的地的利益联想体现了旅游目的地的服务与体验为游客带来的价值，也就是游客心目中认为此产品或服务能够为他们做些什么。利益联想可进一步分为三类：①功能利益；②经验利益；③象征利益。功能利益是指产品或服务的内在优势，如生理及安全需求有关。经验利益是有关使用产品或服务的感觉，其通常与产品属性有关。例如，感官乐趣，多样化，以及认知刺激。象征利益是指产品或服务的外在优势，其通常与产品属性无关，而是与社会认同的需求或是个人表现以及自尊有关。

（3）态度层次。品牌态度是消费者对品牌的整体评价，是形成消费者行为的基础。品牌态度与产品属性、功能利益、经验利益，以及与象征利益间均存在着相关性。对游客在结束婺源游览之后对婺源的整体印象进行分析，多以正面词汇为主，包括"赞赏""舒服""悠然"等词语，也包括

"一般"等中性词汇（见图7-29），说明游客对婺源整体印象较好，但仍有不足需要改进。

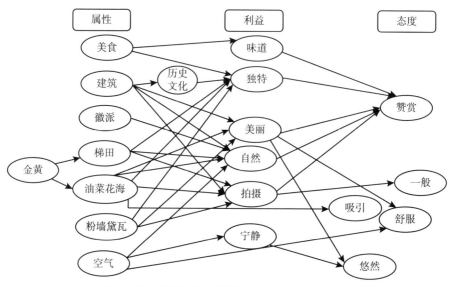

图7-29　品牌联想"属性—利益—态度"层次

资料来源：笔者根据样本资料绘制。

7.3.3.2　态度层品牌联想网络分析

（1）"赞赏"的品牌联想网络分析。"赞赏"是属于品牌概念地图态度层面的关键词。分析"赞赏"层次图发现，利益层面的关键词"独特""拍摄""自然""美丽"与关键词"赞赏"紧密相关（见图7-30）。让游客对目的地产生"赞赏"的态度会提高游客满意度，满意度是旅游景区得以持续发展的基本保障。其中，婺源的独特性包括其独特的美食、文化及自然风光。婺源的美丽也是让游客赞赏的主要原因，美丽的徽派建筑、自然风光、生活情调，都让游客处身于如世外桃源一般的绝美中。

（2）"吸引"的品牌联想网络分析。根据品牌联想概念地图分析，"吸引"划分为态度层面的关键词。旅游吸引力是指由旅游资源的丰富程度所决定的对旅游者的刺激程度，它对旅游者决定或选择旅游地区、旅游方式和旅游类型有极大的影响。经过分析得出，"油菜花海"是婺源标志性景观，

千亩梯田油菜花海让人流连忘返。这个景观是婺源对游客产生吸引力的最重
要的原因（见图7 - 31）。

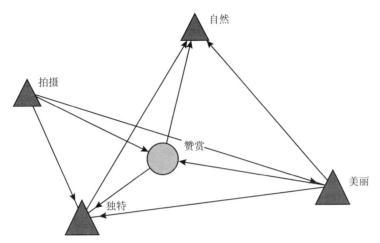

图7 - 30　"赞赏"的品牌联想网络分析

资料来源：笔者根据样本资料绘制。

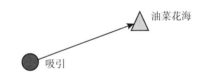

图7 - 31　"吸引"的品牌联想网络分析

资料来源：笔者根据样本资料绘制。

7.3.3.3　利益层品牌联想网络分析

（1）"独特"的品牌联想网络分析。

①总体层析分析。基于目的地品牌联想，形成"独特"利益层面与属
性层面的路径，其因子可以归类为"文化""自然""美食"三大类。由
于区域地理位置的不同、地貌水体的差异、经济民族等多方面因素共同作
用，造成旅游资源具有其独特性。"文化""自然""美食"从属于旅游的
"食、住、行、游、娱、购"六要素，是能够吸引旅游者，使其更便于欣
赏与体验的要素。旅游者满意度很高，基本形成关于目的地的品牌联想网

络。婺源旅游发展在内容上具有多样性、地域独特性，以及可创造性，这些都为游客"独特"感知提供了路径，从而与积极正面的"赞赏"态度结合。

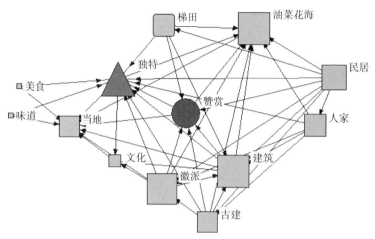

图 7-32 "独特"的品牌联想网络分析

资料来源：笔者根据样本资料绘制。

②"独特"——文化属性层次分析。"文化"属性在"独特"层面占比最大。属性因子包括"传统""历史""建筑"和"徽派"（见图 7-33）。文化是旅游的灵魂，婺源在文化方面归属于"徽派"，即是地域文化、移民文化、儒家文化，反映着中华民族传统文化的特性，形成富有特色的文化积淀。婺源历史悠久，受古徽州辐射影响，延续外出从商传统，传承徽派建筑风格，文化渊源涉及语言、习俗、村镇格局等众多方面。徽商的雄厚基础及婺源地理位置，使各种文化元素较其他地区得到更好发展，许多古村落和古建筑也保存完好，有着大量的物质文化遗存。除了徽派原有文化，婺源在"重礼"传统下，也形成了自己的特色，如文本中数次提及的"篁岭晒秋"，朱熹故里、金庸祖籍地、詹天佑之桑梓，"文风鼎盛""人杰地灵"。婺源将有形与无形文化相结合，保障了美学上的观赏性，满足了游客消费动机。

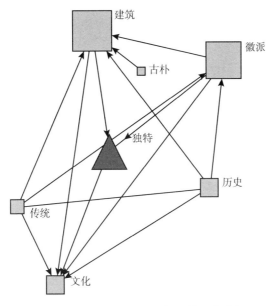

图 7-33 "独特"——文化属性层次分析

资料来源：笔者根据样本资料绘制。

③"独特"——自然属性层次分析。"自然"属性中包括"梯田""油菜花海""民居""拍摄""美丽"（见图 7-34）。大多数旅游者在描绘婺源的时候，都提到了油菜花与梯田，以及传承徽派艺术的民居，而大部分人对自然景色的描述是"美丽"，反应行为是"拍摄"。婺源的"油菜花海"规模较大，花期因地形因素较迟，与同等级目的地相比，生态环境条件更为优异，且营销策略得当，自然资源的独特吸引力造就了得天独厚的优势。旅游者偏好观赏、游览、拍摄等活动，以休闲放松、愉悦身心为动机。从属性中可以看出，旅游者对自然风光满意度很高，形成关于目的地的品牌联想网络中的重要一环。

④"独特"——美食属性层次分析。"独特"利益层中还包括"美食""当地""味道"饮食方面的属性因子（见图 7-35）。在人们对品质的不断追求下，味蕾的满足十分重要。婺源饮食承袭了徽菜传统，但是以当地、本土的菜系"粉蒸""清蒸""糊菜"为特色专长，在味道上以辣为主，菜式多样、美味可口。并且目的地民风淳朴，饮食十分便利，大大增加旅游者了

解独特风土人情、美食特产的机会，从而满足旅游者追求休闲、健康的心理，形成"独特"的利益维度。

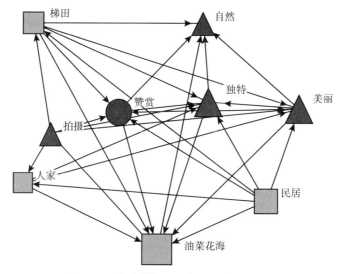

图 7-34　"独特"——自然属性层次分析

资料来源：笔者根据样本资料绘制。

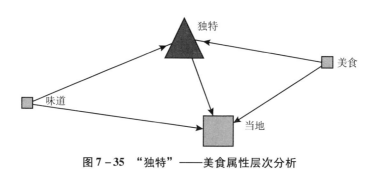

图 7-35　"独特"——美食属性层次分析

资料来源：笔者根据样本资料绘制。

（2）"美丽"的品牌联想网络分析。

①总体分析。基于婺源品牌概念地图，形成"美丽"利益层面与属性层面的路径，因子可以分为"建筑""生活""自然"三大类。其从属于人文旅游资源及自然旅游资源，由于旅游资源的多样性，游客旅游季节的不

同，婺源旅游的美丽有着多样性，这些都为游客形成"美丽"感知提供了途径，从而形成"赞赏""舒服""悠然"的正面态度。

"美丽"的三个方面层次：①对于婺源的建筑，游客认为婺源保留大量的徽派民居，粉墙黛瓦，游客表达出"赞赏"的态度。②对于在婺源的生活方面，游客看到油菜花海，居住在徽派民居中，欣赏着"小桥、流水、人家"的美丽景色，与民居沟通交流，呼吸着新鲜的空气，游客表达出"舒服"的态度。在这里生活，游客感到很宁静，进而感觉到"悠然"。③对于婺源的自然层面，金黄色的油菜花海梯田让游客联想到"美丽"，游客表达出"赞赏"的态度（见图7-36）。

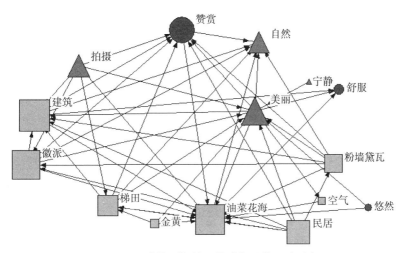

图7-36   "美丽"的品牌联想总体层次分析

资料来源：笔者根据样本资料绘制。

②"美丽"——自然属性层次分析。根据婺源品牌概念地图，"油菜花海""金黄""梯田"为产生"美丽"利益的属性因子；"赞赏"为态度层面关键词。"油菜花海""金黄色""梯田"这些属性因子使人联想到"自然"，进而使人感到"美丽"，表达出"赞赏"的态度。其中，看到"油菜花海"属性因子与"美丽"关联次数最多，说明"油菜花海"最能使人联想到"美丽"（见图7-37）。

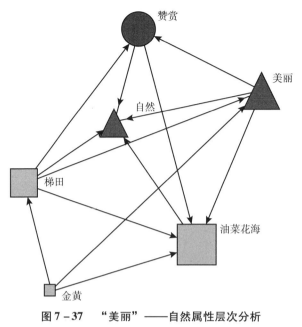

图 7 - 37   "美丽"——自然属性层次分析

资料来源：笔者根据样本资料绘制。

婺源的油菜花海因地形的不同而具有多样性，游客站在山顶的观景台上，观赏漫山遍野的油菜花海梯田层层叠叠，一望无际，非常壮观，金黄色的油菜花让游客感到惊艳，游客认为油菜花海使他们感受到生机与活力，满足了他们对于美的想象。且婺源的营销得当，在旅游市场上具有较高市场力，由品牌联想的净正面性，游客在感受到了自然风光，欣赏到色彩绚丽的悠然风景后，感到非常轻松、悠闲，心旷神怡，进而表达出"赞赏"的态度，形成了游客对品牌的整体正面评价。

③"美丽"——建筑属性层次分析。根据婺源品牌概念地图，可知"徽派""民居""粉墙黛瓦"为属性层面的关键词；"美丽"为利益层面的关键词；"赞赏"为态度层面的关键词。由图 7 - 38 可以得出三者的逻辑关系，即"粉墙黛瓦"的"徽派""民居""建筑"让游客获得"美丽"的直观感受，并激起游客"赞赏"的态度。

通过搜集的游记可以发现，游客提到建筑时，认为婺源保留着大量明清时期的徽派民居，以黛瓦、粉壁、马头墙为表型特征，用材考究，雕刻精巧，风格鲜明，造型典雅，有着深厚的文化底蕴，展现了中华民族的传统建

　乡村旅游地品牌价值的形成及传递效果研究

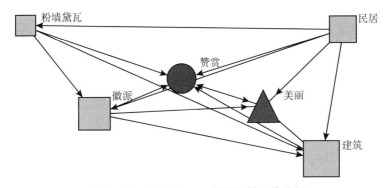

图 7 - 38　"美丽"——建筑属性层次分析

资料来源：笔者根据样本资料绘制。

筑文化。在表示对建筑的感受时，则认为其"惊艳了时光，温柔了岁月"，如诗如画，富有美感和生活气息，闲适、安详、恬静，有遗世独立的寂静，积淀了悠长的岁月，让人心安，静谧得有力量。由于消费者对于品牌的正面联想，主要源于正面的属性和利益进而带来正面的态度，相应地也影响了购买决策。在婺源建筑的特性和游客对婺源建筑感受的共同作用下，使游客产生了赞赏的态度，婺源的建筑让游客产生美好、正面的联想，有利于塑造婺源的旅游形象。

④"美丽"——生活属性层次分析。根据婺源品牌概念地图，可以得出"空气""民居""人家"为属性层次的关键词；"美丽""宁静"为利益层次的关键词；"悠然""舒服"为态度层次的关键词。根据图 7 - 39 可以得出，婺源拥有的属性"油菜花海""空气""民居"和"人家"让游客获得利益——"美丽"与"宁静"的感受，并且让游客最终产生"悠然"与"舒服"的态度，体现了游客对婺源生活的喜爱和向往。

通过整理搜集的游记，游客在提及"油菜花田"时的描述为"世外桃源般的画面"，黄灿灿，悠然山景，壮观美丽，惊艳的"大地艺术"。对"空气"的描述，清新，新鲜，弥漫着大山的味道，甜润，清新凉爽，飘散着花木的清香，沁人心脾，舒服，湿润，不染纤尘。对"民居"和"人家"的描述则为粉墙黛瓦，绝无仅有，闻名遐迩，鳞次栉比，错落有致。这些要素打动了游客，游客认为婺源能满足其对自然、传统生活方式的想象，从而使婺源成为游客心中令人神往的世外桃源，给游客带来了丰富的情感回报，建立了一种发自内心的品牌感动，利于产生正面的品牌联想。

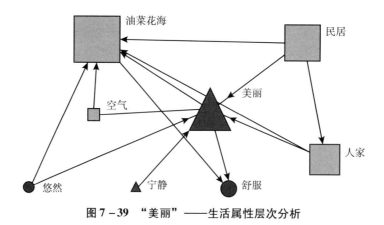

图 7 – 39　"美丽"——生活属性层次分析

资料来源：笔者根据样本资料绘制。

（3）"拍摄"的品牌联想网络分析。根据婺源品牌概念地图，"拍摄"属于利益层面的关键词。经过分析发现，"梯田""油菜花海""建筑"是婺源的重要旅游目的地吸引物，也是游客拍摄的主要对象。"美丽"是利益层面的关键词，与"美丽"相关联的关键词有"梯田油菜花海""建筑"（见图 7 – 40）。其中，"梯田""油菜花海"是在游客心里婺源最美的自然景观，万亩梯田摇曳成油菜花海，被誉为"中国四大油菜花海"之一。"拍摄"的建筑主要为徽派建筑，这里的徽派建筑没有太多的修饰，却是地地道道的古朴。被称为"中国最美丽的乡村"，地处偏僻山乡的婺源保存了古徽派的所有气韵。对于婺源自然景观及建筑文化景观的拍摄引起游客"赞赏"和"一般"两种态度的产生，大部分的游客对于"拍摄"的景观及照片呈现的效果持满意态度；部分游客由于天气原因导致拍摄效果不佳而导致产生了"一般"态度。

（4）"自然"的品牌联想网络分析。"自然"是属于婺源品牌概念地图的利益层面关键词。通过分析发现，"自然"利益分为两个层面，一是婺源自然景观，如最具代表性的"梯田""油菜花海"，给游客以身处自然的心情愉悦之感。二是婺源当地古朴的徽派建筑、藏匿于丛林中的粉墙黛瓦和错落的马头墙与自然景观交相呼应营造出来的如世外桃源般自然、和谐的氛围，给人以舒服之感。这两个层面的"自然"利益产生了对婺源的"赞赏"态度（见图 7 – 41）。

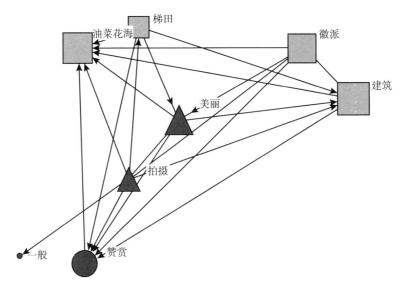

图 7 – 40 "拍摄"的品牌联想网络分析

资料来源：笔者根据样本资料绘制。

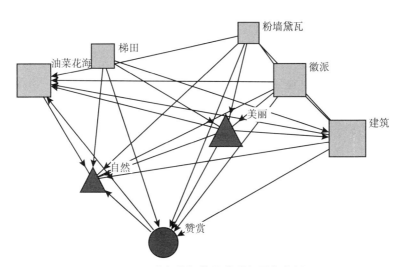

图 7 – 41 "自然"的品牌联想网络分析

资料来源：笔者根据样本资料绘制。

7.4　雪乡乡村旅游品牌概念地图的构建

本节通过研究拥有着得天独厚冰雪资源的中国雪乡旅游目的地，探究近年来游客对于雪乡之行的真实体验和情感态度。基于凯勒（1993）提出的品牌联想（brand associations）模型和手段目的链理论，以游客在 OTA 网站发布的雪乡游记作为初始研究样本，利用 ROST CM6.0 文本分析软件确定雪乡旅游目的地品牌联想的关键要素，据此进行雪乡品牌概念地图的构建，并探究属性联想、利益联想、态度联想三个层次之间的联系；选择雪雪乡品牌概念地图中较为主要的"手段—目的"链进行研究，回溯引发游客不同态度的根源属性。在此基础上，利用品牌联想诊断模型，结合雪乡品牌概念地图的连接路径，对雪乡的品牌定位进行调整，改善负面联想，针对市场细分及营销提出建议，对于雪乡旅游目的地品牌价值的提升具有借鉴意义。

7.4.1　研究对象与资料收集

7.4.1.1　研究案例

本节选取的乡村旅游目的地是中国雪乡。雪乡位于黑龙江省大海林林业局施业区内，以童话般的美丽雪景和独特的民俗景观而闻名，是黑龙江省继冰雪大世界、亚布力滑雪场之后的又一冰雪旅游亮点，占地面积 500 公顷，海拔 1500 米左右。冬季降雪期长，雪期也长达 7 个月，积雪厚度可达 2 米左右。雪质好、黏度高，积雪随物具形，千姿百态。积雪从房桶悬挂到地面，形成了独特的"雪帘"、树挂，雪量堪称中国之最。雪乡拥有"夏无三日晴，冬雪漫林间"的奇特气候，是世界独一无二、不可复制的旅游景区。2013 年，雪乡被选为湖南卫视大型亲子秀《爸爸去哪儿第一季》最后一站的拍摄地，随着节目的播出而迅速"走红"，同时，在著名导演徐克执导的贺岁影片《智取威虎山》的带动下，雪乡近年来可谓是声名鹊起，冬季到雪乡去看雪已成为很多国人冬季旅游的首选。然而近年来，关于雪乡的正面和负面新闻也饱受争议，原本因洁白雪景而闻名的雪乡被推到了风口浪尖。"宰客"等负面新闻不时见诸报端，让许多对雪乡心存向往的游客犯了嘀咕：雪乡到底还能不能去？

2017 年 12 月 29 日，网上一篇披露雪乡宰客事件的帖子引发热议。黑龙江省大海林林业地区旅游局对此迅速作出回应：涉及的民宿价格欺诈行为属实，按照规定已对其罚款 5.9 万余元，同时责令其限期整改。随后，黑龙江省政府办公厅发布了《黑龙江省人民政府办公厅关于切实加强全省冬季旅游市场监管的通知》，将亚布力滑雪区、雪乡等景区作为整治重点，从严处罚"不合理低价游"、强迫消费、导游欺客甩团等不法行为。在应对本次负面事件的态度上，雪乡至少可以说是积极主动、态度真诚地采取了有效的行动来解决问题。

2014 年，天然林全面停伐后，雪乡一下从第一产业过渡到第三产业，不可避免地存在着一些问题。由于旅游产品供不应求，产业转型过于迅速，加之当地人缺乏对旅游目的地管理经验，很容易导致雪乡"宰客""商业化"等事件发生。网络舆论的巨大力量，有时会模糊人们的视线，以致忽略了客观事实。那么这种负面事件的发生究竟是个别事件，还是普遍现象？近年来大多数游客对于雪乡的印象和旅行体验究竟如何？结合雪乡游客的网络游记，对游客在雪乡的旅游经历和联想记忆进行了研究。通过用 ROST 分析文本中的高频词和关键要素，对雪乡进行品牌概念地图的构建，并依据属性、态度、利益层次划分出了雪乡主要的手段—目的链，对引发游客情感的本质属性进行溯源，并利用品牌联想诊断模型对雪乡发展提出建议，对雪乡今后品牌形象的改进和品牌价值的提升具有较大意义。

7.4.1.2 数据来源与数理

本节研究选取知名度较高的雪乡作为研究对象，首先，通过对去哪儿网、驴妈妈网和携程网等各大主流旅游网站进行筛选，选出知名度高、评论较为丰富的旅游数据来源网站；其次，以"雪乡"为关键词，通过网络爬虫工具抓取各大旅游网络平台中能反映旅游者对雪乡旅游目的地品牌感知记忆的旅游日记等网络文本；再次，采取人工识别的方法选取样本，优先选取游记中时间较新的热门帖、精华帖，并剔除文体为诗歌、歌词及全部为图片或视频的游记，初步拟定筛选出120篇游记，作为研究的数据样本。

将经过处理的样本数据复制到文本文档中，使用ROST CM6.0软件对一行一句的未分词文本进行提取高频词，初步了解游客对雪乡印象的关键要素。初步分析高频词，因"雪乡"一词与过多的词语关联，产生干扰，因此删除；将"首先""然后"等连词，以及其他出现频率极高但与旅游经历无关的高频词语加入软件的过滤词表中。运用软件的过滤功能，过滤掉无关词汇，获得雪乡游记高频词，并选取前90个高频词汇进行分析。

表7-6　　　　　　　　　　　　雪乡品牌联想高频词

序号	高频词	序号	高频词	序号	高频词
1	美景	19	导游	37	二人转
2	雪地	20	雪蘑菇	38	自然
3	穿越	21	滑雪场	39	炊烟
4	雾凇	22	免费	40	篝火
5	拍照	23	爬犁	41	林海雪原
6	童话	24	爸爸去哪儿	42	木屋
7	日出	25	宁静	43	热情
8	火炕	26	服务	44	漂亮
9	欣赏	27	户外	45	雪人
10	家庭旅馆	28	厚厚的	46	羽绒服
11	寒冷	29	温暖	47	特色
12	梦幻家园	30	梦幻	48	享受
13	雪韵大街	31	担心	49	刺激
14	滑雪	32	保暖	50	期待
15	雪地摩托	33	美食	51	娱乐
16	村庄	34	热水	52	危险
17	体验	35	阳光	53	环境
18	双峰林场	36	便宜	54	自由

乡村旅游地品牌价值的形成及传递效果研究

续表

序号	高频词	序号	高频词	序号	高频词
55	仙境	67	美誉	79	干净
56	遗憾	68	震撼	80	难忘
57	独特	69	完美	81	轻易
58	淳朴	70	安全	82	气氛
59	可爱	71	值得	83	天然
60	美好	72	舒服	84	快乐
61	冰雕	73	冰天雪地	85	美妙
62	放心	74	表演	86	自费
63	东升林场	75	魅力	87	热闹
64	迷人	76	著名	88	商业化
65	简单	77	吸引	89	神奇
66	感动	78	好吃	90	宰客

资料来源：笔者根据 ROST CM6.0 软件过滤而得。

整体来看，在 120 篇游记文本的排在前 90 位的高频词中，提及率较高的词语，即游客感知到最多的品牌要素如下：美景、雪地、穿越、雾凇、拍照、童话、日出、火炕、欣赏、家庭旅馆、寒冷等。这说明，雪乡美丽的景色、独特的气候环境、体验性强的旅游活动，以及前所未有的乡村体验是雪乡游客感知最明显的、印象最深的品牌要素。而此前，舆论方面比较受关注的"宰客""商业化"等词的排名非常靠后，在 120 篇游记中仅被提及 8次，且在随后展示的社会语义网络图中未与游客的利益、情感相联系，这说明"宰客"事件在搜集到的游记中仅仅是被提及，经文本检验，大部分游客提及"宰客"是叙述相关舆论而非亲身经历，侧面说明在雪乡，"宰客"事件并非大规模发生，而只是个别情况。

7.4.2　雪乡乡村旅游品牌联想的三个层次

经过初步的共词矩阵分析及社会语义网络图的构建，本节确定了 27 个联系相对紧密，且比较具有代表性的雪乡品牌联想要素。基于凯勒（1993）对品牌联系的三种类型的定义，将27项关于雪乡品牌联想的因子分为三个类别（见图7-42）。

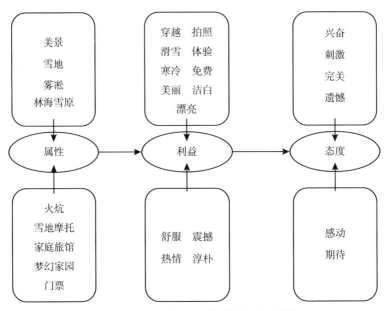

图7-42　雪乡游客品牌联想的关键要素

资料来源：笔者根据凯勒（1993）对品牌联系的定义绘制。

结合图7-42，对游客在属性、利益、态度层面的品牌联想要素进行分类，从而对雪乡的品牌联想层次有一个整体的把握。

（1）属性。联想属性是"一个产品或者服务的描述性特征"。对于旅游目的地而言，属性是目的地旅游设施、独特景色或特色美食等旅游目的地为游客提供的各项服务与体验的一部分，是旅游吸引物的根源。游客通过服务与体验得到既定的利益，最终形成对目的地的情感态度。在游记中，雪乡游客感知到的关键属性要素可以分为两类，一类是美丽独特的自然景观，包括美景、雪地、雾凇、林海雪原；另一类是民俗体验及乡村游览，包括火炕、家庭旅馆、梦幻家园、雪地摩托、门票。

（2）利益。联想利益联想指代的是"消费者对产品或者服务属性增加的个人价值"，是顾客期望的产品或者服务可以为其提供的东西（Keller,

1993）。雪乡游客的利益层要素可以分为生理利益、心理利益，以及社交利益。生理利益包括可以亲身参与的旅游活动（穿越、拍照、滑雪、体验）或感官上的独特体验（寒冷、美丽、漂亮、洁白等）。心理利益主要指精神上的美妙感受，包括舒服、震撼，以及经济上的利益（如免费）；社交利益主要来自当地居民的特征，主要包括热情、淳朴。

（3）态度。联想品牌态度被定义为是对一个品牌的总体评估，是游客基于自身价值观对事物的评价和行为倾向，是形成消费者行为的基础。品牌态度与属性、利益之间存在着相关性，表现了游客对于雪乡的整体态度。态度表现在对事物的感受、情感、和意向方面，这三个要素具有协调一致性。雪乡游客表现的态度包括兴奋、刺激、遗憾、完美、感动、期待等。这说明游客对雪乡的整体评价是积极的、正面的，除了因错过某些景点或活动而感到遗憾之外，雪乡之行带来的更普遍的情感是兴奋、刺激、完美等。这与前面提及的负面事件"宰客""商业化"的提及率低相吻合，即负面事件虽然引起舆论上的轩然大波，但结合游客的真实体验来看，几乎并未出现此类现象。较之舆论，事实往往更具有发言权。

7.4.3 雪乡乡村旅游品牌概念地图

共词分析（co-word analysis）的基本原理：一般认为，两个主题词汇所形成的词汇对在同一篇文献中出现的次数越多，代表两个主题的关系越紧密。通过统计雪乡游记文本各关键词两两之间在同段落出现的频次，便可形成由这些词对关联所组成的共词网络，利用 ROST 的社会语义网络分析（NetDraw）功能进行雪乡品牌概念地图构建。随后，将网络图中的要素按照属性、利益、态度的分类标准进行划分与标注。整体的雪乡品牌概念地图从宏观层面展现了雪乡品牌联想三个层次要素之间的联系。

首先，对整体雪乡品牌概念地图进行了中心化分析。可以看出，最核心的也是提及率最高的要素是"美景"，"雪地"次之（见图 7-43）。这说明，游客前往雪乡目的地最主要的吸引力来自美丽景色和独特的积雪。在游记中，游客一般会用醉人、仙境、漂亮、童话般的等词来形容雪乡的美景；难忘、堆积、厚厚的是游客对于雪地的印象。这源于雪乡独特的资源优势：

雪期长、降雪频繁，有"天无三日晴"之说，而且雪质好、黏度高，积雪连绵，皑皑白雪在风力的作用下随物具形，千姿百态，造就了这个童话般的世界。各种景观完美地结合在一起，构成了雪乡一幅美丽圣洁的图画。在中国雪乡官网，雪乡是以"雪景＋民俗景观"来进行品牌定位的，而在本节的雪乡品牌概念地图中，雪景这一要素得以体现，而民俗景观这一要素却不够明显，感知度较低。这初步说明了官方品牌定位与游客感知之间存在一定的差异。

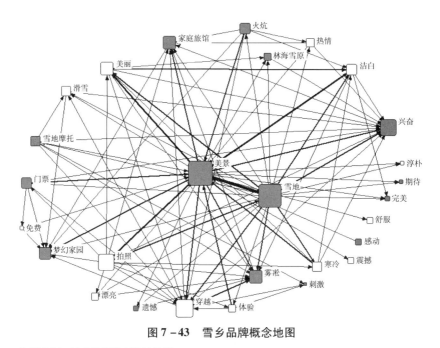

图 7－43　雪乡品牌概念地图

资料来源：笔者根据样本资料绘制。

其次，在雪乡品牌概念地图中，游客主要的态度层面品牌联想要素为兴奋、刺激、完美、遗憾、期待、感动（见图 7－44）。因此可以观察到，这些态度要素与其他层面的要素联系紧密，且较为复杂，是通过特定的利益、属性或二者的共同作用所引起的。因此，我们将从态度层品牌联想要素出发，探究引发态度的主要利益，抓取主要的手段—目的链，对引发游客情感态度的目的地属性进行溯源。

　乡村旅游地品牌价值的形成及传递效果研究

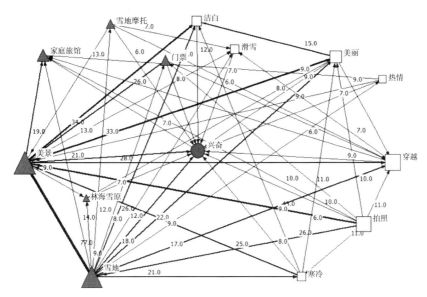

图 7-44 "兴奋"品牌联想图

资料来源：笔者根据样本资料绘制。

"兴奋"是态度层面品牌联想最重要的要素之一。以"兴奋"为起点，展示与其相关联的其他两层次要素。由图 7-44 可知，引发游客兴奋这一态度的来源非常多样，利益层面主要有穿越、美丽、拍照、滑雪、热情、寒冷、洁白等。与兴奋直接或间接相关的属性类词有雪地、美景、林海雪原、家庭旅馆、雪地摩托等。

其中，根据要素的共线次数即关联度进行衡量，最主要的手段—目的链为"兴奋—拍照—美景"和"兴奋—穿越—雪地""兴奋—洁白—美景"。例如，游客因能在冰天雪地的独特景色中拍照留念而感到兴奋；因在厚厚的积雪中穿越、进行的旅游活动（如雪地摩托、打雪仗）感到兴奋；因为见到前所未有的洁白美丽之景而感到兴奋。通过对文本的验证表示，部分游客是在实际游览之前感到"紧张"和"兴奋"；部分游客则是在旅行过程中进行的活动随时感到"兴奋"；还有一部分游客是在行程结束后总结为"兴奋"之旅。可见，"兴奋"这一情感贯穿雪乡行程始终，是游客感受到最多的情感之一。

"刺激"是游客在游记中提及较高的一种态度。游客感到刺激主要是因为两种利益，一是穿越，二是体验。两条主要的手段—目的链为"刺激—穿越—美景"和"刺激—体验—美景"（见图7-45）。

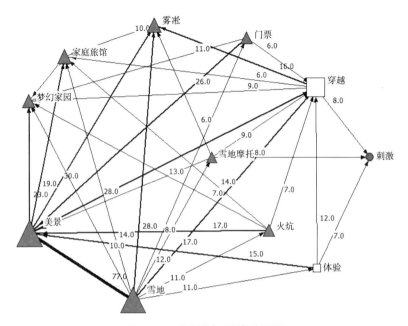

图7-45 "刺激"品牌联想图

资料来源：笔者根据样本资料绘制。

为游客带来穿越利益的属性主要是雾凇、美景和雪地。雾凇俗称冰挂，是在雪乡严寒的冬季，空气中过于饱和的水汽遇冷凝结而成，是可遇不可求的自然奇观。游客在雪乡特殊的自然环境中进行穿越，可以观赏到美丽的雾凇。在冰天雪地的雪山进行穿越，本身就是令人刺激的运动，而美景带来的视觉冲击会引发更深刻的情感刺激。穿越过程的挑战与收获并存，越往山上行进，风景会更加美丽别致，这个过程会使游客会感受到挑战的刺激和征服的成就感。

为游客带来体验利益的属性主要有美景、雪地。说明雪乡美丽的景色是富有体验性的，而非单纯的观光。游客置身于雪乡冰天雪地的自然风光之中，会产生一种独特的体验：寒冷的体验、惊险刺激的体验、民俗新奇的体验、感官体验等；这些独特的体验所带来的刺激感，形成了游客的态度。优势的地理位置与独特的自然风光、人文风光相配合。原住民依然保留着东北农闲

乡村旅游地品牌价值的形成及传递效果研究

时节特有的"猫冬"、串门等生活习惯，民风淳朴善良，性格豪爽，风俗习惯鲜明、独特，为游客留下深刻印象。当地的农家生活、习俗等是旅游者体验当地旅游特色的目的。例如，居民有挂红灯笼的习惯，冰天雪地与住户门前的红灯笼相映衬，成为一道独特的人文景观，为游客带来完美的利益体验。

"完美"这一要素的网络联结关系相对简单。主要有"完美—洁白—美景""完美—美景"两条手段—目的链。游记文本中提及的有完美之旅、完美世界、完美的景色组合等，表达了游客对于雪乡景色及行程、活动的高度评价。雪乡景色秀丽、气候独特，在积雪期间，皑皑白雪在风力的作用下随物具形，千姿百态。该地区具有山区小气候独特的时令风格，一旦进入十月，瑞雪就纷纷飘落，正常冬季积雪的厚度能够达到 2 米以上，其雪量十分丰富，因而景色也非常惹人喜爱，尤其是雪乡的夜景，优美而又密静。从初冬冰花乍放的清晰到早春雾凇涓流的婉约；夜晚，洁白如玉的白雪在灯笼的照耀下，宛如天上的朵朵白云飘落人间，幻化无穷。白雪、红日、雪松、祥云结合在一起，构成了雪乡一幅完美圣洁的图画。雪乡的景色堪称完美，在美景之中的体验也是完美的。

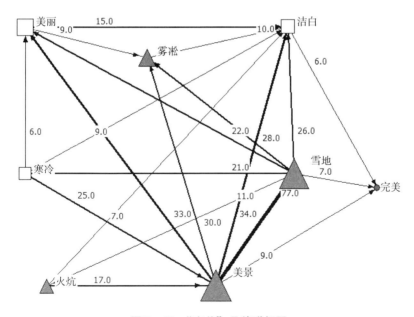

图 7-46 "完美"品牌联想图

资料来源：笔者根据样本资料绘制。

"遗憾、期待、感动"等要素与利益层要素没有直接的关联。与遗憾联系较为紧密的是"雾凇"。资料显示，在雪乡形成雾凇的条件是空气中有充足的水汽，既天晴少云，又静风，或是风速很小。所以，雾凇大概在 11 月或 2～3 月的早晚温差较大的中午出现，一年出现一两次，很是难得。因此，有的游客在错过雪乡的雾凇奇观时，深感遗憾。"期待"这一态度联系的属性比较具有广泛意义，游客期待的可能是雪地的雾凇、雪地摩托、林海雪原等美景。"感动"一词没有具体所指，在文本中与"美景"或"免费"共同出现，说明游客会被从未见过的冰天雪地的神奇景色感动，也会因某些免费项目而感动。

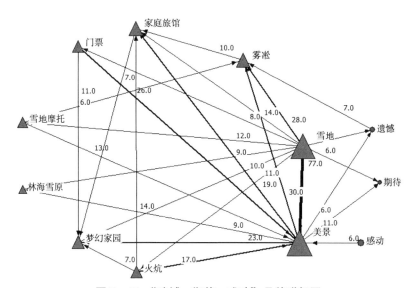

图 7 - 47 "遗憾、期待、感动"品牌联想图

资料来源：笔者根据样本资料绘制。

7.4.4 品牌联想诊断模型

品牌联想诊断模型认为，积极美好、丰富且符合品牌定位的品牌联想，往往意味着消费者对该品牌的接受程度、喜欢程度更深，差异化和独特性的联想则直接影响品牌差异化定位。凯勒认为，品牌联想是有层次的，基于消费者直接或间接经验，在联想内容、数量和稳定性上随时间发生变化，所以

乡村旅游地品牌价值的形成及传递效果研究

利用强有力的、具有偏好性和独特性的联想，在顾客的记忆里建立一个积极的品牌形象，对于品牌管理具有重要意义。品牌联想的复杂性决定了诊断品牌联想要从多个维度进行，诊断的内容为品牌属性联想、品牌利益联想和品牌态度。所用的测量指标是联想总数量、喜欢程度、独特性和联想信息来源，诊断模型如图 7 - 48 所示。

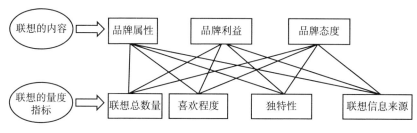

图 7 - 48　品牌联想诊断模型

资料来源：笔者根据样本资料绘制。

由于前面已经对品牌态度联想网络的主要联接路径进行了详细的研究，因此，这里的品牌联想诊断模型主要应用于品牌属性层面分析。

7.4.4.1　联想的总数量

它指由目的地品牌名称激发的联想总数，反映游客对品牌认知的高低和联想的强度。通常，联想的数量越多越易于从不同的角度激发联想，丰富联想内容，便于更多游客进行选择，从而增加被游览的可能性。表 7 - 7 展示了雪乡 9 个主要属性的联想总数。

表 7 - 7　　　　　　　　　　主要属性联想的联想总数

属性	联想总数
美景	25
雪地	20
雾凇	9
梦幻家园	9

属性	联想总数
家庭旅馆	7
雪地摩托	7
门票	7
火炕	7
林海雪原	4

资料来源：笔者根据样本资料整理而得。

从总体来看，雪乡的品牌联想总数量非常多，主要从美景、雪地、雾凇、梦幻家园、家庭旅馆、雪地摩托、门票、火炕、林海雪原这 9 个属性进行联想，涵盖了住、行、游、娱等方面，内容广泛而丰富。

从单一属性来看，如属性要素"美景"激发的联想总数共有 25 个，说明提到雪乡的美景，能够激发游客品牌联想记忆的 25 个要素，内容十分丰富，包括穿越、拍照等旅游活动，以及火炕、家庭旅馆等民俗体验，还有完美、兴奋、遗憾、期待、感动等品牌态度联想。这些表明美景是游客产生雪乡品牌联想的一个重要起点，也从侧面说明丰富的冰雪旅游体验是雪乡的重要品牌根源之一。

7.4.4.2 喜欢程度

有些人认为，品牌的联想越多越好，没有联想是很糟糕的。其实，这种认识是片面的，正面的品牌联想当然是越多越好，但联想也可能是负面的。负面联想会严重影响游客对目的地品牌的喜欢程度，而喜欢程度正是体现品牌价值构成品牌权益的核心。由于品牌联想的隐喻性、多维性、旅游消费者使用词语的多样性，以及品牌感知与表述的误差，使目前对品牌联想的诊断在定量描述和精确测量上仍存在困难。对于雪乡游客感知的利益和态度进行赋值，通过对品牌概念地图中品牌属性要素与其他两个层次的联结关系进行计算，探究游客对于不同品牌属性的喜欢程度。正面利益赋值 +2 分，负面利益 -2 分；正面态度 +5 分，负面态度 -5 分。

如图 7 - 49 所示，在品牌概念地图中，通过各层次之间的连接计算，得出 9 个品牌属性的得分作为受喜欢程度（见表 7 - 8）。从图 7 - 49 中可以观察得出，雪乡的"美景""雪地"为最受游客喜爱的目的地属性。此外，"林海雪原""家庭旅馆""门票""雪地摩托""梦幻家园"等属性也因其附带的利益受到游客喜爱。物质丰富的城市居民开始返璞归真，向往原生态生活，从城市回归乡村。民宿、家庭旅馆旅游越来越受追捧。家庭旅馆与传统旅馆不同，尽管没有高级奢华的设施，但它能让人体验当地风情、感受民宿主人的热情与服务，并体验有别于以往的城镇生活。

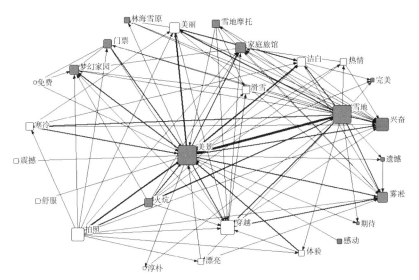

图 7 - 49 "美景"品牌联想受喜欢程度

资料来源：笔者根据样本资料整理而得。

表 7 - 8　　　　　　　　　　主要属性联想的受喜欢程度

属性	得分
美景	$13 \times 2 + 4 \times 5 - 1 \times 5 = 41$
雪地	$10 \times 2 + 3 \times 5 - 1 \times 5 = 30$
雾凇	$5 \times 2 - 1 \times 5 = 5$
梦幻家园	$4 \times 2 = 8$
家庭旅馆	$3 \times 2 + 1 \times 5 = 11$
雪地摩托	$2 \times 2 + 1 \times 5 = 9$

属性	得分
门票	$3 \times 2 + 1 \times 5 = 11$
火炕	$3 \times 2 = 6$
林海雪原	$1 \times 2 + 1 \times 5 = 7$

资料来源：笔者根据样本资料计算而得。

从游客对雪乡不同属性的喜爱程度可以大概得出，雪乡不仅满足了游客对冰雪旅游的独特体验，并且满足了游客的多元化需求。

7.4.4.3　独特性

独特性是指品牌相对于其他品牌的不同之处，它是建立品牌的基础和核心。在产品和服务同质性越来越高，差异性越来越低的环境下，品牌的独特性成为企业最持久的"动力之源"。在品牌概念地图中，品牌在具有某些共同联想以便顾客归类的基础上，如能拥有显著的独特性，就能够使其与竞争对手区分开来。品牌联想的独特性反映了品牌在产品类别中的形象与定位。雪乡的品牌独特性在于得天独厚的雪资源，雪期较长、雪量足，可供观赏的时间长，并且存在不可复制性。以哈尔滨为例，凡是到哈尔滨的游客都会去观看冰雕，故而来雪乡的游客都会去看雪景，从上述分析词频中可知，无论是品牌联想的总量还是喜爱程度，雪乡的"雪地""美景"都当之无愧位于前列。

7.4.4.4　联想信息来源

分析联想信息的来源有助于弄清品牌联想形成的途径及利用顾客现有态度预测其未来行为的可靠性。游客的品牌联想可能来自亲身体验或观赏等直接的经验，也可能来自广告和口碑等间接的经验。显然，来自亲身体验和观赏经验的信息更准确和生动，对未来行为的影响更大。从研究分析中不难得知，游客对于雪乡的联想信息多源于2014年的综艺节目《爸爸去哪儿》热播及新闻报道、官方宣传、网络游记等。因此，雪乡一方面，需要在营销上注重创新和持续的影响力；另一方面，要注重游客在雪乡的体验，因为体验对游客意向将产生更显著的影响。

7.4.5　结论与建议

7.4.5.1　主要结论

以网络游记文本为基础，探究了近年来大多数游客对于雪乡之行的真实体验和情感态度。首先，高频词研究表明，轰动一时的雪乡宰客事件其实并没有普遍存在，只是个别现象，但是这对目的地仍然是重要的警示，即目的地需要加强危机事件的公关管理，不断提升景区的管理效率，政府部门也需要加强监管，从源头上树立雪乡积极、正面的品牌形象。通过雪乡品牌概念地图构建的研究发现，雪乡品牌概念地图中心词为美景、雪地等，说明这是雪乡得天独厚的自然资源，是对于游客最大的吸引力所在，目的地应该注重自然资源的保护，注重生态和谐，避免过度开发。另外，本节探究了雪乡游客品牌联想的属性、利益、态度三个层次之间的联系，以态度层面的关键要素为出发点，回溯游客产生情感的目的地根源属性；通过选择雪乡主要的手段—目的链进行研究，发现了不同类型的游客需求的利益及产生的态度有所不同。在此基础上，利用品牌联想诊断模型，对品牌联想的连接路径进行分析。

7.4.5.2　对策建议

（1）雪乡目的地品牌形象定位的调整。旅游目的地投射形象是旅游目的地欲塑造的形象，代表着目的地营销的方向，具体表现形式有目的地宣传册、海报、电视广告及官方旅游网站等。旅游者基于先前对目的地的知识经验和评价，经投射形象吸引进行游览，形成感知形象。投射形象与感知形象共同决定旅游目的地的竞争力。

把基于单个词频确定的雪乡品牌联想网络核心要素与雪乡官网当前的品牌形象定位进行对比分析，为未来雪乡目的地品牌形象定位的调整提供借鉴。从上述品牌概念地图可以看出，品牌联想网络核心的要素首先是美景，其次是雪地。这说明，游客前往雪乡目的地最主要的吸引力来自美丽景色和独特的积雪。而在中国雪乡官网上，雪乡是以"雪景＋民俗景观"来进行品牌定位的，雪景这一要素在品牌概念地图中得以体现，而民俗景观这一要素提及地却不够明显，感知度较低。另外，雪地、雾凇、家庭旅馆等具有地方性的特色词汇是游客对雪乡旅游形象的高度概括。

高频词表中与民俗相关的、提及率较高的要素主要有：火炕、家庭旅馆、梦幻家园、木屋等。这表明在民俗方面，游客感知最多的不是景观，而是充满乡村本味体验的农家火炕。这初步说明了官方品牌定位与游客感知之间存在一定的差异，雪乡原有的民俗景观定位显得不太准确，可以调整为民俗体验或民俗。同时，深度挖掘和传播冰雪文化，例如，北大荒文化、铁人文化、闯关东文化等，均能够激发当代人们的责任感和使命感，同时，也是黑龙江省的特色文化。可以深入开发闯关东探险旅游线路，设置探险旅游勋章，闯关东纪念地等。如何协调统筹各方利益，最大化保留雪乡原始民俗文化，也需要政府和当地民众共同努力，促进文创产业与旅游产业相结合，并结合雪乡特色文化内涵完成创意方案。同时，采取多样化的宣传手段，让游客体验其独特的文化价值，提升文化满足感。相信通过优化经营模式，提高旅游参与者文化传承的热情，民俗文化与商业利益会互利共生、彼此促进，克服包括环境、人义等多方面不利因素，最终形成经济与文化携手走向良性持续发展的理想局面。

另外，还可以根据雪乡目前的宣传形象，进行旅游项目的规划与开发。雪乡官网上的旅游宣传形象为"童话世界"，雪乡可以在目前已有的冰雪资源基础上，进行新项目的规划，例如，仿照动画片《冰雪奇缘》的个别场景，将其打造成一个真正拥有"童话世界"的雪乡。未来有条件之后，甚至也可以在场景内采用3D技术，一定程度还原动画片中的场景，吸引小朋友来此体验。由此，雪乡不仅可以将"童话世界"这一形象深入人心，还能够扩大游客群体的范围。

（2）以倒推思路应对雪乡目的地的负面品牌联想。游客在态度联想层面表现出来的负面情感主要是"遗憾"，回溯到属性联想层面的问题根源，游客产生遗憾的情感主要是因为错过了"雾凇"景观与"日出"美景而心有不甘。这是由于自然景观的形成规律及游客的出行时机导致的。目的地在这方面可以通过大众传媒加强"雾凇期"的预告宣传及市场营销，通过拍摄宣传片等方式将雪乡这一神奇美丽的景象广泛传播，吸引更多游客前来；注重规范营销方式，拓宽营销渠道，进行广泛的宣传；旅行社在行程时间的安排上也可以尽量使游客能够有更多的机会观赏日出，一切以游客的需求为主，提升游客满意度。

另外，通过对游记高频词的研究可知，虽然雪乡宰客事件闹得沸沸扬扬，但在网络游记中提及甚少，在搜集的 120 篇游记中仅提及 9 次，且并没有与利益、态度相联系，游客仅是叙述经历或表达"提防"之意。这说明舆论夸大了雪乡商业化这一负面影响，目的地管理者面对此类危机事件时，应该加强公关，通过采取积极的策略（如加强宣传或公益行为）挽救目的地形象，尽量降低负面舆论对于雪乡目的地形象的不良影响。

当然，当地管理者仍然不能忽视被曝出的几起"宰客事件"，要对网民所说的商业化现象给予高度关注，如加大执法力度和惩戒力度，发现漫天要价的行为严惩不贷；旅游管理部门或者景区物价部门应该对物价及时进行监管，政府对从事雪乡旅游业的当地村民和旅游开发者要进行培训，改变他们短视的思维，加强宣传教育，包括环境保护、旅游服务理念、服务技能、旅游法规等方面内容，引导其以合理的方式开展旅游经营，树立雪乡良好的、正面的品牌形象，实现可持续经营和发展，真正从源头上减少游客对目的地的负面评价。要做到"内部严格政治，外部正面宣传"，这样才能维护雪乡的品牌形象。最后，资源的稀缺性造成供需失衡，适当提高价格是可以的，但是一定要做到明码标价，同时对外公布，让游客可以自愿选择。政府管理部门应加强监管，走可持续旅游发展道路，不断增强旅游管理能力。

（3）将雪乡品牌联想路径与市场细分人群结合分析。将筛选出来的主导联想路径与雪乡游客的类型进行结合分析，还原不同类型游客的心理模式，为雪乡目的地制定差异化的市场营销策略和旅游产品。选择的主要手段—目的链如下："兴奋—拍照—美景""兴奋—穿越—雪地""刺激—穿越—美景"和"刺激—体验—美景""完美—洁白—美景"。由此不难发现，游客正面态度回溯到属性层面时，几乎都离不开"美景"。这美景正是雪乡天然、纯洁、美丽的雪景。根据游客的不同利益，将游客分为娱乐型、体验型、观光型。对于娱乐型游客，他们喜欢拍照，景区应该设置更多人性化的取景点或者拍照设施、道具等，满足这类游客的娱乐休闲需求，因为在激烈的旅游行业竞争中，旅游地的基础设施也是影响当地旅游业发展的重要因素，完备的基础设施及完善的旅游服务可以吸引更多游客前来游览参观；对于体验型游客，目的地管理者可以进行细分，如刺激的穿越、新奇的雪地摩托等满足不同类型游客的需求，并完善雪乡旅游活动的参与性和多样性。另外，还可以设置一些趣味比赛、娱乐活动，例如，雪橇比赛、篝火晚会等，给游客留下丰富的旅游体验；对于观光型游客，目的地需要针对其进行详细准确的自然景观宣传及解说，如雾凇的观赏时间、观赏日出最佳地点等，避免其因错过美丽景观而引发的心理失落感和遗憾的情感。对于观光型游客，目的地需要针对其进行详细准确的自然景观宣传及解说，如雾凇的观赏时间，避免其因错过美丽景观而引发的心理失落感和遗憾的情感。根据不同游客的需求，打造相关景观，在雪乡旅游资源开发上应有明确主题，并可将体育、艺术、娱乐和观光与主题完美结合。体育方面，可以借助体育滑雪等项目提升雪乡的知名度；艺术方面，可以邀请国际知名建筑师打造本地特色的旅游项目；娱乐和观光方面，重视基础设施的建设和完善。

参 考 文 献

1. 白凯, 郭生伟. 入境游客情绪体验对忠诚度的影响研究——以西安回坊伊斯兰传统社区为例 [J]. 旅游学刊, 2010, 25 (12): 71-78.

2. 白凯, 马耀峰, 游旭群. 基于旅游者行为研究的旅游感知和旅游认知概念 [J]. 旅游科学, 2008 (1): 22-28.

3. 白凯. 旅华美国游客目的地城市色彩意象认知研究 [J]. 地理学报, 2012, 67 (4): 557-573.

4. 白凯. 旅游后悔心理的后续行为表现研究 [J]. 旅游学刊, 2009, 24 (2): 36-40.

5. 蔡伟民. 乡村旅游地游客感知价值及重游意愿研究——以成都三圣乡为例 [J]. 西南民族大学学报 (人文社科版), 2015 (5): 134-138.

6. 陈建明. 旅游目的地形象感知分析 [D]. 武汉: 中南林业科技大学, 2007.

7. 陈莉, 李万莲. 安徽乡村旅游品牌化营销研究 [J]. 皖西学院学报, 2009, 25 (1): 126-129.

8. 陈青松, 马耀峰, 李森. 基于模糊物元法的我国六大城市旅游供给评价研究 [J]. 河南科学, 2014 (11): 2365-2372.

9. 陈炜. 民族村寨旅游服务质量游客满意度评价指标体系的构建及应用——以柳州三江程阳侗寨为例 [J]. 社会科学家, 2016 (1): 97-101.

10. 陈再福. 游客体验与旅游服务质量分析——以漳州市长泰马洋溪漂流为例 [J]. 重庆科技学院学报 (社会科学版), 2014 (10): 76-79.

11. 陈长, 樊海水. 高铁时代下贵阳市旅游目的地供给情况评价——基于旅游者选择出游 [J]. 经济研究导刊, 2019 (3): 174-177.

12. 程德年, 周永博, 魏向东, 等. 基于负面IPA的入境游客对华环境

风险感知研究 [J]. 旅游学刊, 2015, 30 (1): 54 - 62.

13. 崔凤军, 顾永键. 景区型目的地品牌资产评估的指标体系构建与评估模型初探 [J]. 旅游论坛, 2009, 2 (1): 67 - 71.

14. 董亚娟, 田蕾. 基于智慧旅游的城市旅游供给系统优化研究 [J]. 资源开发与市场 2015, 31 (11): 1391 - 1394.

15. 范容廷, 张辉. 中国旅游目的地供给态势分析与政策研究——基于供给侧结构性改革的视角 [J]. 河海大学学报 (哲学社会科学版), 2017, 19 (6): 44 - 48, 87.

16. 高璟, 李梦姣, 吴必虎. 知青怀旧旅游情感与行为的关系研究 [J]. 地域研究与开发, 2017, 36 (2): 61 - 67.

17. 高军, 马耀峰, 吴必虎, 等. 外国游客对华旅游城市感知差异——以 11 个热点城市为例的实证分析 [J]. 旅游学刊, 2010, 25 (5): 38 - 43.

18. 郭俊伶, 卢东, 金鹏. 红色旅游中敬畏情绪对游客国家认同的影响研究 [J]. 资源开发与市场, 2018, 34 (7): 1026 - 1031.

19. 郭帅, 银成钺. 基于调节定向的不同面子观消费者对营销信息框架的反应 [J]. 管理学报, 2015 (10): 1529 - 1535.

20. 郭小艳, 王振宏. 积极情绪的概念, 功能与意义 [J]. 心理科学进展, 2007, 15 (5): 810 - 815.

21. 韩春鲜. 旅游感知价值和满意度与行为意向的关系 [J]. 人文地理, 2015, 30 (3): 137 - 144.

22. 韩雪, 刘爱利. 旅游感知的研究内容及测评方法 [J]. 旅游学刊, 2019, 34 (4): 106 - 118.

23. 何琼峰, 李仲广. 基于入境游客感知的中国旅游服务质量演进特征和影响机制 [J]. 人文地理, 2014, 29 (4): 154 - 160.

24. 何小芊, 周军, 张涛. 旅游景区品牌价值货币化评估研究——以秭归县凤凰山景区为例 [J]. 干旱区资源与环境, 2012, 26 (1): 135 - 140.

25. 胡传东, 李露苗, 罗尚焜. 基于网络游记内容分析的风景道骑行体验研究——以 318 国道川藏线为例 [J]. 旅游学刊, 2015, 30 (11): 99 - 110.

26. 黄洁. 基于品牌价值来源分析的旅游目的地品牌营销对策研究 [J].

中国外资, 2012, (12): 150-151.

27. 黎洁. 论旅游目的地形象及其市场营销意义 [J]. 旅游论坛, 1998 (1): 1719.

28. 李恒, 崔婷婷. 安徽省旅游景区游客情绪体验影响因素研究 [J]. 中国商论, 2018 (33): 64-66.

29. 李君轶, 唐佳, 冯娜. 基于社会感知计算的游客时空行为研究 [J]. 地理科学, 2015, 35 (7): 814-821.

30. 李永乐, 陈远生, 张雷. 基于游客感知与偏好的文化遗产旅游发展研究——以平遥古城为例 [J]. 改革与战略, 2007 (12): 123-126.

31. 连漪, 姜菅. 区域旅游品牌发展及品牌价值提升策略——基于桂林旅游地品牌建设的思考 [J]. 企业经济, 2013, (2): 122-126.

32. 林宝民, 涂红伟, 夏俊俊. 在线旅游消费者困惑对信任的影响——基于情绪评价理论视角 [J]. 消费经济, 2019, 35 (2): 89-96.

33. 林南枝, 陶汉军. 旅游经济学 [M]. 天津: 南开大学出版社, 2011.

34. 林燕华. 基于IPA方法的三亚乡村旅游服务质量提升策略研究 [D]. 三亚: 海南热带海洋学院, 2019.

35. 刘丹萍, 金程. 旅游中的情感研究综述 [J]. 旅游科学, 2015, 29 (2): 74-85.

36. 刘军胜, 马耀峰. 入境游客对北京市旅游供给的感知维度及其行为态度差异 [J]. 干旱区资源与环境, 2017, 31 (2): 197-202.

37. 刘军胜, 马耀峰. 入境游客与社区居民旅游供给感知测评及差异分析——以北京市为例 [J]. 资源科学, 2016, 38 (8): 1476-1490.

38. 刘少艾. 基于游客感知的旅游度假地旅游环境系统构建研究 [D]. 福州: 福建师范大学, 2009.

39. 刘月. 区域旅游中心城市旅游地角色研究 [D]. 合肥: 安徽大学, 2017.

40. 龙圣民. 次级品牌联想在企业品牌建设中的运用 [J]. 企业经济, 2005 (295): 70-71.

41. 龙湘洋, 王忠云. 民族文化旅游品牌资产价值评价研究——以大湘

西为例 [J]. 经济研究导刊, 2010, 31 (5): 186 - 188.

42. 龙玉祥. 基于文化营销的乡村旅游发展战略初探 [J]. 农村经济, 2009 (6): 59 - 61.

43. 鲁娟. 基于旅游体验的"农家乐"游客重游意愿研究 [D]. 武汉: 湖北大学, 2012.

44. 罗盛锋, 黄燕玲, 程道品等. 情感因素对游客体验与满意度的影响研究——以桂林山水实景演出"印象·刘三姐"为例 [J]. 旅游学刊, 2011, 26 (1): 51 - 58.

45. 吕丽辉, 王玉平. 山岳型旅游景区敬畏情绪对游客行为意愿的影响研究——以杭州径山风景区为例 [J]. 世界地理研究, 2017, 26 (6): 131 - 142, 153.

46. 吕宛青, 夏汉军. 多维感知视角下目的地旅游服务质量评价方法研究 [J]. 思想战线, 2014, 40 (6): 150 - 153.

47. 马秋芳, 杨新军, 孙根年. 合图法 (co-plot) 在入境游客期望感知分析的应用——以西安欧美游客为例 [J]. 系统工程理论与实践, 2008 (4): 167 - 171, 176.

48. 马耀峰, 张佑印, 梁雪松. 旅游服务感知评价模型的实证研究 [J]. 人文地理, 2006 (1): 25 - 28.

49. 马勇, 张祥胜. 旅游目的地品牌价值分析与提升思考 [J]. 湖北大学成人教育学院学报, 2008, 26 (2): 56 - 58.

50. 马勇, 陈慈英. 乡村旅游目的地评价综合指标体系研究 [J]. 西北大学学报 (哲学社会科学版), 2014, 41 (3): 137 - 142.

51. 潘澜, 林璧属, 王昆欣. 探索旅游体验记忆的影响因素——中国旅游情景下的研究 [J]. 旅游学刊, 2016, 31 (1): 49 - 56.

52. 皮平凡. 基于顾客体验价值的旅游目的地品牌管理研究 [J]. 开发研究, 2016, 183 (2): 168 - 172.

53. 祁潇潇, 赵亮, 胡迎春. 敬畏情绪对旅游者实施环境责任行为的影响——以地方依恋为中介 [J]. 旅游学刊, 2018, 33 (11): 110 - 121.

54. 邱扶东. 旅游信息特征对旅游决策影响的实验研究 [J]. 心理科学, 2007, 30 (3): 716 - 718.

55. 屈小爽. 家庭旅游互动行为与体验价值研究 [D]. 武汉：中南财经政法大学，2018.

56. 桑森垚. 探索赴韩中国游客体验记忆形成过程中的关键要素和记忆偏差 [J]. 旅游论坛，2016，9（4）：33 - 39，94.

57. 佘升翔，费勇安，田云章，等. 旅游消费者情绪量表的维度及检验 [J]. 统计与决策，2019，35（5）：36 - 40.

58. 佘贤君. 央视俄罗斯世界杯广告营销的倍乘效应 [J]. 电视研究，2018（10）：30 - 31.

59. 史春云，张捷，尤海梅. 游客感知视角下的旅游地竞争力结构方程模型 [J]. 地理研究，2008，27（3）：703 - 713.

60. 舒伯阳. 实用旅游营销学教程 [M]. 武汉：华中科技大学出版社，2008.

61. 孙琨，闵庆文，成升魁，等. 大香格里拉地区旅游供需比较性分析 [J]. 资源科学，2014，36（2）：245 - 251.

62. 谭灿. 旅游信息的框架效应及可信度对大学生旅游决策的影响 [D]. 长沙：湖南师范大学，2014.

63. 田野，卢东，Samart P. 游客的敬畏与忠诚：基于情绪评价理论的解释 [J]. 旅游学刊，2015，30（10）：80 - 88.

64. 涂红伟，骆培聪. 消费者愤怒情绪对旅游意愿和负面口碑传播的影响——基于目的地非道德事件情境下的实证研究 [J]. 旅游科学，2017a，31（2）：42 - 54.

65. 涂红伟，熊琳英，黄逸敏，等. 目的地形象对游客行为意愿的影响——基于情绪评价理论 [J]. 旅游学刊，2017b，32（2）：32 - 41.

66. 万雪芹，李金. 基于价值感知差距模型的主题公园品牌力提升路径研究 [J]. 首都经济贸易大学学报，2011，13（5）：47 - 51.

67. 王慧叶. 乡村型养老旅游目的地供给及其优化研究 [D]. 杭州：浙江工商大学，2017.

68. 王翔. 景区品牌价值评价模型构建研究 [D]. 青岛：中国海洋大学，2013.

69. 王跃伟，佟庆，陈航，等. 乡村旅游地供给感知、品牌价值与重游意愿［J］. 旅游学刊, 2019, 34（5）: 37 - 50.

70. 王织会. 品牌联想影响消费者购买延伸产品的实证研究［D］. 长春: 吉林大学硕士学位论文, 2002: 1 - 77.

71. 乌铁红, 张捷, 张宏磊, 等. 旅游地属性与旅游者感知态度和购后行为的关系——以九寨沟风景区为例［J］. 旅游学刊, 2009, 24（5）: 36 - 42.

72. 吴必虎. 区域旅游规划原理［M］. 北京: 中国旅游出版社, 2001.

73. 吴飞美, 黄力. 福建省乡村生态旅游项目营销推广分析——以莆田"笛韵森林人家"为例［J］. 闽江学院学报, 2013, 34（6）: 100 - 102.

74. 吴明隆. 结构方程模型: AMOS 的操作与应用（第 2 版）［M］. 重庆: 重庆大学出版社, 2010.

75. 相亲亲. 基于 TDA 感知的旅游体验记忆与行为意向关系研究［D］. 西安: 西安外国语大学, 2018.

76. 肖光明. 旅游目的地营销特点与策略研究——以肇庆市为例［J］. 热带地理, 2008, 28（5）: 488 - 492.

77. 谢彦君. 基础旅游学（第三版）［M］. 北京: 中国旅游出版社, 2011: 237 - 289.

78. 谢彦君. 旅游体验的两极情感模型: 快乐——痛苦［J］. 财经问题研究, 2006（5）: 88 - 92.

79. 谢泽氡, 马遵平. 基于品牌权益法改进模型的旅游目的地品牌价值评估［J］. 企业经济, 2015, 31（1）: 17 - 22.

80. 徐宁宁, 董雪旺, 张书元等. 游客积极情绪对游客满意和游客忠诚的影响研究——以江苏省无锡市灵山小镇拈花湾为例［J］. 地域研究与开发, 2019, 38（4）: 98 - 103.

81. 许春晓, 成锦. 旅游目的地记忆图谱市场细分法构建［J］. 经济地理, 2017, 37（2）: 187 - 192.

82. 许春晓, 左湘, 胡婷等. 旅游情境、游客情感与游客忠诚的关系研究——以岳阳楼君山旅游区为例［J］. 华侨大学学报（哲学社会科学版）, 2018（5）: 41 - 51.

83. 阳信芬. 农家乐游客体验价值、满意度与行为倾向的关系研究［D］. 成都: 四川农业大学, 2015.

84. 杨静. 张家界国家森林公园旅游供给系统结构优化研究 [D]. 湘潭：湘潭大学，2012.

85. 杨立新. 文化旅游品牌资产价值评估模型构建 [J]. 市场论坛，2016，35（6）：78 – 80.

86. 姚宏，李晓英. 基于游客感知的世界旅游目的地差异化开发——以敦煌莫高窟为例 [J]. 资源开发与市场，2015，31（10）：1254 – 1258.

87. 姚娟，陈飙，田世政. 少数民族地区游客乡村旅游质量感知研究——以新疆昌吉州杜氏农庄为例 [J]. 旅游学刊，2008，23（11）：75 – 81.

88. 姚雪松，冷红，魏冶. 基于老年人活动需求的城市公园供给评价 - 以长春市主城区为例 [J]. 经济地理，2015，35（11）：218 – 224.

89. 袁国宏，刘人怀. 旅游者阅历产品供给系统的初步研究 [J]. 社会科学家，2006（4）：121 – 123.

90. 詹新惠，马耀峰，刘军胜，等. 旅游目的地供给感知差异研究——"故地重游" 与 "初来乍到" 对比 [J]. 西北大学学报（自然科学版），2016，46（1）：129 – 133.

91. 张宏梅，陆林. 游客涉入对旅游目的地形象感知的影响——盎格鲁入境旅游者与国内旅游者的比较 [J]. 北京：地理学报，2010，65（12）：1613 – 1623.

92. 张婧，邓卉. 品牌价值共创的关键维度及其对顾客认知与品牌绩效的影响：产业服务情境的实证研究 [J]. 南开管理评论，2013，16（2）：104 – 115.

93. 张维亚，陶卓民. 基于认知—情绪理论的旅游消费者满意度研究 [J]. 消费经济，2012，28（5）：70 – 74.

94. 张文瑞. 产业链延伸视阈下河南乡村旅游市场营销模式建构研究 [J]. 农业经济，2017（4）：132 – 134.

95. 赵玉宗，李东和，黄明丽. 国外旅游地居民旅游感知和态度研究综述 [J]. 旅游学刊，2005（4）：85 – 92.

96. 郑希付，陈雪军，黄月胜，等. 自传体记忆的情绪对其相关信息内隐提取的影响 [J]. 心理学报，2012，44（11）：1463 – 1471.

97. 钟栋娜. 旅游地感知结构重构——基于文本与复杂网络分析的研究

[J]. 旅游学刊, 2015 (8): 88 –95.

98. 钟栎娜, 吴必虎, 徐小波, 等. 国外旅游地感知研究综述 [J]. 人文地理, 2013, 28 (2): 13 –19.

99. 周玲强, 李罕梁. 游客动机与旅游目的地发展: 旅行生涯模式 (TCP) 理论的拓展和应用 [J]. 浙江大学学报 (人文社会科学版), 2015, 45 (1): 131 –144.

100. 周杨, 何军红, 荣浩. 我国乡村旅游中的游客满意度评估及影响因素分析 [J]. 经济管理, 2016 (7): 156 –166.

101. 周永博, 沈敏, 吴建, 等. 迈向优质旅游: 全域旅游供需错配及其治理——苏州吴江案例研究 [J]. 旅游学刊, 2018, 33 (6): 36 –48.

102. 朱瑞平. 基于游客感知的地质公园旅游品牌价值影响因素研究 [J]. 苏州教育学院学报, 2011, 28 (2): 63 –65.

103. 朱瑞平. 心理学视角下旅游地品牌价值形成路径分析 [J]. 市场论坛, 2015 (6): 70 –72.

104. 邹亮. 互联网 +视角下三圣花乡乡村旅游营销对策研究 [J]. 城市旅游规划, 2016 (9): 143 –146.

105. Aaker D A. Building Strong Brands [M]. New York: Free Press, 1996.

106. Ali F, Hussain K, Ragavan N A. Memorable customer experience: examining the effects of customers experience on memories and loyalty in malaysian resort hotels [J]. Procedia –Social and Behavioral Sciences, 2014, 144: 273 –279.

107. Arnold M B. Emotion and Personality: Psychological Aspects [M]. New York: Columbia University Press, 1960.

108. Backman S J, Crompton J L. The usefulness of selected variables for predicting activity loyalty [J]. Leisure Science, 1991, (13): 205 –220.

109. Barbieri C, Henderson K A, Santos C A. Exploring memorable surfing trips [J]. Annals of Tourism Research, 2014, 48: 277 –280.

110. Barrett F L, Russell J A. The structure of current affect: Controversies and emerging consensus [J]. Current Directions in Psychological Science, 1999,

89 (1): 10 – 14.

111. Beerli A, Martin J D. Factors influencing destination image [J]. Annals of Tourism Research, 2004, 31 (3): 657 – 681.

112. Bohanek J G, Fivush R, Walker E. Memories of positive and negative emotional events [J]. Applied Cognitive Psychology, 2005, 19 (1): 51 – 66.

113. Bonn M A, Jose S M, Dai M. International versus domestic visitors: An examination of destination image perceptions [J]. Journal of Travel Research, 2005, 43 (3): 294 – 312.

114. Boo S, Busser J, Baloglu S. A model of customer-based brand equity and its application to multiple destinations [J]. Tourism Management, 2009, 30 (2): 219 – 231.

115. Boorstin D J. The Image: A Guide to Pseudo – Events in American [M]. New York: Harper&Row, 1964.

116. Brandt K R, Gardiner J M, Macrae C N. The distinctiveness effect in forenames: The role of subjective experiences and recognition memory [J]. British Journal of Psychology, 2006, 97 (2): 269 – 280.

117. Breitsohl J, Garrod B. Assessing tourists' cognitive, emotional and behavioural reactions to an unethical destination incident [J]. Tourism Management, 2016, 54: 209 – 220.

118. Brown R, Kulik J. Flashbulb memories [J]. Cognition, 1977, 5 (1): 73 – 99.

119. Brown S. Travelling with a purpose: Understanding the motives and benefits of volunteer vacationers [J]. Current Issues in Tourism, 2005, 8 (6): 479 – 496.

120. Buhalis D. Marketing the competitive destination in the future [J]. Tourism Management, 2000, 21 (1): 97 – 116.

121. O'Cass A, Ngo L V. Creating superior customer value for B2B firms through supplier firm capabilities [J]. Industrial Marketing Management, 2012, 41 (1): 125 – 135.

122. Chandralal L, Valenzuela F. Exploring memorable tourism experiences:

antecedents and behavioural outcomes ［J］. Journal of Economics, Business and Management, 2013, 1 (2): 177－181.

123. Chen C M, Chen S H, Lee H T, et al. Exploring destination resources and competitiveness——A comparative analysis of tourists' perceptions and satisfaction toward an island of tai wan ［J］. Ocean & Coastal Management, 2016 (119): 58－67.

124. Chris R. The chase of a dream, the end of a play. In the tourist experience: A new introduction ［M］. London: Cassell, 1997.

125. Cohen J B, Areni C. Affect and consumer behaviour ［J］. In Handbook of Consumer Behaviour ［M］. edited by S. T. Robertson and H. H. Kassarjian. Englewood Cliffs, NJ: Prentice Hall, 1991: 188－240.

126. Cooper C J, Fletcher D, Gilbert S, Wanhill S. Tourism: Principles Practice ［M］. NewYork: Addison Wesley Longman Publishing, 1998: 125－141.

127. Cooper C, Fletcher J, Gilbert D, et al. In Tourism: Principles and Practice ［M］. Harlow: Longman Scientific & Technical, 1993.

128. Crockett S R, Wood L J. Brand western Australia: A totally integrated approach to destination branding ［J］. Journal of Vacation Marketing, 1999 (5): 276－289.

129. Day G S. A two dimensional concept of brand loyalty ［J］. Journal of Advertising Research, 1969, 9 (3): 89.

130. Diener E, Oishi S, Lucas R E. Personality, culture, and subjective wellbeing: Emotional and cognitive evaluations of life ［J］. Annual Review of Psychology, 2003, 54 (1): 403－425.

131. Farber M E, Hall T E. Emotion and environment: visitors' extraordinary experiences along the Dalton Highway in Alaska ［J］. Journal of Leisure Research, 2007, 39 (2): 248－270.

132. Finkenauer C. Flashbulb memories and the underlying mechanisms of their formation: Tow ard an emotional-integrative model ［J］. Memory & Cognition, 1998, 26 (3): 516－531.

133. Flacandji M, Krey N. Remembering shopping experiences: The Shopping Experience Memory Scale [J]. Journal of Business Research, 2018, 107: 279 – 289.

134. Ghosh M, John G. When should original equipment manufacturers use branded component contracts with suppliers? [J]. Journal of Marketing Research, 2009, 46 (5): 597 – 611.

135. Gitelson R J, Crompton J L. Insights into the repeat vacation phenomenon [J]. Annals of Tourism Research, 1984, (11): 199 – 217.

136. Goeldner C R, Ritchie J R B. Tourism: Principles, Practices, Philosophies [M]. John Wiley&Sons, 2000.

137. Goldstein E B. Cognitive Psychology (the 3rd Edition) [M]. Beijing: China Light Industry Press, 2015: 2 – 12.

138. Grönroos C. Value-driven relational marketing: from products to resources and competencies [J]. Journal of Marketing Management, 1997, 13 (5): 407 – 419.

139. Groth, John. Important factors in the sale and pricing of services [J]. Management Decision, 1995, 33 (7): 29 – 34.

140. Gunn C, Var T. Tourism Planning: Basics, Concepts, Cases (the 4th Edition) [M]. London: Routledge, 2002.

141. Halim A H A, Mokhtar A R M. Creating memorable visitor experiences by assessing the satisfaction level and behavioural consequences of attendees [J]. Procedia Economics and Finance, 2016, 37: 1 – 6.

142. Henderson Geraldine R, Dawn Iacobucci, Bobby J Calder. Brand diagnostics: Mapping branding effects using consumer associative networks [J]. European Journal of Operational Research, 1998, 111 (2): 306 – 327.

143. Herbst U, Merz M A. The industrial brand personality scale: Building strong business-to-business brands [J]. Industrial Marketing Management, 2011, 40 (7): 1072 – 1081.

144. Homburg C, Klarmann M, Schmitt J. Brand awareness in business markets: When is it related to firm performance? [J]. International Journal of Re-

search in Marketing, 2010, 27（3）: 201 – 212.

145. Hosany S. Appraisal determinants of tourist emotional responses［J］. Journal of travel Research, 2012, 51（3）: 303 – 314.

146. Hosany S, Gilbert D. Measuring Tourists' Emotional Experiences toward Hedonic Holiday Destinations［J］. Journal of Travel Research, 2009, 49（4）: 513 – 526.

147. Hosany S, Prayag G, Deesilatham S, et al. Measuring tourists' emotional experiences: Further validation of the destination emotion scale［J］. Journal of Travel Research, 2015, 54（4）: 482 – 495.

148. Hudson S, Ritchie J R B, Jackson C, et al. Branding a memorable destination experience. The case of 'Brand Canada'［J］. International Journal of Tourism Research, 2010, 11（2）: 217 – 228.

149. Hwang J, Lyu S O. The antecedents and consequences of well-being perception: An application of the experience economy to golf tournament tourists［J］. Journal of Destination Marketing & Management, 2015, 4（4）: 248 – 257.

150. Iglesias M. Language travel demand: New insights into language tourists' perceptions［J］. Procedia – Social and Behavioral Sciences, 2015（199）: 149 – 156.

151. Izard E E. Human emotions［M］. New York: Plenum, 1977.

152. James A, Fitzsimmons M J. New Service Development: Creating Memorable Experiences［M］. Sage Publications. 1999.

153. Jensen M B, Klastrup K. Towards a B2B customer-based brand equity model［J］. Journal of Targeting Measurement and Analysis for Marketing, 2008, 16（2）: 122 – 128.

154. Jeong E J, Frank A B. Are There Optimal Levels of Arousal to Memory? Effects of Arousal, Centrality, and Familiarity on Brand Memory in Video Games［J］. Computers in Human Behavior, 2012（28）: 285 – 291.

155. John Deborah Roedder, Barbara Loken, Kyeongheui Kim, et al. Brand Concept Maps: A Methodology for Identifying Brand Association Networks

［J］. Journal of Marketing Research （JMR）, 2006, 43 （4）: 549 – 563.

156. Kim J H, Hyun Y J. A model to investigate the influence of marketing-mix efforts and corporate image on brand equity in the IT software sector ［J］. Industrial Marketing Management, 2011, 40 （3）: 424 – 438.

157. Kim M, Thapa B. Perceived value and flow experience: Application in a nature-based tourism context ［J］. Journal of Destination Marketing & Management, 2018, 8: 373 – 384.

158. Kim H B. Perceived attractiveness of Korean destinations ［J］. Annals of Tourism Research, 1998, 25 （2）: 340 – 361.

159. Kim J H. Determining the factors affecting the memorable nature of travel experiences ［J］. Journal of Travel & Tourism Marketing, 2010, 27 （8）: 780 – 796.

160. Kim J H. Development of a Scale to Measure Memorable Tourism Experiences ［D］. Indiana University, 2009.

161. Kim J H, Ritchie J R B. Cross-cultural validation of a memorable tourism experience scale （MTES） ［J］. Journal of Travel Research, 2014, 53 （3）: 323 – 335.

162. Kim J H, Ritchie J R B, Mccormick B. Development of a Scale to Measure Memorable Tourism Experiences ［J］. Journal of Travel Research, 2012, 51 （1）: 12 – 25.

163. Kim M, Koo D W, Shin D J, et al. From Servicescape to Loyalty in the Medical Tourism Industry: A Medical Clinic's Service Perspective ［J］. Inquiry – The Journal of Health Care Organization Provision and Financing, 2017, 54: 1 – 16.

164. Kozak M. Repeaters' behavior at two distinct destinations ［J］. Annals of Tourism Research, 2001, 28 （3）: 784 – 807.

165. Lamore P R, Berkowitz D, Farrington P A. Proactive/Responsive market orientation and marketing: Research and development integration ［J］. Journal of Product Innovation Management, 2013, 30 （4）: 695 – 711.

166. Laurens M. Towards a brand value model for the Southern Africa

Tourism Services Association [J]. Southern Africa Tourism Services Association, 2013, 8 (4): 87 –91.

167. Lazarus R S. Emotion and Adaptation [M]. Oxford: Oxford University Press, 1991.

168. Lee T H, Crompton J. Measuring novelty seeking in tourism [J]. Annals of Tourism Research, 1992, 19 (4): 732 –751.

169. Lee Yi – Ju. Creating memorable experiences in a reuse heritage site [J]. Annals of Tourism Research, 2015, 55: 155 –170.

170. Lehto X Y, O'Leary J T, Morrison A M. The effect of prior experience on vacation behavior [J]. Annals of Tourism Research, 2004, 31 (4): 801 – 818.

171. Lew A A. A framework for tourist attraction research [J]. Annals of Tourism Research, 1987 (14): 553 –575.

172. Lynch J, Chernatony L D. Winning hearts and minds: Business-to-business branding and the role of the salesperson [J]. Journal of Marketing Management, 2007, 23 (1/2): 123 –135.

173. Maja K, William C G. Customer-based brand equity for a destination [J]. Annals of Tourism Research, 2007, 34 (2): 400 –421.

174. Mehrabian A, Russell J A. An Approach to Environmental Psychology [M]. Cambridge: MIT Press, 1974.

175. Meiser T, Bröder A. Memory for multidimensional source information [J]. Journal of Experimental Psychology Learning Memory & Cognition, 2002, 28 (1): 116.

176. Middleton V. Tourism Marketing (the 2nd Edition) [M]. Beijing: China Travel & Tourism Press, 2001.

177. Moors A, Ellsworth P C, Scherer K R, et al. Appraisal theories of emotion: State of the art and future development [J]. Emotion Review, 2013, 5 (2): 119 –124.

178. Morgan N J. Destination branding and the role of the stakeholder: The case of New Zealand [J]. Journal of Vacation Marketing, 2001 (9): 285 –299.

179. Murphy J. Brands: The New Wealth Creator [M]. New York: New York University Press, 1998.

180. Murphy P, Pritchard M P, Smith B. The destination product and its impact on traveller perceptions [J]. Tourism Management, 2000, 21 (1): 43 –52.

181. Mussalam G Q, Tajeddini K. Tourism in Switzerland: How perceptions of place attributes for short and long holiday can influence destination choice [J]. Journal of Hospitality and Tourism Management, 2016 (26): 18 –26.

182. Oh H, Jeong M. An extended process of value judgment [J]. International Journal of Hospitality Management, 2004, 23 (4): 0 –362.

183. Oliver H. Evaluation of the financial value of brands [J]. Custom Research, 2004 (3): 1 –17.

184. Ooi C. A theory of tourism experiences: The management of attention [A] //B P O' Dell T (Ed.). Experiencescapes: Tourism, Culture and Economy [M]. Copenhagen: Copenhagen Business School Press, 2005.

185. Passer M W, Smith R E. Psychology: The science of mind and behavior [M]. New York: Mc Graw – Hill Education, 2009.

186. Pearce J, Jennifer S M, Moore S A. What Fosters Awe-inspiring Experiences in Nature-based Tourism Destinations? [J]. Journal of Sustainable Tourism, 2017, 25 (3): 362 –378.

187. Pearson P H. Relationship between global and specified measures of novelty seeking [J]. Journal of Consulting and Clinical Psychology, 1970, 34: 199 –204.

188. Pine B J, Gilmore J H. Welcome to the experience economy [J]. Harvard Business Review, 1998, 76 (4): 97 –105.

189. Plutchik R. A psycho evolutionary theory of emotions [J]. Social Science Information, 1982, 21 (4 –5): 529 –553.

190. Prayag G, Hosany S, Odeh K. The role of tourists' emotional experiences and satisfaction in understanding behavioral intentions [J]. Journal of Destination Marketing and Management, 2013, 2 (2): 118 –127.

191. Qaemi V. An empirical survey on perceived value from tourism destina-

tion based on brand equity model: A case study of Qeshm Island [J]. Management Science Letters, 2012, 2 (7): 2347 – 2354.

192. Raggio R D, Leone R P. Drivers of brand value, estimation of brand value in practice and use of brand valuation: Introduction to the special issue [J]. Journal of Brand Management, 2009, 17 (1): 1 – 5.

193. Rittichainuwat B N. Tourists' and Tourism Suppliers' Perceptions Toward Crisis Management on Tsunami [J]. Tourism Management, 2013 (34): 112 – 121.

194. Roper S, Davies G. Business to business branding: External and internal satisfiers and the role of training quality [J]. European Journal of Marketing, 2010, 44 (5): 567 – 590.

195. Ruyter K D, Wetzels M, Lemmink J, et al. The dynamics of the service delivery process: A value-based approach [J]. International Journal of Research in Marketing, 1997, 14 (3): 231 – 243.

196. Saayman M, Merwe P V D. Factors contributing to a memorable wine route experience [J]. African Journal for Physical Health Education Recreation & Dance, 2015, 21 (3: 2): 1052 – 1064.

197. Schacter D L, Chiu C Y P, Ochsner K N. Implicit memory: A selective review [J]. Annual Review of Neuroscience, 1993, 16 (1): 159 – 182.

198. Sheth J N, Newman B I, Gross B L. Why we buy what we buy: A theory of consumption values [J]. Journal of Business Research, 1991, 22 (2): 159 – 170.

199. Smith S L J. The tourism product [J]. Annals of Tourism Research, 1994, 21 (3): 582 – 595.

200. Soscia I. Gratitude, delight, or guilt: The role of consumers' emotions in predicting post-consumption behaviors [J]. Psychology and Marketing, 2007, 24 (10): 871 – 894.

201. Studer – Luethi B, Susanne M J, Martin B, et al. Influence of neuroticism and conscientiousness on working memory training outcome [J]. Personality and Individual Differences, 2012 (53): 44 – 49.

202. Tercia C, Teichert T, Sirad D, et al. Conveying pre-visit experiences through travel advertisements and their effects on destination decisions [J]. Journal of Destination Marketing & Management, 2018, 12 (5): 1 – 10.

203. Tsai S. E-loyalty driven by website quality: The case of destination marketing organization websites [J]. Journal of Organiza-tional Computing & Electronic Commerce, 2017, 5 (1): 35 – 37.

204. Tung V W S, Ritchie J R B. Investigating the memorable experiences of the senior travel market: An examination of the reminiscence bump [J]. Journal of Travel & Tourism Marketing, 2011, 28 (3): 331 – 343.

205. Vorhies D W, Morgan N A. Benchmarking marketing capabilities for sustainable competitive advantage [J]. Journal of Marketing, 2005, 69 (1): 80 – 94.

206. Watson D, Clark L A, Tellegen A. Development and validation of brief measures of positive and negative affect: The PANAS scales [J]. Journal of Personality and Social Psychology, 1988, 54 (6): 1063 – 1070.

207. Watson L, Spence M T. Causes and consequences of emotions on consumer behavior: A review and integrative cognitive appraisal theory [J]. European Journal of Marketing, 2007, 41 (5/6): 487 – 511.

208. Wiemers U S, Magdalena M S, Oliver T W. Odors as Effective Retrieval Cues for Stressful Episodes [J]. Neurobiology of Learning and Memory, 2013 (10): 4.

209. Wirtz D, Kruger J, Scollon C N, et al. What to do on spring break? The role of predicted, on-line, and remembered experience in future choice [J]. Psychological Science, 2003, 14 (5): 520 – 524.

210. Woodruff R B. Customer Value: The Next Source for Competitive Advantage [J]. Journal of the Academy of Marketing Science, 1997, 25 (2): 139.

211. Wu T C, Xie P F, Tsai M C. Perceptions of Attractiveness for Salt Heritage Tourism: A Tourist Perspective [J]. Tourism Management, 2015 (51): 201 – 209.

212. Xu J B. Perceptions of Tourism Products [J]. Tourism Management, 2010, 31 (5): 607 – 610.

213. Yuksel A, Yuksel F. Shopping Risk Perceptions: Effects on Tourists' Emotions, Satisfaction and Expressed Loyalty Intentions [J]. Tourism Management, 2007, 28 (3): 703 – 713.

214. Zaltman G, Robin H C. Seeing the Voice of the Customer: Metaphor – Based Advertising Research [J]. Journal of Advertising Research, 1995, 35 (4): 35 – 51.

215. Zauberman G, Rebecca K R, Kyu B K. Memories as Assets: Strategic Memory Protection in Choice over Time [J]. Journal of Consumer Research, 2009, 35 (5): 715 – 728.

216. Zeithaml V A. Consumer Perceptions of Price, Quality, and Value: A Means – End Model and Synthesis of Evidence [J]. Journal of Marketing, 1988, 52 (3): 2 – 22.

后　记

人间四月天，承载着如诗的心语，很高兴到了给自己的著作写后记的时候了。

之所以高兴，是因为这是我们的第二部关于旅游目的地品牌的专著。这也是我们从对旅游目的地品牌产生兴趣，到潜心研究的阶段性成果。在创作的过程中，我们认真研究过、仔细推敲过、虔心模仿过许多大家和学者的为文之道与写作技巧。在经历了一次次挑战自己体力和意志力的极限，以及一次次起伏在酣畅淋漓和搜肠刮肚的甘苦后，也许写了什么已经变得不是那么重要了，写作过程中那种思考与写作的滞涩，以及柳暗花明的转机与愉悦是令人幸福的，这也许是提升自我的必由之路。

著作从构思到撰写和修改，离不开恩师大连海事大学的栾维新教授以及辽宁大学的郭舒教授、沈阳理工大学的王海鹰教授等诸位老师的启发、建议和匡正。他们的见解总能让我们在愉悦的心境下心悦诚服地反省自己的不足和错误，摒弃浮躁之气，进一步加强文字的逻辑性及对调研数据的论证；他们的批评无疑是善意的，给我们在学术上的那股自负之气"浇点凉水，降降温"，绝对是有必要的。此外，还要特别感谢经济科学出版社的编辑老师们，在格式及章节之间的逻辑性等方面倾注了他们大量中肯的意见。在本书创作的过程中，我们的学生们辽宁大学的硕士生佟庆、邹明露、奚萌萌提供了大量帮助，没有三位的鼎立支持，该文稿不会这么快出版，此外还要感谢辽宁大学的本科生杨玉帆、王莹、于雪丹、郝玉娇、杜颖等同学的支持和帮助，在此一并谢忱！

我们用这篇后记表达我们的感谢、愧疚和希望。

陈　航　王跃伟

2022 年 4 月 2 日